本书由
中央高校建设世界一流大学（学科）
和特色发展引导专项资金
资助

中南财经政法大学"双一流"建设文库

全 | 球 | 治 | 理 | 系 | 列 |

中国企业海外并购问题研究

——基于企业所有制视角

杨 波 著

中国财经出版传媒集团
中国财政经济出版社

图书在版编目（CIP）数据

中国企业海外并购问题研究：基于企业所有制视角／杨波著．--北京：中国财政经济出版社，2019.12

（中南财经政法大学“双一流”建设文库．全球治理系列）

ISBN 978-7-5095-9450-6

Ⅰ.①中…　Ⅱ.①杨…　Ⅲ.①企业兼并－跨国兼并－研究－中国　Ⅳ.①F279.214

中国版本图书馆CIP数据核字（2019）第254580号

责任编辑：郭慧珍　　　　责任校对：徐艳丽

封面设计：陈宇琰

中国企业海外并购问题研究

——基于企业所有制视角

ZHONGGUO QIYE HAIWAI BINGGOU WENTI YANJIU

——JIYU QIYE SUOYOUZHI SHIJIAO

中国财政经济出版社 出版

URL：http：//www.cfeph.cn

E-mail：cfeph@cfemg.cn

社址：北京市海淀区阜成路甲28号　邮政编码：100142

营销中心电话：010-88191537

北京财经印刷厂印装　各地新华书店经销

787×1092毫米　16开　16.5印张　276 000字

2019年12月第1版　2019年12月北京第1次印刷

定价：75.00元

ISBN 978-7-5095-9450-6

（图书出现印装问题，本社负责调换）

本社质量投诉电话：010-88190744

打击盗版举报热线：010-88191661　QQ：2242791300

总　序

“中南财经政法大学‘双一流’建设文库”是中南财经政法大学组织出版的系列学术丛书，是学校“双一流”建设的特色项目和重要学术成果的展现。

中南财经政法大学源起于1948年以邓小平为第一书记的中共中央中原局在挺进中原、解放全中国的革命烽烟中创建的中原大学。1953年，以中原大学财经学院、政法学院为基础，荟萃中南地区多所高等院校的财经、政法系科与学术精英，成立中南财经学院和中南政法学院。之后学校历经湖北大学、湖北财经专科学校、湖北财经学院、复建中南政法学院、中南财经大学的发展时期。2000年5月26日，同根同源的中南财经大学与中南政法学院合并组建“中南财经政法大学”，成为一所财经、政法“强强联合”的人文社科类高校。2005年，学校入选国家“211工程”重点建设高校；2011年，学校入选国家“985工程优势学科创新平台”项目重点建设高校；2017年，学校入选世界一流大学和一流学科（简称“双一流”）建设高校。70年来，中南财经政法大学与新中国同呼吸、共命运，奋勇投身于中华民族从自强独立走向民主富强的复兴征程，参与缔造了新中国高等财经、政法教育从创立到繁荣的学科历史。

“板凳要坐十年冷，文章不写一句空”，作为一所传承红色基因的人文社科大学，中南财经政法大学将范文澜和潘梓年等前贤们坚守的马克思主义革命学风和严谨务实的学术品格内化为学术文化基因。学校继承优良学术传统，深入推进师德师风建设，改革完善人才引育机制，营造风清气正的学术氛围，为人才辈出提供良好的学术环境。入选“双一流”建设高校，是党和国家对学校70年办学历史、办学成就和办学特色的充分认可。“中南大”人不忘初心，牢记使命，以立德树人为根本，以“中国特色、世界一流”为核心，坚持内涵发展，“双一流”建设取得显著进步：学科体系不断健全，人才体系初步成型，师资队伍不断壮大，研究水平和创新能力不断提高，现代大学治理体系不断完善，国际交流合作优化升级，综合实力和核心竞争力显著提升，为在2048年建校百年时，实现主干学科跻身世界一流学科行列的发展愿景打下了坚实根基。

“当代中国正经历着我国历史上最为广泛而深刻的社会变革，也正在进行着人类历史上最为宏大而独特的实践创新”，“这是一个需要理论而且一定能够产生理论的时代，这是一个需要思想而且一定能够产生思想的时代”①。坚持和发展中国特色社会主义，统筹推进“五位一体”总体布局和协调推进“四个全面”战略布局，实现“两个一百年”奋斗目标、实现中华民族伟大复兴的中国梦，需要构建中国特色哲学社会科学体系。市场经济就是法治经济，法学和经济学是哲学社会科学的重要支撑学科，是新时代构建中国特色哲学社会科学体系的着力点、着重点。法学与经济学交叉融合成为哲学社会科学创新发展的重要动力，也为塑造中国学术自主性提供了重大机遇。学校坚持财经政法融通的办学定位和学科学术发展战略，“双一流”建设以来，以“法与经济学科群”为引领，以构建中国特色法学和经济学学科、学术、话语体系为己任，立足新时代中国特色社会主义伟大实践，发掘中国传统经济思想、法律文化智慧，提炼中国经济发展与法治实践经验，推动马克思主义法学和经济学中国化、现代化、国际化，产出了一批高质量的研究成果，“中南财经政法大学‘双一流’建设文库”即为其中部分学术成果的展现。

文库首批遴选、出版二百余册专著，以区域发展、长江经济带、“一带一路”、创新治理、中国经济发展、贸易冲突、全球治理、数字经济、文化传承、生态文明等十个主题系列呈现，通过问题导向、概念共享，探寻中华文明生生不息的内在复杂性与合理性，阐释新时代中国经济、法治成就与自信，展望人类命运共同体构建过程中所呈现的新生态体系，为解决全球经济、法治问题提供创新性思路和方案，进一步促进财经政法融合发展、范式更新。本文库的著者有德高望重的学科开拓者、奠基人，有风华正茂的学术带头人和领军人物，亦有崭露头角的青年一代，老中青学者秉持家国情怀，述学立论、建言献策，彰显“中南大”经世济民的学术底蕴和薪火相传的人才体系。放眼未来、走向世界，我们以习近平新时代中国特色社会主义思想为指导，砥砺前行，凝心聚

---

① 习近平：《在哲学社会科学工作座谈会上的讲话》，2016年5月17日。

力推进“双一流”加快建设、特色建设、高质量建设，开创“中南学派”，以中国理论、中国实践引领法学和经济学研究的国际前沿，为世界经济发展、法治建设做出卓越贡献。为此，我们将积极回应社会发展出现的新问题、新趋势，不断推出新的主题系列，以增强文库的开放性和丰富性。

“中南财经政法大学‘双一流’建设文库”的出版工作是一个系统工程，它的推进得到相关学院和出版单位的鼎力支持，学者们精益求精、数易其稿，付出极大辛劳。在此，我们向所有作者以及参与编纂工作的同志们致以诚挚的谢意！

因时间所囿，不妥之处还恳请广大读者和同行包涵、指正！

中南财经政法大学校长 杨灿明

前　言

在“走出去”战略、矿产资源缺乏、人民币升值、外汇储备激增、经济全球化和实施“一带一路”倡议等多重因素的推动下，中国企业海外并购呈现出总额稳步增长、投资领域不断拓展之势。2017 年中国企业共实施海外并购 431 起，涉及 56 个国家地区，实际交易总额 1196 亿美元，与 2004 年中国企业海外并购交易总额 30 亿美元相比，增长达到数十倍。

虽然海外并购可以帮助中国企业有效提升国际竞争力，获取自然资源和先进技术，迅速拓展营销渠道，但中国国有企业在海外面临着更加复杂的政治、文化、法律等诸多问题，加上部分国有企业由于自身定位不准及海外并购策略不当，导致海外并购交易出现较多风险和损失，成功率相对较低，并带来国有资产流失等方面的问题，未来可能还会暴露出更多的国有资产流失方面的问题。

针对上述问题，本书运用国际上研究并购问题最为流行的 Thomson One 和 Bvd－Zephyr 两个国际数据库的微观数据，同时收集世界银行、世贸组织、我国商务部《境外投资企业机构目录》、国泰安数据库等国内外数据库相关信息，运用博弈分析方法、Logit 模型参数估计法、面板数据分析法、横截面数据分析法等方法比较分析不同所有制企业、不同国家间跨国并购的模式和绩效的差异，分析和估算国有资产海外并购过程中流失规模和路径，既能为“一带一路”背景下中国企业海外投资提供决策参考，为国有企业海外并购以及境外国有资本保值增值提供对策建议，同时从学术角度补充发展中国家对外投资的理论研究。

本书主要分为三个部分：第一部分主要是研究背景和海外并购现状分析，具体包括第一、二、三、四章。其中第一章对于跨国并购相关问题的研究文献进行了回顾和评述，概括了研究的主要内容、创新之处和技术方法等；第二章分析了中国对外投资发展经历的不同时期，以及各时期分别体现出的不同特征；第三章主要介绍美国、欧洲、日本、印度等国企业跨国并购发展状况及其特征，并回顾改革开放以来中国企业海外并购的演进过程；第四章分别从溢价率差异、海外并购后股价变化、并购前后经营绩效三个方面，比较海外并购过程中不同所有制企业价值创造（价值损失）的规模。

第二部分主要是运用实证方法分析企业海外并购的影响因素，具体包括第五、六、七章。其中第五章以世界主要经济体为样本分析跨国并购区位选择的国际经验对中国企业的借鉴；第六章研究了通胀率、股价指数、GDP、汇率、利率及货币供给等宏观经济因素对中国企业海外并购的影响；第七章研究了资本市场发展对中国企业海外并购的影响，并构建博弈模型研究汇率水平变动对中国企业海外并购交易定价的影响。

第三部分探讨了国有企业海外并购资产流失路径以及不同所有制企业发展海外并购的对策建议，具体包括第八、九、十章。其中第八章建立了对外投资的企业异质性模型，从微观视角实证研究了异质性因素对中国企业选择海外并购的影响，以及企业所有制对中国企业海外并购成功率的影响；第九章分析了国有企业海外并购过程中的资产流失的典型案例及原因，并分别从并购交易三个阶段分析国有资产流失的主要路径；第十章分别从宏观环境、政府规制、企业对策三个角度提出了发展中国企业海外并购的对策建议。

本书受到国家社会科学基金项目《海外并购过程中的国有资产流失规模、路径与对策研究》（批准号：13BJL046）的资助。由于笔者水平有限，本书还有不少需要改进的地方，也难免存在一些错误和疏漏，敬请各位教授、专家及读者不吝赐教，笔者将不胜感激。

作　者

2019 年 8 月

目　录

第一章　绪　　论

第一节　研究背景与价值

一、研究背景

在中国的经济全球化程度不断加深、外汇储备规模扩大、人民币升值、国内矿产资源日益匮乏的背景之下，同时伴随着“一带一路”倡议和“走出去”战略等宏观政策的推动，我国企业的跨国并购呈现出总额稳步增长、投资领域不断拓展之势，成为推动企业走出去、全球化经营的重要动力。2016 年中国对外直接投资流量同比增长 34.7%，达到 1961.5 亿美元，创历史最高纪录，投资总额占全球总量的 13.5%。该年度中国企业与全球 74 个国家（地区）实施了 765 起海外并购项目，实际总交易额达到 1353.3 亿美元；截至 2016 年 12 月，约有 2.5 万家中国企业在全球设立了 3.72 万个直接投资企业，存量总额在所有国家中排名第 6，累计达到 1.36 万亿美元[①]。而到 2018 年末中国对外直接投资存量已达 1.98 万亿美元，是 2002 年末存量的 66.3 倍，在全球分国家地区的对外直接投资存量排名升至第 3 位；超 2.7 万家境内投资者在全球 188 个国家（地区）设立对外直接投资企业 4.3 万家，其中在“一带一路”沿线国家（地区）设立境外企业超过 1 万家[②]。

虽然海外并购可以有效提升中国企业的国际竞争力、获取资源技术，但部

① 数据来源于商务部、国家统计局、国家外汇管理局 2017 年 10 月联合发布的《2016 年度中国对外直接投资统计公报》。

② 数据来源于商务部、国家统计局、国家外汇管理局 2019 年 9 月联合发布的《2018 年度中国对外直接投资统计公报》。

分企业由于自身定位不准及海外并购战略不当，最终导致并购交易出现问题，如联想收购 IBM、TCL 并购法国汤姆逊项目等。可见，并不是所有的企业都适合以海外并购的方式进行对外投资，企业生产率、财务状况等异质性因素会影响企业海外并购的决策和成败。

即便是民营企业海外并购失败，也可能给国有银行带来巨大的损失，例如 2017 年末暴露的海航集团全球大规模并购的问题，虽然海航目前的股权结构已经逐渐多元化和私有化，但是其主要贷款银行却是国家开发银行、中国银行和建设银行等国有银行，这些国有银行也因企业盲目扩张面临巨大风险。

国有企业在海外则面临着更加复杂的政治、文化、法律等诸多问题，其成功“走出去”更为不易。中央管理企业（以下简称央企）在利比亚的投资、中国海洋石油集团有限公司（以下简称中海油）并购美国优尼科、中国铝业集团有限公司（以下简称中铝）收购必和必拓、中国中钢集团有限公司（以下简称中钢集团）收购澳州铁矿项目的失败，反映了国有企业在境外进行并购时缺乏经验并且风险更大，并购失败还导致了大规模的资产损失，未来可能还会暴露更多的国有资产流失方面的问题。

而国有企业是国家经济发展的重要支柱，海外并购过程中国有资产的损失，将不利于国内经济的健康发展，也可能影响东道国的经济发展。因此，从所有制视角研究中国企业海外并购问题具有重要意义。

二、研究价值

第一，研究海外并购过程中的国有资产流失规模、路径及对策，具有十分重要的理论意义。一方面，对国有企业海外并购的投资损失原因及其路径进行深入分析，不仅可以挖掘出内在规律和运作机制，而且能够拓宽其研究领域的指标、方法等理论基础，为以后有关海外并购国有资产问题的进一步研究作铺垫。另一方面，围绕海外并购过程中国有资产流失管理的政策建议而进行的多种路径、影响因素、国际比较等理论分析，能够为加强海外并购过程中的国有资产管理提供借鉴。

第二，中国企业海外并购数量和金额快速上升，但成功率偏低，因此该研究具有十分重要的现实意义。自 2001 年我国加入世界贸易组织（英文缩写 WTO，以下简称世贸组织）后，中国企业的国际化步伐加快，海外并购逐渐成为企业开拓国际市场的重要方式。1999 年，中国企业对外直接投资的跨国并购金额仅为6000 万美元，2016 年度，这一金额达到 1353. 3 亿美元，涉及 74 个国家（地区）的765 起海外并购案例。但是相关数据显示，中企海外并购有效率仅有 1/3，在计算跨文化、跨境等因素之后中国企业仅有 1/5 的海外并购能够真正成功。同时，根据《中国企业海外可持续发展报告 2015》显示，我国“走出去”的企业处于持平状态和暂时亏损状态合计占比为 48%，而大体实现盈利的企业有 39%，盈利效益较多的企业占比 13%。可见，由于多方面因素影响，中国企业海外并购失败或者亏损问题较为突出[①]。由于海外并购风险重重、资本外流现象比较严重，因此相关部门也开始努力抑制资本外流，比如国家发展和改革委员会（以下简称国家发改委）2017 年底出台了《企业境外投资管理办法》、国家外汇管理局发布了《关于完善银行内保外贷外汇管理的通知》，规范境外投资、内保外贷等业务。

第三，虽然中国目前海外并购整体态势趋好，但是还有许多隐患存在，因此对国有资产流失规模和路径研究具有十分重要的战略意义。事实上，中国投资有限责任公司（以下简称中投公司）持股美国黑石集团，20 亿美元在 1 年间亏损 70% 以上；TCL 集团股份有限公司（以下简称 TCL）并购汤姆逊，3 年亏损 40 亿美元。与此同时，中铝总经理等国企高管仍在不断呼吁加大对国企海外并购提供政策支持。可见，一方面，国有企业考虑到海外并购的诸多好处之后仍有想要继续扩张并购规模的想法；另一方面对于并购失败之后的资产流失及其他问题却没有相关机构或者部门负责。

第四，研究海外并购过程中国有资产流失的对策问题，具有十分重要的社会意义。改革开放以来，相当长的时间内中国都以吸引外商投资作为重要目标，对于海外并购相关问题、尤其是海外并购过程中的国有资产管理这个特殊问题的研究很不充分。虽然中铝、中化、三大石油企业、四大银行等大型国有企业海外并购的意愿强烈，但是国有企业对于海外并购中出现的相关困难，如文化差异问题、国有资产监管、海外并购后整合、国外工会问题、海外并购绩效问题、国际资本市场融资、国际法律问题、跨国财务管理等方面依然缺乏深入研究，在多次海外并购的过程中都在“交学费”，国有资产损失严重，关于具体损失的规模和路径，尚没有专门的统计。虽然国有资产监督管理委员会（以下简

① 中国企业海外并购需做足“内功”[N]. 中国证券报，2016－11－16。

称国资委）在2017年1月出台了相关规章办法，但这些条例属于部门暂行规章，对于问题的解决效力不足，此外很少涉及跨国并购这一具体问题，因此加强对该问题的理论研究就显得十分重要，应积极解决相关技术问题，并提供给政府、银行、企业等相关部门参考。

目前，国企在海外大量控股参股能源、矿产、金融等企业，在我国海外并购的规模和数量急剧上升的背景下，探寻适合中国海外并购的模式，分析为什么国有资产会在并购过程中流失，并提出发展中国企业海外并购的对策建议，具有十分重要的理论和现实意义。

第二节　文献综述

跨国并购包含跨国兼并和跨国收购，指某国企业为了自己特定的目的，买下另一国家企业的部分或全部股份或资产，进而对标的方进行部分或全部掌控的一种经营活动[①]。与国际统计相类似，本书主要研究对象是中国内地企业在境外的兼并收购行为，包括内地企业在港澳台以及海外其他国家和地区进行的跨境并购行为，统称为海外并购。

随着经济全球化带来的跨国并购快速发展，国内外对跨国并购的理论研究也在实践中不断演进，有较丰富的研究成果。基于跨国并购具有外国直接投资（FDI）和企业并购（M&A）双重特点，国内外学者对其理论的研究主要是从以下不同角度分别展开。

一、跨国并购的研究综述

跨国并购作为企业对外直接投资的一种重要方式，其理论研究体系的发展建立在对外直接投资理论的基础上，其中具有代表性的对外直接投资理论有垄断优势理论（Hymer，1976）、产品生命周期理论（Vernon，1966）、市场内部化理论（Buckley，1976）、国际生产折衷理论（Dunning，1977）和边际产业扩张

① 张洋，张健．机遇与挑战：中国企业的跨国并购［M］．北京：社会科学文献出版社，2014 年．

理论（Kojima，1973）等。跨国并购的动因、影响因素和绩效等方面成为对外直接投资研究体系中的重要组成部分。

（一）跨国并购的动因研究

1. 传统跨国并购动因理论

关于对外直接投资的理论会影响跨国并购理论发展，不同于一般的国内并购动因理论，跨国并购动因理论由于自身的特殊性要求考虑到跨国元素，其中协同效应理论、规模经济理论和交易费用理论等理论影响力较大。

（1）交易费用理论。交易费用理论在企业海外并购活动上有较强的解释能力，最早可以追溯到英国学者罗纳德·科斯 1937 年发表的《企业的性质》，文中提出的产权经济学理论指出，企业的边界是可变的、可收缩的、可扩展的①。交易费用理论主要是以交易成本为基础分析海外并购选择区域的动机，也就是说，当企业集团内部效率比海外企业间外部交易更高时，企业往往会选择海外并购进行对外直接投资。企业可以通过纵向并购来确保销售和供应，将外部交易内部化从而降低交易成本；也通过横向并购来扩张规模；混合并购则是在将市场交易和内部化经营进行充分对比之后，作出的对降低交易成本而言最有利的选择。

（2）规模经济理论。规模经济是指企业通过扩大生产和销售规模，实现成本的降低和收益的提高。早期的经济学家对此概念界定虽然不清晰，但大都意识到了规模经济的重要性。亚当·斯密在《国富论》中指出，分工提高效率，而分工的基础在于规模生产。正式提出规模经济概念的是经济家阿尔弗雷德·马歇尔，他揭示了规模经济的形成渠道：一是企业对自身拥有的资源进行有效配置、加强管理后所产生的“内部规模经济”，二是企业间因适宜的分工与协作、恰当的区位互补等而产生的“外部规模经济”。实际上，企业跨国并购可以认为是追逐外部规模经济内部化的一种特殊经济活动。

（3）协同效应理论。赫尔曼·哈肯在 1976 年系统地论述了协同理论，该理论主要观点为在整个环境中，各个系统间存在着相互合作、相互影响的关系，社会现象同样如此②。Mark L. Sirower（1997）认为两企业在并购后，由于并购带来的整体效益的增长大于两企业作为独立企业的预期效益之和，超出预期效益之和的这部分效益则为协同效应。协同效应理论在解释跨国并购动机方面比

① R. H. Coase. The Nature of the Firm [J]. Economica, 1937, 4 (16): 386-405.
② H. 哈肯. 协同学导论 [M]. 西安：西北大学出版社，1981.

较成熟，主要包含管理协同效应、经营协同效应和财务协同效应三个方面，其本质是通过调整和优化资源配置来提高企业的利润和经营效率。企业并购后可以提高经营管理效率从而带来效益，实现从增长有限的本行业向具有高增长空间的目标行业转移的目的①。

2. 分行业跨国并购的动因研究

从近年来的文献来看，海外并购战略的研究主要是从企业并购动机来展开，认为贸易区位优势（Dunning，1977）、战略性资产获取（Shimizu，2004）、资源互补及协同效应创造（陈菲琼，2015）是企业海外并购的主要原因。关于企业开展海外并购的动因，中外学者分行业进行了广泛的研究。

（1）银行业跨国并购动因。关于跨国并购尤其是银行业并购的动因研究成果丰富。其中，银行参与跨国并购在国家层面的动因问题早已引起专家学者的极大关注（Buch，2004；Amel，2004）。他们的研究结果表明，国家间地理、文化距离（Rottig，2014）以及市场规模等国家特征会导致银行进行跨国并购（Focarelli，2008），此外，母国和东道国双边因素也会导致银行间的跨国并购（Claessens，2014）。银行海外并购的动因还包括满足客户需要、提升服务水平、扩大规模、追求市场地位和协同效应、实现洼地效应和提高股东价值等（刘明坤，2011）。还有研究把银行并购动因分为微观和宏观动因，并进一步将两类动因细分为内涵式增长动因与外延式增长动因（周恩静，2013）。此外，银行进行跨国并购是为了充分利用其自身特有的优势（Gulamhussen，2016）。

（2）制造业跨国并购动因。制造业是国家经济发展的重要产业，国内外有较多学者研究制造业跨国并购问题。关于制造业跨国并购内部动因的论述比较多，比如邵慰（2012）研究发现，制造业企业海外并购主要归因于：获取核心技术，实现技术跨越；追求规模经济，打破贸易壁垒；扩展对外投资渠道，实施全球化战略。此外，徐晓慧（2017）对中国制造业行业 A 股上市企业数据进行实证分析，结果表明金融危机冲击的加剧对企业跨国并购交易行为有正向推动作用，金融危机为企业提供了海外并购的不可多得的机遇。总之，国内外的研究更倾向于以制造业代替总体来反映跨国并购问题，专门研究制造业跨国并购动因的文献仍然比较少。

（3）能源业跨国并购动因。能源业是我国重点关注的产业，该行业跨国并

① 许南．金融业跨国并购动因、效率与运营研究［M］．长沙：中南大学出版社，2012 年．

购动因值得研究。相关文献研究发现，能源业跨国并购的主要动因有：获取核心技术与人才（高建，2009）、获取自然或生产资源（李友田，2013）、产能过剩（赵先进，2015）等。Reddy（2017）从地理特征研究发现，来自亚洲的国有石油公司和欧洲的石油公司迅速扩张到资源丰富的国家，是为了获取石油储量和收购特定行业的战略资产。总体来看，能源业跨国并购动因研究的文献相对较少。

（二）跨国并购的区位选择研究

国内外学者对不同国家的跨国并购依据不同的理论从不同的角度进行了分析，通常认为，不同国家和不同企业跨国并购的区位选择会因内外因素而有所差别，比如林巧月（2011）发现我国制造企业跨国并购的区位选择多倾向于欧美等发达国家和地区，并利用微笑曲线分析了其中的合理性和不足，建议其区位选择可以考虑东南亚、中东、拉美等发展中国家和地区。Jain（2013）基于跨国并购动机和企业特定资产分析了新兴国家跨国并购的区位选择，发现拥有不同类型资产和并购动机的企业，跨国并购选择的区位是存在差别的。跨国并购区位选择的影响因素众多，对其归纳如下：

1. 东道国的宏观经济

东道国的宏观经济因素包括国内生产总值（GDP）、货币量、国际贸易量、劳动力、汇率、利率和税收等。一国的货币量、贸易额和人均 GDP 对跨国并购有促进作用，但证券市场成交额、实际汇率和税收对跨国并购有阻碍作用（徐运保，2011）。Gomes（2013）认为人力资源是跨国公司并购取得成功的重要因素，当跨国公司缺少人力资源优势时，会通过跨国并购的途径来获取该要素以弥补不足。Hebous（2011）着重研究了税收对跨国并购和绿地投资区位选择的影响，发现税收对两者均有负的影响效应，但跨国并购对税收效应的敏感程度低于绿地投资。Feld（2016）认为资本所得税阻碍了资源的有效配置，增加了并购的交易成本，不利于企业进行并购。

2. 东道国发展水平

东道国发展水平包括经济发展水平、科学技术水平和社会发展水平。李鸿阶（2012）发现在社会经济发展水平、国家管理水平、地理位置和自然环境中，一国的社会经济发展水平对跨国并购的影响最大。Ruckman（2005）通过对美国医药行业的研究发现，跨国并购更倾向于研发投入高的东道国，目的是为了获取技术。

3. 东道国制度环境

一般而言，东道国制度质量越好，越能吸引企业对其进行跨国并购和投资（徐萍萍，2015）。冀相豹（2014）进一步研究了制度对我国对外直接投资（OFDI）的影响，认为东道国制度对国有企业 OFDI 的影响大于非国有企业，且发达国家制度对我国 OFDI 的影响为正，发展中国家制度的影响则为负。但是，张建红（2010）发现东道国制度质量对我国企业跨国并购是否成功没有显著的直接影响关系，而对其他影响因素起着一定的调节作用。此外，郭健全（2015）将东道国制度划分为政治制度、经济制度和文化制度，认为东道国政治制度和经济制度对我国企业跨国并购有显著的影响而文化制度的影响不显著。

4. 母国与东道国的距离

母国与东道国的距离包括地理距离和文化距离。贾镜渝（2015）认为地理距离对我国企业跨国并购成功率有着负面的影响，且其对国有企业跨国并购成功率的影响程度要高于民营企业。不仅如此，Cai（2016）发现区位和距离均对美国企业跨国并购的决策和绩效产生影响，美国企业偏向于并购距离较近的国家或地区的企业。除了地理距离，文化差异对跨国并购的影响也同样不容小觑。国家文化、企业文化能够影响企业跨国并购选择的途径及其绩效等（Weber，2011）。Bauer（2016）则发现文化差异对创新驱动型的跨国并购及其绩效存在着负面影响，反之，两国的文化越相似越有利于其跨国并购。

（三）跨国并购的影响因素研究

海外并购的影响因素研究是近年来学术界的热点问题，学者们对发达国家及发展中国家都依据不同理论、不同方法进行了不同角度的研究。我们主要从宏观和微观两个维度对现有文献进行综述。

1. 宏观层面

（1）东道国经济发展状况。当东道国 GDP 增速较快时会促进中国企业海外并购的绩效（冯梅，2016）。Goh（2011）证实了马来西亚的对外直接投资受东道国的市场规模、资本流动自由度影响较大。

（2）母国的经济发展状况。杨波（2016）基于 VAR 模型和误差修正模型分析了中国企业海外并购，认为通胀率和股价指数对跨国并购的影响不显著，而 GDP、汇率、货币供应量和利率对跨国并购具有明显的影响。Kang（2000）认为并购发起国的经济增长会提高该国企业跨国并购的资本规模。

（3）汇率水平的变动。一方面，有的专家学者认为母国货币相对于东道国升值会促进该国的海外并购。比如 Georgopoulos（2008）在分析美国和加拿大的双边并购数据之后，得出海外并购数量将会由于实际东道国货币贬值而增加的结论，由此验证了 Blonigen（1997）的并购资产假说。何蓉（2017）认为，中国将会因为人民币升值使中国企业相对拥有更多财富而扩大跨国并购业务。另一方面，部分研究人员对此持反对意见，他们认为母国货币相对升值会阻碍海外并购（Campa，1993）。

（4）东道国的距离，包括文化距离、地理距离和制度距离。Beladi（2013）发现美国企业会选择与本国文化环境相似的国家进行并购交易，文化因素显著影响了企业的投资进入策略。Nicholson（2013）评估了影响印度公司海外并购的财富效应的因素，发现印度股东更易从文化距离小的国家交易中获益。我国企业海外并购绩效也受到并购双方的文化差异与东道国的制度环境影响（阎大颖，2011）。此外，企业所面临的制度环境也会影响跨国并购交易成本，通常欧美等发达国家的制度环境越完善，越有利于保障海外并购的顺利进行（胡杰武，2016）。

2. 微观层面

（1）企业异质性。目前对于影响企业进行海外并购的微观机理以及选择海外并购战略的企业微观特征研究相对较少。企业异质性理论就是以微观企业为视角，解决企业的国际化路径及国际生产组织形式选择方面的问题（Melitz，2003；Antras，2003）。

国外多位学者进行了类似企业异质性研究，Anderson（1986）指出企业的特质性将影响企业是选择绿地投资方式，还是跨国并购来进行对外投资。有学者认为高生产率企业倾向绿地投资，生产率相对低的企业会选择海外并购（Raff，2012；Stepanok，2015），而 Spearot（2012）针对北美数据进行分析之后得出的结论却与这一理论相反。除此以外，还有的研究关注家族企业性质差异对跨国并购的影响。Shim（2011）研究了战后日本家族企业和非家族企业的跨国并购，发现企业性质对跨国并购具有影响作用，非家族比家族企业更倾向于跨国并购。

目前来看，国内企业异质性研究还主要停留在企业的生产率与出口选择的关系（邱斌，2015）、出口的“自选择效应”（吴飞飞，2012；钱学锋，2011）、“生产率悖论”（戴觅，2014；朱荃，2015）和企业出口与 FDI 选择（蒋冠宏，2015；肖慧敏，2012）的层面上。

针对企业异质性与跨国并购方面，皮建才（2016）运用了两阶段动态博弈模型进行研究，并最终发现只有当本国企业之间的技术差异大于国外时，企业才会倾向于对外并购。杨波（2017）认为在中国企业对外直接投资中，生产率高的企业会选择绿地投资，低生产率的企业更倾向海外并购。此外，其他异质性因素也会显著影响企业海外并购，如企业规模（Cole，2010）、企业财务状况（朱勤，2013）、企业资本密集度（洪联英，2013）、东道国的市场规模及发展水平（李善民，2013）、企业的国际化经验（Giannetti，2015；田海峰，2015）等。

（2）企业所有制差异。部分学者比较关注中国企业的所有制差异产生的影响，比如，海外并购的企业在所有权性质上具备高度异质特征（Gerhard，2011），国有企业的海外并购成功率显著偏低（王中美，2012），国有性质对海外并购的股权策略有直接影响（杨波，2016；林季红，2013），且国企更倾向于并购自然资源丰富的东道国企业（Ramasamy，2012）。不同所有制的企业对外直接投资所受的影响因素及其影响程度是存在差异的（卢汉林，2015）。但也有学者认为企业国有性质对跨国并购的影响不大（朱华，2017）。

（四）跨国并购的绩效研究

1. 跨国并购的协同价值

国内外学者关于跨国并购是否创造协同价值争议不断。部分学者倾向相信绝大多数的跨国并购并不能创造价值，相反却很有可能带来价值损失。部分研究认为企业并购会导致价值损失（Netter，2011），但也有学者否定了跨国并购价值损失的观点，Santos（2008）认为在“公平价值”基础上跨国并购不会导致价值折扣，部分学者还认为企业海外并购能够实现价值创造（项代有，2015；赵宇华，2012）。

另外，不少学者对中国企业海外并购的价值损失的原因进行了探究，主要归咎于不懂流程（曹和平，2014）、并购后的管理整合系统（姚水洪，2002）、文化差异（姚树洁，2015）、对被收购企业的价值判断（金占明，2011）、并购双方自我文化认知程度（赵启正，2015）等。此外，邵新建（2012）针对协同价值的预期进行了深入分析，结果表明并购方的所有制性质、标的方的战略资源及管理层能力能够影响跨国并购协同价值的预期，进而影响实际交易成本。

2. 跨国并购的市场业绩

跨国并购对公司绩效的影响往往从并购的短期市场绩效和长期市场绩效两个角度进行实证研究。关于并购的目标公司短期绩效研究，较多以发达国家为研究对象，如 Masulis（2007）、Chari（2010）和 Dutta（2013）；随着新兴经济体的发展，近几年关于发展中国家的研究逐渐增多，如 Bhagat（2011）、Ning（2014）。有学者认为跨国并购带来了正向超额收益，但短期来看并不显著（张合金，2013）。但是 Tao（2017）研究发现，与民营企业相比，中国国有企业进行跨境并购交易的超常收益更低。

研究收购公司长期绩效的文献相对较多，而研究并购的目标公司长期绩效的文献较少。学界对于主并收购公司获利与否并未有统一的观点，不过针对目标公司股东从并购中获得累计超常收益这一观点多数学者持肯定态度。部分学者对于发达经济体市场进行了一系列研究，结果表明企业在收购后经历了负向长期超额收益时期（Cybo-Ottone，2000；Mitchell，2000；Chatterjee，2004；Andre，2004）。

关于金融行业的研究，Houston（2001）指出随着时间推移银行并购效应不断提高，但员工的收入并没有显著增加。Behr（2011）也说明了银行收购对盈利能力和成本效率的中性影响，但没有明确指出对银行并购的长期盈利能力影响。相反，Berger（2003）发现，银行从事并购业务实质上提高了利润生产率，而不是成本生产率。Cuesta（2002）认为在西班牙的企业并购提高了技术效率。Koetter（2008）认为只有约一半的德国银行合并绩效良好。

另外，也有从两个方面综合考虑的文献，如顾露露（2011）的研究发现，跨国并购的短期市场绩效显著为正，而中长期整体上也取得了非负超常收益率。宋维佳（2014）也认同短期绩效显著提升的观点，同时研究还发现中长期绩效在并购当期得到提升，之后出现下滑。而 Boubaker（2014）等通过对英国并购事件的研究表明，长期而言并购方经验对财富创造效应具有显著正效应。这说明不同国家不同时期，市场绩效似乎有所不同，当然也有可能与研究方法不同有关，需要进一步深入研究。

3. 跨国并购的效率情况

为了更系统地分析跨国并购企业的绩效，也有学者转向研究跨国并购对企业实际效率的影响。部分学者通过自由分布法研究发现，并购之后的效率没有得到提高（Berger，1992；Peristiani，1997），而海外并购中的各种壁垒是影响效率改善的原因（Vennet，2002）。DeLong（2002）认为通过增加分支机构而带来市场份额增加的收益将在很大程度上被并购之后的整合过程中产生的成本开支中和掉。另外，也有许多研究表明并购将会提高企业的效率（Akhavein，1997；Vennet，1996），此外，Rhoades（1998）同样采用自由分布法进行研究，其结论也显示企业并购促使效率提升。

部分学者开始使用前沿分析法（Frontier Analysis）研究并购绩效，DeYoung（1997）对于300多家企业的成本效率运用厚前沿方法进行考察，发现半数以上的并购事件将会导致效率的提高。但是，马君潞（2008）采用前沿分析法，发现国内企业间并购在提升效率方面远远超过跨国并购，同时多数或者少数股权的并购对企业的效率的影响不显著。

随着研究的深入，数据包络分析法（DEA）也较多用来研究企业并购的效率问题。国内采用数据包络分析法的研究结论大都偏消极（易明阳，2011；刘艳春，2013）。倪中新（2014）采用DEA数据包络前沿分析模型并结合Malmquist指数构建了多输入输出指标评价体系，研究显示中国海外并购的效率整体上呈现弱势状态。不过也有中立的看法，如梁慧贤（2011）使用数据包络分析法分析实证结果显示，在海外并购之后企业效率长期呈上升趋势但短期内将会下降。郭妍（2010）运用事件研究法和经营绩效法实证研究了并购后的市场价值和经营业绩，发现我国企业海外并购会使大多数企业的经营业绩显著改善，但企业市场价值却并没有得到显著提升。

二、文献评述

纵观国内外关于跨国并购的相关文献，国内外学者对跨国并购的动因、区位选择、影响因素以及绩效评价等方面进行了深入研究，但是对于以中国为例的发展中国家，其对外大规模海外并购的动因、区位选择等方面研究尚未得出统一的结论。

除此之外，中国企业海外并购在加入世界贸易组织之后迅猛发展，大型国有企业海外并购金额和数量增长迅速，海外并购过程中的国有资产管理问题研究极度匮乏。迄今为止中国已经有许多值得反思的并购案例，与此同时政府宏观管理模式、金融制度等方面也值得进一步研究，通过对相关问题的系统分析从而促进国有资产保值增值、避免腐败等问题的出现是非常有必要的。

现有文献在研究方法方面存在的不足有：一是现有文献从企业微观特征角度研究海外并购的动因和影响因素的文章较少；二是跨国并购的研究多数从两国间角度出发，较少有学者从多国或地区的角度对跨国并购进行比较研究；三是跨国并购文献中较多关注母国和东道国间的地理距离、文化距离对跨国并购的影响，但多数文献忽略了包括政治稳定性、经济自由度在内的制度距离在跨国并购中的作用，极少将这几个距离因素综合考虑来研究其对跨国并购区位选择的影响。

总之，中国企业海外并购过程中的国有资产流失问题研究几乎是空白，因此分别从微观和宏观视角，在明确资产流失原因基础之上探索与我国实际情况相符、同国际规则接轨的海外并购模式和路径，并相应地提出具有针对性的建议对策，具有十分重要的理论和现实意义。

第三节 研究内容与研究方法

一、研究的主要内容

本书围绕海外并购过程中国有资产流失的相关问题进行深层次探讨，分析海外并购过程中国有资产流失规模，深入研究海外并购过程中国有资产流失路径，最终目的是提出有针对性、建设性、可行性的相关建议，主要内容如下。

（一）绪论

该章主要阐述了研究的背景、价值，对于海外并购相关问题的研究文献进行了回顾和评述，概括了研究的主要内容、创新之处、技术方法和总体思路，为后文的论述提供了铺垫。

（二）中国对外直接投资发展历程回顾

该章分析了中国对外投资发展经历的不同时期，包括空白期、探索期、起步期、发展期、深化期等，以及各时期分别体现出的不同特征，在此基础上总结了中国对外直接投资的发展经验以及现阶段所面临的挑战，并提出了新时期中国对外直接投资发展的策略。

（三）国内外跨国并购发展状况

该章主要介绍国外企业跨国并购发展现状，包括美国、欧洲、日本、印度的企业跨国并购发展状况及其特征；此外，将中国企业海外并购的发展历程，分为早期萌芽阶段、蓬勃发展阶段、跳跃式增长阶段，对其历史进程进行总结和分析；最后全面回顾改革开放以来中国企业海外并购的演进过程，分行业、分阶段、分区位总结中国企业海外并购的特征和趋势。

（四）不同所有制企业海外并购价值创造比较

该章分别从三个方面比较研究了不同所有制企业在海外并购过程中价值创造（价值损失）的规模。首先，比较国有与非国有企业在海外并购过程中溢价率差异，分析定价不合理导致的国有资产损失的相对规模。其次，对比国有企业与非国有企业在海外并购后的股价变化，考察从市场层面流失的国有资产的相对规模。最后，根据总资产收益率（ROA）、税息折旧及摊销前利润（EBITDA）和考虑折旧后的营业利润三个指标，对不同所有权企业的并购前后经营绩效进行了比较，从盈利能力层面探讨国有资产流失的规模。

（五）国际跨国并购经验对中国企业的借鉴

本章主要研究不同国家的企业跨国并购区位选择的影响因素。首先，在介绍 G20 跨国并购现状的基础上，分析了 G20 国家企业跨国并购区域分布、行业分布等层面的特点。其次，从横截面模型和面板 Logit 模型两个角度实证研究了地理距离、经济自由度、制度距离和文化距离等因素对跨国并购区位选择的影响。最后，考虑到美国企业在跨国并购领域一直居于主导地位，其跨国并购经验丰富，研究其跨国并购将对中国等新兴经济体国家具有的重要借鉴意义，因此该节实证研究了东道国政治稳定性和经济自由度对美国企业跨国并购区位选择的影响。

（六）中国企业海外并购的宏观经济环境

该章基于 VAR 模型及误差修正模型，研究了通胀率、股价指数、GDP、汇率、利率及货币供给等宏观经济因素对中国企业海外并购的影响及短期动态调整效应，并利用脉冲响应及方差分解分析了各变量对海外并购的影响效应及程度。

（七）资本市场对中国企业海外并购的影响

该章从理论上分析了资本市场的融资功能、金融中介功能、资源配置功能对跨国并购影响机制，此外借鉴引力模型、面板模型等方法实证检验资本市场因素对中国企业跨国并购的影响。其中，以人民币汇率变动与中国企业跨国并购为例，采用信号传递博弈模型的准分离均衡方法，研究汇率水平变动对中国企业海外并购交易定价的影响。

（八）异质性视角下的中国企业海外并购决策

本章结合企业异质性理论，建立了关于对外投资的企业异质性模型，并从微观视角实证研究影响中国企业选择海外并购的异质性因素，包括资本密集度异质、生产率异质、企业规模异质、企业财务状况、企业所有权异质等。此外，本章实证检验了影响中国企业海外并购成功率的因素，并重点探讨企业的所有制是否会直接影响中国企业海外并购的完成情况，以及东道国产业保护水平、并购控股比例、并购经验、经济发展程度等因素对企业所有制影响海外并购的调节效应。

（九）海外并购过程中的国有资产流失路径研究

本章先是明确了国企海外并购中存在的问题以及产生的原因，其后进一步分析了国有企业海外并购资产损失的形势与原因，最后，分别从并购交易前期、并购交易期间以及并购整合三个阶段分析了国有企业海外并购资产流失的主要路径。

（十）促进中国企业海外并购的对策建议

结合前文国有资产流失路径和规模分析，针对中国企业海外并购的模式、特征和趋势，分析国有资产保值增值的最优路径，有针对性地从国家、中介机构、企业三个方面提出对策建议。

二、研究思路

本书的研究思路如图 1－1 所示。

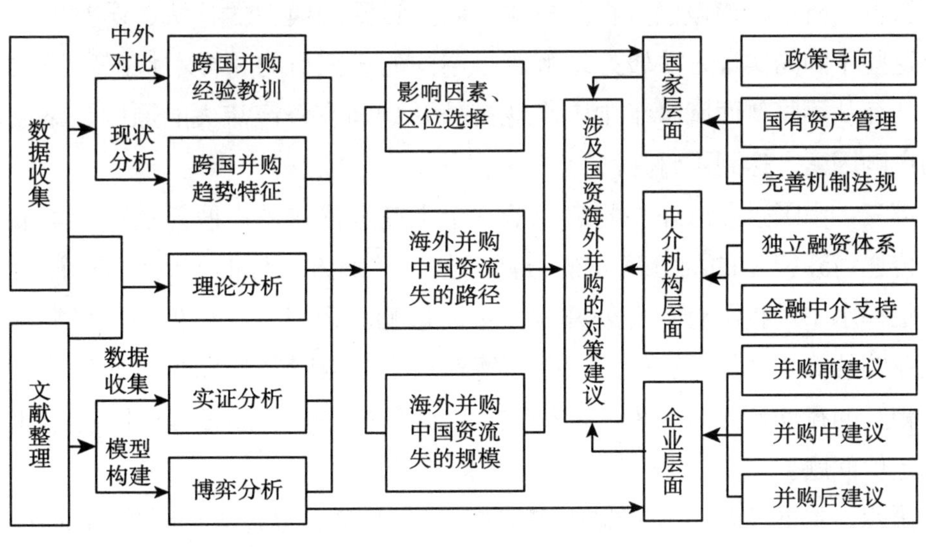

图 1－1　研究框架

本书拟通过研究海外并购中国有资产流失的规模和路径，从而提出保障国有资产安全的政策建议。具体将围绕五个模块进行：模块1为描述分析，以数据归纳和趋势分析为主，研究国内外企业跨国并购的特征、趋势和主要问题，以及中国企业海外并购的现状；模块2为国际经验借鉴部分，从区位选择角度比较分析不同国家间企业的跨国并购的差异；模块3为影响因素研究部分，分别从宏观经济因素、资本市场、企业异质性以及企业所有制等维度对海外并购的影响进行了实证分析；模块4为规模和路径研究部分，通过研究海外并购价值创造的相关指标及所有权不同的相对差异，反向研究国有资产流失的规模以及流失的路径。模块5为对策建议，针对前文分析的现有问题、影响因素、流失规模和路径等，从不同层面提出建议对策。

三、主要研究方法

本书采用的研究方法主要有以下几种：

第一，使用比较分析法，文中比较了发达国家与中国企业海外并购的异同，也比较了国有企业与非国有企业的异同。在实证分析中，还分组检验了国际金融危机前后、不同区域、不同投资动机、不同产业类型、不同要素密度下的国有企业海外并购的表现或影响因素差异。

第二，针对不同的问题，采用多种的实证方法，比如Logit模型参数估计法、面板数据分析法、横截面数据分析法、向量自回归模型估计法、误差修正模型等，这些不同的实证方法较好地解决了不同的研究目的和样本状况所导致的问题，从而从不同侧面阐释了中国企业海外并购国有资产流失的原因、路径、规模与影响因素，达到了研究目的。

第三，中国企业海外并购定价是一个不完全信息动态博弈过程，本书采用信号传递博弈模型的准分离均衡方法，分析并购方与标的方的动态博弈行为，研究汇率水平对我国企业海外并购定价的影响。运用博弈分析法，将汇率、目标企业的估值、经营状况的好或差、博弈双方各自对其预期收益的估计、博弈双方相互的行动预测等因素予以研究，以此研究信号传递过程中国有企业海外并购定价问题。

第四，本书较多采用微观视角的方法进行研究，通过采用国外Thomson One和Bvd-Zephyr两个国际大型数据库的微观数据，下载数以万计各国不同企业间的微观并购数据，通过对不同国家、不同所有制海外并购的对比研究，对股东收益、股票价格、资产规模等进行横向比较，从而估算国有资产海外并购的效率，并比照国外先进经验提出相应对策。

四、研究拟创新点

从现有文献来看，海外并购过程中的国有资产流失问题研究相对较少。本书拟创新点如下：

第一，本书借助 Thomson One 和 Bvd-Zephyr 两个国际数据库，以及国内外资本市场公开数据，尽可能收集相关数据和案例。通过大量的数据收集工作，从而获得关键数据资料。在此基础上，运用计量经济学模型，比较分析不同所有制企业、不同国家间跨国并购的模式、成功率、绩效差异与区位选择等，从而对海外并购过程中的国有资产流失总量进行估算。

第二，海外并购过程中的国有资产流失问题是研究难点，本书在国有资产流失规模分析中，从定价水平、市场反应、盈利能力三个不同维度，用并购溢价率、股票价格变动、ROA、EBITDA 等指标，分别与非国有企业进行比较，从而度量国有资产流失的相对规模。

第三，本书在对海外并购国有资产流失问题进行研究时，既从资本市场、人民币汇率、东道国制度环境等宏观经济因素研究分析，也从企业所有制、企业异质性微观视角实证分析，并借鉴美国等发达国家跨国并购区位选择进行实证分析，从不同侧面分析、印证中国企业在海外并购过程中遇到的问题和影响因素。

第四，运用博弈论方法，通过建立不完全信息动态博弈模型，采用信号传递博弈模型的准分离均衡方法，构建分析并购方与标的方的动态博弈行为，分析海外并购过程决策机制及动态演进过程，对国有企业海外并购定价问题进行探讨，从而研究汇率水平变动对我国企业海外并购定价的影响。

第五，基于对海外并购过程中国有资产的现实比较、理论分析、实证分析和博弈模型，本书提出有针对性的对策建议，包括国家、产业和企业三个层面，从政策导向、国资管理、资本市场、公司治理等多个方面提出政策建议，这些建议将有利于提高我国国有企业海外并购绩效，提升我国境外国有资产监督管理水平，为国家相关部门制定政策提供决策参考。

第二章　中国对外直接投资发展历程回顾

改革开放以来，中国对外直接投资蓬勃发展，根据 2018 年 10 月发布的《2017 年度中国对外直接投资统计公报》，2017 年中国对外直接投资达 1582.9 亿美元，投资流量居于世界第三，与最早记录的 1979 年中国对外直接投资 53 万美元相比，中国对外直接投资实现了巨大增长[①]。中国逐步从一个资本极度短缺、经济不发达的贫困国家，成长为世界第一大贸易国、世界第二大经济体，在对外直接投资方面也发展成世界上极具影响力的大国。

中国企业海外并购是中国对外直接投资的重要组成部分，全面回顾中国对外直接投资发展历程，不仅有利于分析中国企业海外并购的历史背景和演化路径，也有利于分析中国企业海外并购面临的机遇与挑战，还可以为中国企业海外并购发展战略提供决策依据。

第一节　中国对外直接投资的分阶段发展状况

依据中国对外直接投资的规模，可以将中国对外直接投资的发展历史划分为空白期、探索期、起步期、发展期、深化期五个时期。其中，空白期是 1949—1978 年，期间中国对外直接投资的数据较为缺乏；探索期是 1979—1991 年，期间中国对外直接投资流量均在 10 亿美元以下；起步期是 1992—2004 年，期间中国对外直接投资流量在 10 亿—100 亿美元之间；发展期是 2005—2012 年，期间中国对外直接投资流量在 100 亿—1000 亿美元之间；2013 年至今为中国对外直接投资的深化期，这一时期中国对外直接投资流量均超过 1000 亿美元。

① 1979 年相关数据来源于商务部下属的“商务历史”网站 http：//history. mofcom. gov. cn/，2017 年相关数据来源于《2017 年度中国对外直接投资公报》。

1979—2017 年中国对外直接投资流量变化趋势如图 2－1 和图 2－2 所示。

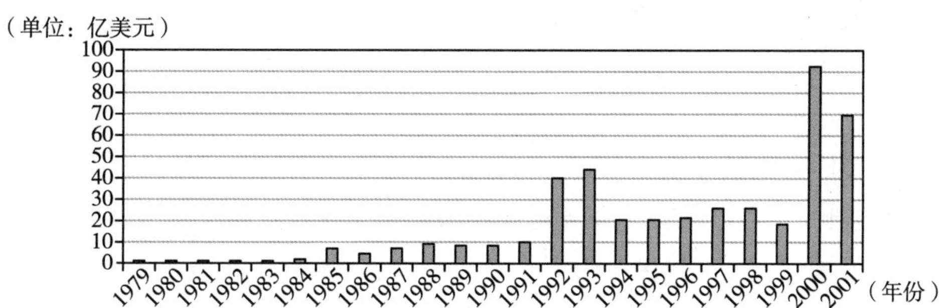

图 2－1　1979—2001 年中国对外直接投资流量

资料来源：1979—1981 年数据来源于中华人民共和国商务部，1982—2001 年数据根据联合国贸发会议数据库整理而得。

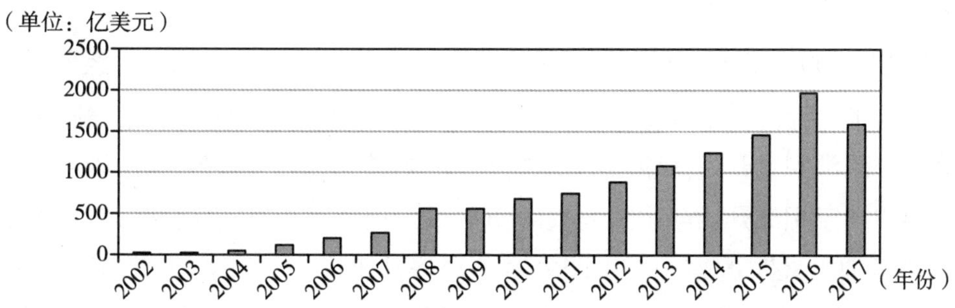

图 2－2　2002—2017 年中国对外直接投资流量

资料来源：根据 2003—2017 年度"中国对外直接投资统计公报"整理而得。

中华人民共和国成立以来，中国各个时期的宏观经济运行、汇率制度、投资体系等方面存在差异。过去的研究表明，GDP 对中国对外直接投资规模有较大影响（张为付，2008），此外汇率变动也会影响中国对外直接投资的规模和区位选择（于津平，2007；邓明，2012）。1949—1978 年间，由于中国对外直接投资受国际关系的影响较大，规模较小且数据较欠缺，因此我们主要结合中国对外经济整体形势的变化，对该时期中国的对外直接投资行为进行分析。鉴于 1979—2017 年已有对外直接投资具体数据，因此在探索期、起步期、发展期、深化期的分析中，将结合各个时期 GDP、汇率的变化趋势，回顾中国对外直接投资的发展历程，并总结各阶段的不同特征。

一、对外直接投资的空白期

中华人民共和国成立之初，港澳地区一些原属于国民政府的公司回归祖国，这成为新中国首批境外企业①。新中国诞生于美苏争霸的两极格局之中，在成立初期受到美国等西方国家的经济封锁，因此，在这一时期，中国主要同苏联、东欧国家发展经贸关系。由于新中国成立之初是在战争的废墟中进行经济建设，面临资金短缺、技术落后、工业不发达的困境，中国在对外经济上更多的是出口农产品及原材料，引进大型成套设备。同时，中国利用苏联和东欧国家援助的重点项目，建立了一批大型重工企业，为中国工业化发展奠定了基础。由于生产能力仍处于较低水平且外汇稀缺，这一时期中国没有经济条件进行对外投资。

20 世纪 60 年代初，中苏关系恶化后，中国同苏联、东欧国家的经贸往来急剧减少，中国开始寻求发展与其他国家的经济关系，与此同时，随着欧洲经济的恢复，欧洲国家开始摆脱美国对中国经济封锁的制约。1964 年法国与中国建交，西欧国家相继开始与中国发展经贸关系。但在“文革”期间，对外贸易被扣上“卖国主义”的帽子，中国的对外经济几乎中止（石广生，2013）。随着 1971 年中国恢复在联合国的合法席位、中美关系改善，中国的国际地位不断提高，与中国建交的国家逐渐增多。此外，由于生产力逐步提高，中国对外出口能力不断增强，通过对外投资促进出口的需求逐渐增加。因此，中国各专业外贸总公司先后分别在巴黎、伦敦、汉堡、东京、纽约、中国香港、新加坡等地设立了海外分支机构，建立了一批贸易企业②。

二、对外直接投资的探索期

从 1979 年开始，企业自主权不断扩大，同年国务院颁布《关于经济改革的 15 项措施》，明确规定允许“出国办企业”（周海燕，2011）。1979 年北京市友谊商业服务公司投资 22 万美元与日本东京丸一商事株式会社合资在东京开办“京和股份有限公司”，这是中国改革开放以来第一起对外直接投资③。

---

①②③ 资料来源于商务部下属的“商务历史”网站 http：//history. mofcom. gov. cn/。

1979—1991 年，由于受到宏观经济及外汇制约，这一时期的中国对外直接投资规模总体较小，是中国对外直接投资的探索期。从图 2－3 可以看出，随着中国 GDP 的增长，对外直接投资的规模从 1979 年的 53 万美元增长到 1991 年的 9.1 亿美元①。1979—1991 年中国 GDP 年均增长率为 7.2%，这个增长速度与中国入世之后超过 10% 的年均增长速度相比存在较大差距，总体上看处于较低水平②。可见，在改革开放之初，经济发展不足的现状在一定程度上制约了中国对外直接投资的增长。

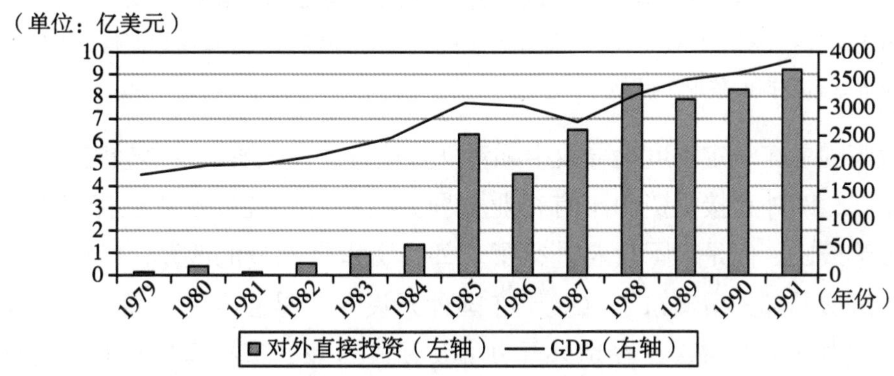

图 2－3　探索期中国对外直接投资与 GDP 变化趋势图

资料来源：对外直接投资数据根据商务部和联合国贸发会议数据库整理而得，GDP 数据根据世界银行数据库整理而得。

人民币汇率也成为这一时期制约中国对外直接投资增长的重要因素。中国对外直接投资与汇率的变化趋势如图 2－4 所示，1979—1991 年间人民币汇率由于汇率制度的变化而贬值了 242.4%③。人民币汇率的持续大幅贬值，使中国企业对外投资的支付能力有所下降，且缺少稳定的汇率环境。

探索期中国对外直接投资主要有以下几个方面的特征：

第一，中国对外直接投资缺乏明确的政策鼓励。在探索期，中国政府逐步放开了企业的跨国经营管理，1979 年国务院颁布了 15 项改革措施，允许出国办企业。该政策的出台说明中国政府已经认识到企业国际化经营对于中国改革开放、对外贸易等方面的有利影响，但受限于外汇储备和开放经验不足，中国在这个阶段侧重于吸引外商直接投资，实际上采取了限制资金跨境流动的策略，

① 1979 年相关数据来源于商务部“商务历史”网站，1991 年相关数据根据联合国贸发会议数据库整理而得。

②③ 相关数据根据世界银行数据库整理而得。

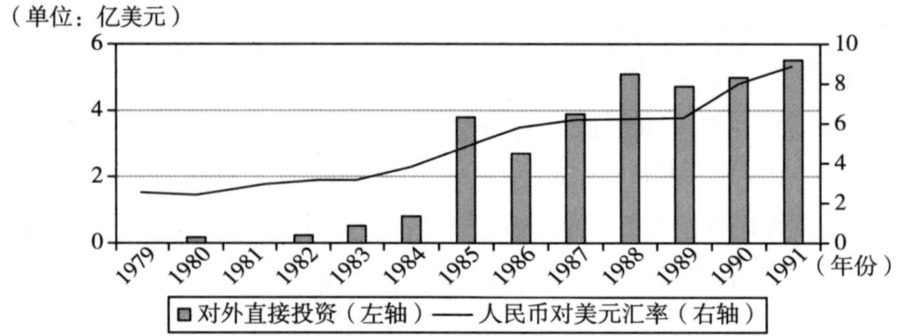

图 2－4　探索期中国对外直接投资与汇率变化趋势图

资料来源：对外直接投资数据根据商务部和联合国贸发会议数据库整理而得，人民币汇率根据世界银行数据库整理而得。

这些政策因素在一定程度上导致中国对外直接投资在该阶段发展较慢。

第二，对外直接投资由国有企业主导。虽然对外直接投资在探索期缺乏明确的政策鼓励，但是中国政府进行了对外投资审批制度的改革。1985 年我国原对外经济贸易部先后颁布了《关于在国外开设非贸易性合资经营企业的审批程序和管理办法》和《关于在境外开办非贸易性企业的审批程序和管理办法的试行规定》，中国对外投资审批制度开始逐步向规范化管理转变。对外投资管理的放松使得国有企业更容易进行对外直接投资，这推动了 1985 年后的中国对外直接投资规模出现较大幅度的上升。此外，由于国企的规模优势和中小企业发展时间较晚，国企主导对外直接投资的特征持续了较长的一段时间。

第三，该阶段中国内地对外直接投资集中于香港地区。商务部的资料表明，在改革开放初期，香港是中国内地对外直接投资的主要地区①。这一时期，中国内地对香港地区的直接投资主要是各省市在香港建立的外贸窗口公司，其目的是为了利用香港的国际服务经济体系，将中国内地丰富的原材料、人力资源与世界市场相结合，从而带动出口、换取外汇。改革开放以来，由于出口在中国内地 GDP 中占有较大份额，因此作为国际金融中心的香港一直是中国内地对外直接投资的主要地区。

三、对外直接投资的起步期

1992 年，邓小平南方谈话之后，中国改革开放进入加速发展阶段，2001 年

① 资料来源于商务部下属的“商务历史”网站 http：//history. mofcom. gov. cn/。

中国加入WTO进一步推动了经济迅猛发展，这为中国对外直接投资的增长奠定了良好的经济基础。1992—2004年是中国对外直接投资的起步期，投资规模突破10亿美元[①]。从对外直接投资与GDP的变化趋势图可以看出（见图2－5），中国GDP总量在1998年首次突破1万亿美元，2004年接近2万亿美元，期间GDP年均增速达到13.6%，与此同时，中国对外直接投资规模从1992年的40亿美元增长到2004年的79.7亿美元[②]。

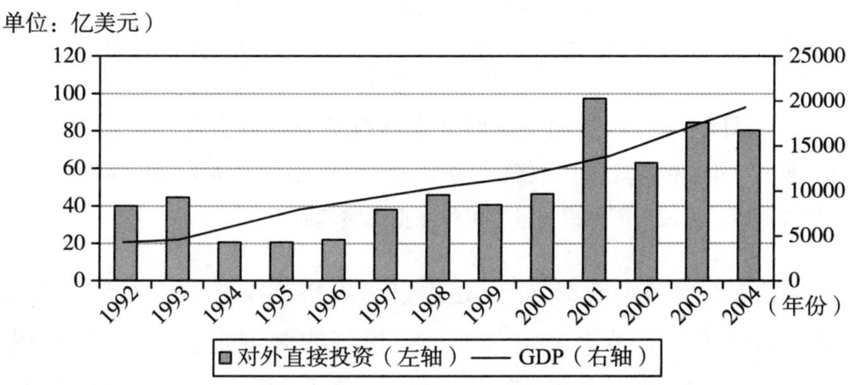

图2－5　起步期中国对外直接投资与GDP变化趋势图

资料来源：对外直接投资数据根据联合国贸发会议数据库和2003—2004年度“对外直接统计公报”整理而得，GDP数据根据世界银行数据库整理而得。

1994年中国政府取消了自1981年以来实施的双重汇率制度（汇率双轨制），人民币实现汇率并轨。该年人民币官方汇率一次性贬值，人民币对美元的汇率从1美元兑换5元人民币左右下调至1美元兑换8元人民币左右的水平（见图2－6）[③]。此后人民币汇率相对稳定，为中国企业对外投资提供了相对稳定的预期。

起步期中国对外直接投资主要有以下几个方面的特征：

第一，社会主义市场经济体制的确立为中国对外直接投资奠定了制度基础。1992年中国共产党第十四次全国代表大会正式确立建立社会主义市场经济体制的改革目标，1997年中国共产党第十五次全国代表大会强调非公有制经济是社

① 相关数据根据联合国贸发会议数据库和2003—2004年度“中国对外直接投资公报”整理而得。

② GDP相关数据根据世界银行数据库整理而得，对外投资相关数据根据联合国贸发会议数据库和“中国对外直接投资公报”整理而得。

③ 相关数据根据世界银行数据库整理而得。

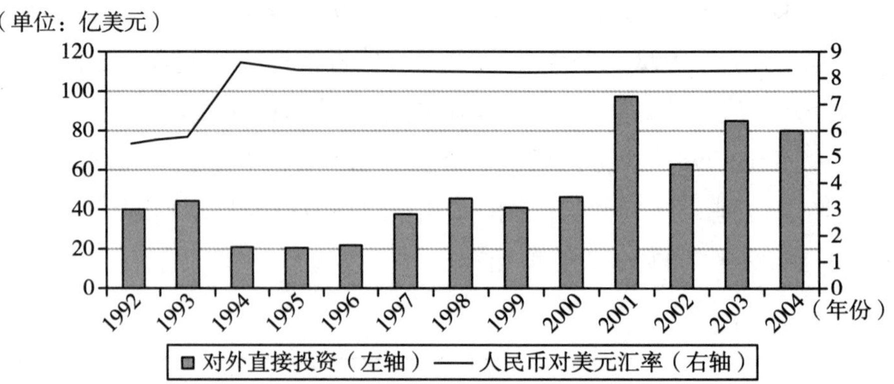

图 2－6　起步期中国对外直接投资与汇率变化趋势图

资料来源：对外直接投资数据根据联合国贸发会议数据库和 2003—2004 年度“对外直接统计公报”整理而得，人民币汇率根据世界银行数据库整理而得。

会主义市场经济的重要组成部分[①]，这促进了各种类型的企业对外直接投资迅速发展。截至 2004 年，在所有发起对外直接投资的中国企业中，国有企业占比从上年的 43% 降至 35%，有限责任公司和私营企业占比则分别上升了 8% 和 2%，分别达到了 30% 和 12%。此外股份有限公司和外商投资企业分别达到了 10% 和 5%[②]。可见，社会主义市场经济体制的确立，在推动各种所有制企业发展的同时，也推动了中国对外直接投资主体的多元化。

第二，中国对外直接投资明显受到经济宏观调控的影响。由于经济发展过热，政府在 1993—1996 年紧缩银根，海外投资业务也进入清理和整顿时期，国家主管部门对新的海外投资实行严格控制的审批政策，并对各部门和各地方已开办的海外企业进行重新登记[③]，对外直接投资的增速开始下降。1997 年，亚洲金融危机爆发，为了防范中国经济出现衰退，政府把“适度从紧”货币政策调整为“宽松”的货币政策[④]，同期中国对外直接投资重新开始加速增长。

第三，“走出去”战略为中国企业对外直接投资提供了政策依据。2001 年中国正式加入世界贸易组织，并进一步加快对外开放的步伐，同年在《国民经济和社会发展第十个五年计划纲要》中正式在国家层面提出了“走出去”战略。“走出去”战略鼓励能够发挥我国具有比较优势的对外投资，支持有实力的企业

① 资料来源于中国共产党十四大报告和十五大报告。
② 资料来源于《2004 年度中国对外直接投资统计公报》。
③ 资料来源于商务部下属的“商务历史”网站 http：//history. mofcom. gov. cn/。
④ 资料来源于中华人民共和国驻美利坚合众国网 http：//www. china－embassy. org/chn/zt/rmb/。

进行跨国经营，提出在金融、保险、外汇、财税、人才、法律、信息服务、出入境管理等方面为境外投资加强服务①。此后，在2002年中国共产党第十六次全国代表大会进一步明确了坚持“走出去”与“引进来”相结合的方针②。“走出去”战略的提出为中国对外直接投资提供了政策依据，也使政府对于企业对外投资的态度从探索期的“允许”转向政策性鼓励，为下一阶段中国对外直接投资跳跃式发展奠定了基础。

四、对外直接投资的发展期

2005年中国对外直接投资总额达到137.3亿美元，首次突破100亿美元大关③，中国对外投资进入快速发展时期。2007年美国次贷危机爆发，并引发2008年全球金融危机，国际市场资产价格全面大幅下跌，为中国企业对外投资提供了历史机遇，2008年中国对外直接投资金额达到创纪录的559.1亿美元，比上年同期增加1倍④。2006—2012年间，中国GDP和对外直接投资保持同步快速增长态势（见图2－7），而同期人民币汇率逐年小幅缓慢升值（见图2－8），这两个因素为中国企业对外投资快速发展提供了有利的宏观经济和汇率环境，所以这一时期中国对外直接投资以年均36.8%的速度快速增长⑤。

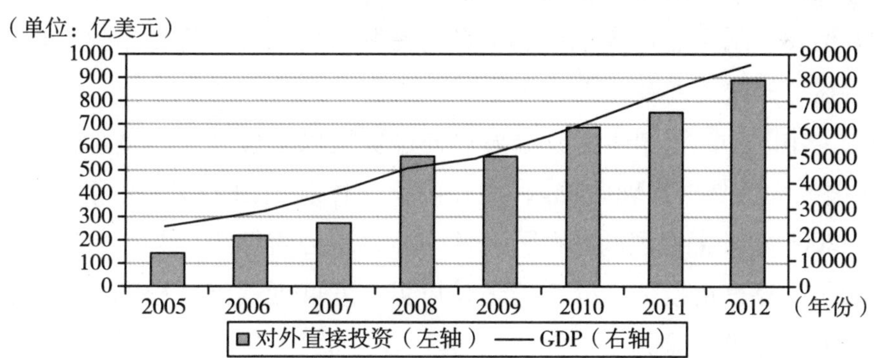

图2－7　发展期中国对外直接投资与GDP变化趋势图

资料来源：对外直接投资数据根据2005—2012年度“中国对外直接投资公报”整理而得，GDP数据根据世界银行数据库整理而得。

---

① 资料来源于《中华人民共和国国民经济和社会发展第十个五年计划纲要》第十七章第四节。

② 资料来源于中国共产党十六大报告。

③ 相关数据根据《2005年度中国对外直接投资统计公报》整理而得。

④ 相关数据根据《2008年度中国对外直接投资统计公报》整理而得。

⑤ 相关数据根据2006—2012年度“中国对外直接投资统计公报”整理而得。

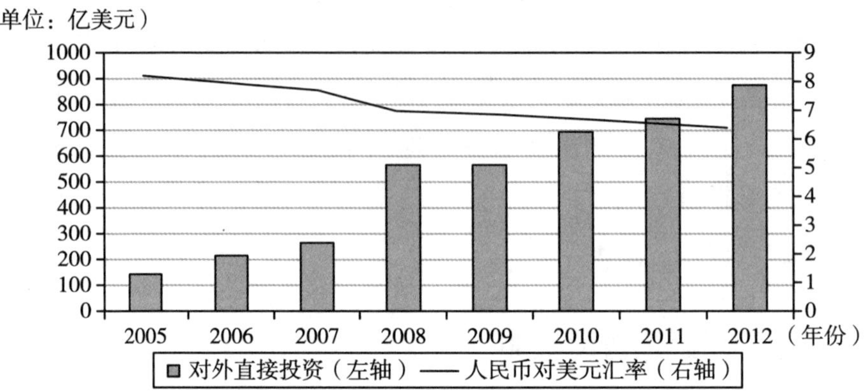

图2-8　发展期中国对外直接投资与汇率变化趋势图

资料来源：对外直接投资数据根据2005—2012年度“中国对外直接投资公报”整理而得，人民币汇率根据世界银行数据库整理而得。

发展期中国对外直接投资主要有以下几个方面的特征：

第一，人民币汇率改革为中国对外投资提供了货币基础。2005年，中国改革人民币汇率形成机制，实行以市场供求为基础、参考一篮子货币进行调节、有管理的浮动汇率制度。事实上，由于中国常年处于国际贸易顺差地位，积累了大量外汇储备，人民币汇率放弃盯住单一美元以后，逐年小幅升值。人民币汇率的升值使中国企业在国际市场上具有更强的购买力，推动了这一时期中国对外直接投资的快速发展。

第二，中国外汇管制逐步放松为对外投资提供了便利。2008年国务院发布《中华人民共和国外汇管理条例》，在外汇管理体制上由强制结售汇转变为自动结售汇；2009年外汇管理局发布了《境内机构境外直接投资外汇管理规定》进一步放松了对外直接投资的外汇管理。可见，发展期逐渐宽松的外汇管制政策为中国企业对外投资提供了便利。

第三，中国对外投资区域更为广泛。在2006年以前，除了中国香港、英属维尔京群岛、开曼群岛等离岸金融中心之外，中国对外直接投资主要地区为美国、俄罗斯、澳大利亚等发达国家。2006年之后，中国对中东和欧洲地区的投资逐渐增加，分别加大了对该地区能源资源类行业和制造业的投资力度。截至2012年，中国对外直接投资存量达到5319.4亿美元，共有近2.2万家境外企业，广泛分布于全球 179 个国家（地区）[①]，更为分散的对外投资有利于减少对于特定国家的依赖，降低了企业对外投资过于集中的风险。

五、对外直接投资的深化期

2013 年中国正式提出“一带一路”倡议，当年中国对外直接投资流量达到 1078.4 亿美元，首次突破 1000 亿美元大关[②]，以此为标志进入对外直接投资的深化期。在 2013—2017 年间，中国 GDP 总量（见图 2-9）于 2014 年超过 10 万亿美元[③]，但此后中国 GDP 增速有所放缓，对外直接投资增速与发展期相比也有所下降，2014 年底中央首次提出中国经济进入新常态。

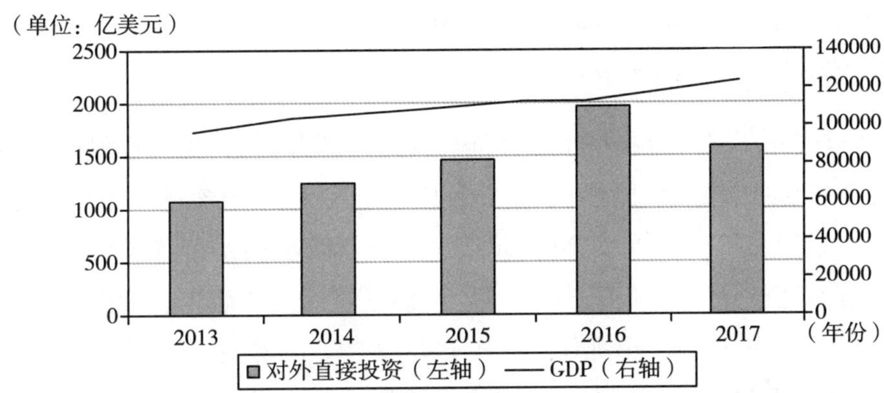

图 2-9　深化期中国对外直接投资与 GDP 变化趋势图

资料来源：对外直接投资数据根据 2013—2017 年度“中国对外直接投资公报”整理而得，GDP 数据根据世界银行数据库整理而得。

在深化期，由于 2015 年美元进入加息周期，至 2018 年底总共加息 8 次[④]，人民币汇率（见图 2-10）改变了前段时期单边升值的趋势，表现出双向波动的特征。可见，中国经济总量和对外直接投资经过前期的快速发展，整体规模较大，在经济新常态的背景下快速增长的特征有所改变，表现为稳中有升的趋势。

深化期中国对外直接投资主要有以下几个方面的特征：

第一，对外投资制度的改革有利于中国对外直接投资的长远发展。2014 年，

① 资料来源于《2012 年度中国对外直接投资统计公报》。
② 相关数据根据《2013 年度中国对外直接投资统计公报》整理而得。
③ 相关数据根据世界银行数据库整理而得。
④ 资料来源于新华网 http://www.xinhuanet.com/fortune/2018-09/27/c_1123487796.htm。

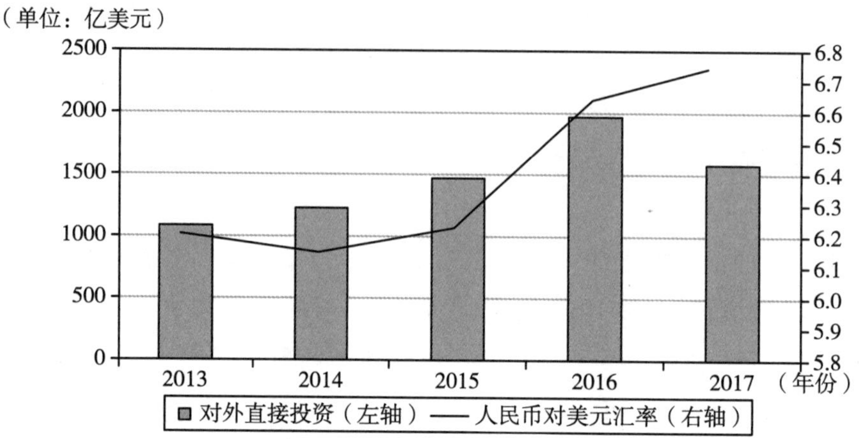

图 2－10　深化期中国对外直接投资与人民币汇率变化趋势图

资料来源：对外直接投资数据根据 2013—2017 年度“中国对外直接投资公报”整理而得，人民币汇率根据世界银行数据库整理而得。

国家发改委发布了《境外投资项目核准和备案管理办法》，更多权限被下放，标志着中国对外投资管理审批程序简化，由“核准为主”转变为“备案为主，核准为辅”（郭凌威等，2018）；2015 年，国家外汇管理局发布《关于进一步简化和改进直接投资外汇管理政策的通知》，取消了境内企业境外直接投资的外汇登记核准，企业可以更加自由地使用外汇；2017 年，国务院发布了《关于进一步引导和规范境外投资方向的指导意见》，加强了对外投资的真实性、合规性审查①，这些政策有利于中国对外直接投资的长远发展。

第二，“一带一路”建设推动了中国对沿线国家的投资。“一带一路”倡议提出以来，中国加强了同沿线国家在贸易投资方面的合作，推动了中国企业对沿线国家的投资。2013—2017 年间，中国对沿线国家的投资整体呈现上升趋势，尤其在 2017 年中国对外直接投资总体出现负增长时，中国对“一带一路”沿线国家的投资却出现了大幅增加，且首次突破 200 亿美元②。其原因部分是由于《关于进一步引导和规范境外投资方向的指导意见》的出台，推进了“一带一路”建设和周边基础设施互联互通的基础设施境外投资。

第三，非国有企业在对外直接投资中发挥的作用更加明显。截至 2017 年，在中国对外非金融类投资存量中，非国有企业占比达 50.9%，首次超过国有企

① 资料来源于《2017 年度中国对外直接投资统计公报》。
② 相关数据根据 2013—2017 年度“中国对外直接投资统计公报”整理而得。

业，其中有限责任公司和股份有限公司形式的非国有企业分别占比 16.4% 和 8.7%，个体经营和私营企业分别占比 7.4% 和 6.9%[①]。可见这一时期中国的非国有企业加快了对外投资的步伐，反映了非国有企业跨国经营能力、对外投资需求不断增强，在对外直接投资过程中的地位日益上升。

第四，中国制造业对外直接投资加快发展。2013—2017 年间，中国制造业在对外投资中的比重逐渐上升，并在 2016 年首次成为对外投资第二大行业[②]。从制造业投资的细分行业来看，截至 2017 年，装备制造业存量 642.9 亿美元，占比 45.8%，对汽车制造、计算机通信及其他电子设备制造、化学原料及化学制品制造领域的投资均超过 100 亿美元[③]。从投资地区上看，截至 2017 年，中国制造业的投资存量为 1403 亿美元，其中对北美洲和欧洲的制造业投资达 536.4 亿美元，为中国对该地区投资的第一大行业[④]。这表明中国制造业对外投资的能力不断提高，且通过对欧美等发达国家的投资，利用其逆向技术溢出效应，正在逐渐实现高端制造业的发展。

第二节　中国对外直接投资发展的经验总结

中国对外直接投资从空白期、探索期、起步期、发展期到深化期，其规模和特征发生了重大变化。在投资主体上，实现了国企单一主导向多种所有制企业共同发展的转变；在投资地区上，由集中投资于香港发展为向全球投资；在投资行业上，由出口相关行业向高端制造业发展。中国对外投资之所以呈现这样的特点，离不开和平的国际环境、国内改革开放的红利与中国企业自身的发展。

一、和平发展的时代主题为中国经济提供稳定的国际环境

冷战结束后，和平与发展成为当今时代的主题。和平的预期减少了国际经

① 资料来源于《2017 年度中国对外直接投资统计公报》。

② 相关数据根据 2013—2017 年度“中国对外直接投资统计公报”整理而得。

③④ 资料来源于《2017 年度中国对外直接投资统计公报》。

济的不确定性，为世界各国的经济建设提供了良好的国际环境。此外，WTO 的成立和区域经济一体化促进了全球投资便利化。在此基础上，中国通过承接发达国家和地区转移的产业，实现了经济迅速发展，这为中国企业发展对外投资提供了经济基础。

第一，和平的国际环境有利于中国改革开放。随着 1991 年苏联解体后冷战结束，美苏争霸两极格局不复存在，和平与发展成为当今时代的主题。国际环境的和平稳定，使中国政府能够将精力集中于经济建设，通过改革开放促进国内经济发展。同时，在企业的对外直接投资活动中，相对和平稳定的国际局势降低了投资的政治风险，为外商在华投资与中国对外投资提供了稳定预期，促进了中国经济和对外投资发展。

第二，发达国家的产业转移浪潮为中国参与国际分工提供了历史机遇。20 世纪 80 年代，由于发达国家和地区面临成本上升、国际竞争力下降的压力，迫切需要通过向发展中国家进行产业转移以降低成本。与此同时，中国开启了改革开放历程，凭借着廉价的劳动力、广阔的市场、丰富的自然资源、优惠的招商引资条件、稳定的社会环境，中国成为承接发达国家和地区产业转移的主要地区。中国通过发展加工制造业嵌入全球价值链中，在面向国际市场的生产加工中积累了经验、资金、技术、销售渠道，提高了企业国际化水平，这为企业对外投资创造了基础。

第三，经济全球化和区域经济一体化为中国对外投资提供了便利。WTO 是当代最重要的国际经济组织之一，其在 1994 年就发布执行了《与贸易有关的投资措施协议》，包括投资范围、国民待遇、与贸易有关的投资措施委员会、磋商与争端解决等条款，2001 年中国加入 WTO 为中国对外投资发展创造了有利的环境。随着区域一体化的发展，2009 年中国与东盟 10 国共同签署了中国—东盟自贸区《投资协议》，在自贸区域内投资者可以享受国民待遇、最惠国待遇和投资公平公正待遇①。可见，经济全球化和区域经济一体化促进了国际资本流动，为中国对外投资提供了便利。

二、中国改革开放为对外直接投资发展提供宏观经济基础

在和平的国际环境下，中国不断进行对内改革和对外开放，参照国际规则

① 资料来源于中国自由贸易区服务网 http：//fta. mofcom. gov. cn/dongmeng/dongmeng_special. shtml。

不断完善基本经济制度，随着外汇储备增加和对外投资经验积累，企业用汇和对外投资审批制度逐步便利化。同时，快速发展的东部地区为中国对外投资提供了经济基础（王跃升和陶涛，2010）。在此条件下，有能力进行对外投资的企业利用香港的国际金融中心地位，以香港为平台进行资本的全球配置，实现了对外投资发展。

第一，中国的市场化改革为企业对外投资奠定了制度基础。改革开放以来，中国采取了一系列改革措施，全面建立了社会主义市场经济体制，逐步实现了从计划经济向市场经济的过渡，推动了中国经济跳跃式发展。与此同时，中国实行了人民币汇率形成机制、外汇管制方式、对外投资管理制度等一系列市场化改革，这些因素共同作用，推动了中国对外投资的迅速发展。

第二，东部地区迅速发展为中国对外投资提供了局部优势。改革开放以来，中国东部地区成为吸收外资的主要地区，国内的劳动力、资源等生产要素也向东部地区集中，东部部分省市经济发展水平率先提高，并积累了较为丰富的对外贸易与对外投资的经验，在长期实践中也聚集了较多具有跨国经营管理能力的高素质人才，形成了一批资金相对雄厚、技术特色鲜明、具有国际化特色的企业，为中国对外投资创造了局部优势。例如，广东、浙江、江苏、上海等东部省市，其经济发展水平领先全国，一直是中国对外投资的主要省市。

第三，香港地区为内地企业对外投资发挥了窗口作用。改革开放初期，出于招商引资和扩大出口的目的，内地在香港地区投资建立了众多的贸易窗口公司。在出口贸易实现较大发展之后，内地企业有了跨国经营需求，于是利用香港地区的机构力量和国际化环境提高企业的管理水平、扩张销售网络、塑造品牌①。目前，内地对香港地区的投资在总额中仍占有绝对优势，其中部分资金流经香港地区而最终流向欧美等发达国家和资源丰富的发展中国家（史剑道和沈仲凯，2015）。可见，香港地区适应了内地企业各个时期对外投资的需要，为内地对外直接投资发展起到了重要的窗口作用。

三、中国企业发展为对外直接投资提供微观基础

改革开放以来，中国企业在国际竞争力得到提高后，试图通过整合上下游

① 资料来源于2018年香港特别行政区投资推广署发布的《香港在大陆企业“走出去”的角色执行摘要》。

企业、并购国外先进企业，以实现在全球价值链中地位的上升，这成为中国企业对外直接投资的主要动力。

第一，中国国有企业在对外投资中具有规模优势。由于国有经济在中国具有主导作用，国有企业在水、电、石油等行业中逐步形成垄断地位，并在资金技术等方面拥有较强实力，为企业对外投资提供了规模优势。例如，在2017年世界500强企业名单中（按营业收入排名），中国有3家企业居于世界前五，且这3家企业均为国有企业，此外，在120家上榜的中国企业中，83家为国有企业，占比超过一半①。可见，中国国有企业规模已达世界前列，这为国有企业对外投资提供了微观经济基础。

第二，中国中小企业国际竞争力不断增强。与国有企业相比，中小企业发展较晚，但其通过承接国际转移产业、发展加工贸易实现了迅速发展。国家发改委提供的数据显示，截至2017年，中国民营经济占GDP的比重超过了60%，拥有65%的专利、75%以上的技术创新、80%以上的新产品开发②。可见随着中国经济的发展，中小企业国际竞争力明显提升，这为中小企业对外投资奠定了基础。

第三，企业对外直接投资需求不断增加。改革开放以来，出口在中国的GDP中占有较大比重，由于出口贸易对原材料和市场需求较大，因此充足的原材料供给和稳定的市场需求对中国企业来说至关重要。除此之外，随着中国企业实力不断增强，为了提高其在全球价值链中的地位，需要通过对外投资获取国外先进管理经验、技术和品牌，由此带来的资源寻求型、市场寻求型和技术寻求型对外投资不断发展。

第三节　新时期中国对外直接投资面临的主要挑战

在当前的国际环境中，经济全球化进程遇到阻碍，一方面，中国对外直接投资发展面临宏观经济状况调整的局面，包括经济增速略有下降、外汇储备减少等；另一方面，中国企业对外投资发展还面临国际环境变化带来的挑战，包

① 资料来源于财富中文网 http：//www. fortunechina. com/。
② 资料来源于人民网 http：//finance. people. com. cn/n1/2018/0906/c1004 -30276612. html。

括国外投资安全审查、跨国经营理念差异等。

一、中国对外直接投资发展面临宏观经济状况调整的局面

第一，中国经济进入新常态，支撑中国对外直接投资发展的国内经济增速有所下降。目前，我国的工业化过程已进入后期阶段，该阶段表现为中国经济增速出现下降（郭克莎，2016），宏观经济对中国海外投资的支撑作用有所降低。在微观层面，由于人口出生率低，新生人口少，中国发展劳动密集型的低端制造业优势有所降低，中国亟须进行产业转型升级以实现可持续发展。在这个过程中，部分缺乏国际竞争力的企业可能逐步退出市场，导致部分中国企业对外直接投资的动力会有所减弱。

第二，中国外汇储备作为对外投资的主要资金来源，总体规模略有下降。外汇管理局公布的数据显示，1992—2014 年中国外汇储备逐年上升，于 2014 年 6 月达到最大规模 3. 99 万亿美元，2015—2018 年间，外汇储备规模整体略有下降[①]。外汇储备规模下降，一方面是因为中国贸易顺差增速降低；另一方面是由于中国对外直接投资和证券投资等行为导致外汇储备减少。外汇储备规模下降使对外投资资金有所下降，也促使发改委、外汇管理局等部门加强了资金流出的管理和限制，这将推动中国对外直接投资发展从规模扩张向高质量扩张方向发展。

第三，国际舆论对中国投资的质疑可能阻碍中国对外直接投资发展。例如近些年中国在非洲国家的投资不断增加，引起部分国家对于中国“新殖民主义”的担忧（刘爱兰等，2018）。除此之外，中国的“一带一路”倡议还被认为有政治军事目的，是债务陷阱外交，意图分裂欧盟等。在此舆论背景下，中国与“一带一路”沿线国家的合作项目面临的毁约和重新谈判风险逐渐增加。例如，2019 年马来西亚政府换届后，就东海岸铁路（ECRL）项目与中国交通建设集团重新谈判，直至成本从 2016 年合同约定的 1068 亿元人民币降到 717 亿元人民币后，双方才再次达成协议[②]。可见，国际社会对我国“一带一路”倡议缺乏深入了解，由此带来的国际舆论的质疑给中国对外投资带来了一定阻力。

---

① 相关数据来源于国家外汇管理局网 http：//m. safe. gov. cn/safe/whcb/index. html。
② 资料来源于财经时报 https：//www. businesstimes. cn/articles－204935－20190429－5905152652. htm。

二、中国企业对外投资面临国际环境变化带来的新挑战

第一，经济全球化受阻使中国企业对外投资面临新的障碍。2008 年金融危机以来，部分国家或团体对经济全球化进程提出批评，由此带来的发达国家退出浪潮使全球化前景具有不确定性。2016 年英国脱欧、2017 年美国特朗普政府退出跨太平洋伙伴关系协定、2018 年美国单方面发动中美贸易摩擦，这些事件的发生说明经济全球化在深化发展过程中面临阻碍。由于部分国家或团体对全球化的抵触，国际投资面临的障碍有所增加，这不利于中国企业进行对外直接投资。

第二，美欧发达国家加大投资安全审查力度使中国企业投资环境恶化。美欧等发达国家是中国对外投资主要目的地，且为中国企业进行高端制造业和高科技行业投资的主要地区，这对中国企业提升科技创新能力具有重要意义。但近些年美欧等发达国家加大了投资安全审查力度，例如 2018 年美国总统特朗普签署了 2019 财年国防授权法案，该法案包含的《美国外国投资风险评估现代化法案》赋予了美国外国投资委员会更大的权限（陈小方，2018）。新法案将审查期从 30 天延长至 45 天，授权美国外资投资委员会收取 1% 或 30 万美元的申报费用（李巍，2018）。这意味着中国企业在欧美国家的投资，将面临更多投资安全审查方面的限制和交易成本，可能对中国海外投资造成不利影响。

第三，国家差异对中国企业海外经营管理模式带来挑战。在长期的发展实践中，中国企业形成了自己独有的语言文化、政治体制、经济发展模式以及价值观念，这与分布在世界各地的不同国家在民族、文化、价值观方面存在较大差异。由于对当地政治、文化、语言、宗教信仰等缺乏了解，部分中国企业海外投资以后，在国外经营时习惯以国内思维模式管理企业，在环境保护、劳动者权利保护、尊重当地风俗习惯、遵守所在国法律法规等方面存在不足，这些差异都有可能对中国企业的国外经营带来潜在损失（何帆，2013）。例如，在中国企业并购外国公司后，出于对裁员、降薪、管理模式等各方面的担忧，当地工会有时会组织工人进行停工或罢工。若中国企业缺乏与工会交流的经验，则不仅会给企业带来巨额损失，也会使中国企业信誉受到影响，最终不利于中国对外直接投资的长远发展。

第四节　新时期中国对外直接投资的发展策略

近几十年，中国对外直接投资在稳定的国际环境和改革开放的进程中取得了巨大进步。目前，中国仍在不断改革对外投资管理体制，经济实力增强和跨国经营需求上升也会继续推动中国对外直接投资进一步发展。中国应认识到在信息技术发展、交通运输日趋便捷的背景下，经济全球化仍是必然趋势，应抓住美欧等国在经济全球化进程中态度摇摆的契机，坚持全面对外开放，发展多边投资关系，引领经济全球化规则制定，为中国企业对外投资创造良好的国际环境。与此同时，中国企业要提升自主创新能力，通过对外投资实现全球资源配置，提升企业国际经济竞争能力。

一、中国政府应积极营造对外投资良好的国际环境

第一，中国应坚持对外开放，提高对外开放的质量和水平，为对外投资营造良好的国际环境。在发达国家面对全球化左右摇摆时，中国坚持对外开放更能体现中国勇于承担国际责任，有利于提升中国的国际地位。在坚持对外开放的同时，中国要注重对外开放质量和水平的提高。具体地说，中国政府在开放过程中应减少国内的隐性壁垒，确保外资企业在华合法权利，并严格遵循法律程序对外资企业进行管理。这样不仅有利于吸引国际资本对中国的投资，带动本国的就业和经济发展，而且也有利于中国诚信国家形象的塑造，减少世界对中国企业海外直接投资的顾虑，为中国对外投资营造良好的国际环境。

第二，积极发展多边投资关系，为中国对外投资发展营造良好国际环境，制定全球投资政策指导原则。联合国贸易和发展会议组织出版的《2018 世界投资报告（中文版）》显示，截至 2017 年，国际投资协定总数共有 3322 项，可见国际投资领域被大量双边协定所分割，不利于开展跨境投资合作[①]，因此中国应积极推动全球投资指导原则的制定，积极发展多边投资关系。例如，中国应在

① 资料来源于王毅部长在二十国集团（G20）杭州峰会中外媒体吹风会上的讲话。

《东盟—中国投资协议》和《中日韩三方协定》的基础上继续推动跨区域投资协定的谈判，这不但可以推动建立有利于中国企业的国际投资法律框架，而且还可以促进国际投资便利化，体现中国的大国战略和国际责任。

第三，在遵循国际惯例的基础上，为中国企业对外投资发展提供支持和服务。由于西方国家认为中国是非市场经济体制，因此对中国经济发展存在较多顾虑（王孜弘，2018）。如果中国政府对于企业对外投资提供较多的财政与税收政策优惠，可能会扭曲市场价格机制，进而加深东道国对于中国非市场经济体制的认定，使其对中国投资者更加抵触。因此，相关政府部门应减少对企业海外投资的财政与税收政策优惠，转而为企业对外投资提供各种服务，例如发布国别投资报告、建立安全审查通报机制、积极回应国际质疑等，减少由于信息的不对称造成的投资失败。同时也可以通过促进中小企业对外直接投资便利化，推动非国有企业对外直接投资。

第四，充分利用“一带一路”建设的契机，为中国企业对外投资创造良好的投资环境。一方面，“一带一路”建设连接了众多中国中西部城市，中国政府可以通过“一带一路”建设，扩大中国中西部地区的对外开放，这不仅可以促进中国区域经济协调发展，使国内市场规模效应更有效地发挥，而且能够提高中西部地区居民收入，促进各民族团结和共同繁荣，从而为企业对外直接投资创造良好的国内社会经济环境；另一方面，“一带一路”沿线国家众多，经济总量和发展潜力大，是巨大的贸易和投资市场，中国政府可以通过“一带一路”建设促进沿线地区投资便利化，为对外投资创造良好的投资环境。

二、中国企业应积极应对海外投资的挑战

第一，培育企业自主科技创新能力，提高国际竞争力。由于劳动力成本的上升，中国在劳动密集型产业上的优势有所降低，同时发达国家强化了高新技术转让的限制，这意味着中国企业需要通过提高自主科技创新能力，减少对国际技术的依赖，形成企业核心竞争力。具体来说，中国企业应该面向国际市场，利用全球智力资源进行科技研发，同时形成鼓励创造的企业文化，注重员工培训，从而增强企业在国际市场中的竞争力，为企业对外投资奠定微观基础。

第二，积极应对国外的安全审查，提高对外投资成功率。在欧美国家加大投资安全审查力度的背景下，由于东道国安全审查的周期较长且程序烦琐，被

审查企业往往会错失有利的投资时机，从而导致投资失败。因此中国企业在作出对外投资决策前，需要对东道国的安全审查制度进行研究，使投资项目更能符合东道国的法律法规和产业政策。在此前提下，若仍遭受东道国安全审查，企业可以利用其国家安全审查制度中的非正式磋商程序，与东道国国家安全审查各相关方进行沟通，提高审查通过的概率。

第三，提高企业国际化水平，增强企业对外投资效益。部分中国企业由于缺乏对外投资经验，对东道国的法律制度、宗教信仰、生活习惯等缺乏深入了解，导致部分企业在跨国经营时，较容易面临东道国政治制度、法律体系、金融管制、知识产权、税务监管、企业管理等方面的挑战和风险。因此中国企业应提高国际化水平，建立能面向全球的战略管理团队和财务管理团队，负责对汇率、全球税务政策、会计政策、全球资金管理调度等进行研究，为企业国际化经营提供战略指导和财务监管。同时企业要做到合法经营，为中国企业塑造良好的口碑，促进企业对外投资长远发展。

总之，近几十年，在和平与发展的时代主题下，中国对外直接投资经历了探索期、起步期、发展期、深化期，已经发展成为世界对外直接投资大国，这是中国改革开放的历史必然趋势。在新的历史时期，由于经济全球化的进程出现阻碍、美国等发达国家加大投资的审查力度，同时中国企业面临着产业升级的压力，因此，中国政府应该坚持全面对外开放，利用对外直接投资实现全球资源配置，发挥其逆向技术溢出效应实现技术进步，提升企业国际竞争力，促进中国经济的可持续发展，为中国企业海外并购提供良好的政策环境。

第三章　国内外跨国并购发展状况

对外直接投资方式之一的跨国并购，在国际经济中一直处于比较重要的位置。自21世纪以来，世界并购浪潮在广泛程度及涉及范围方面，远远地超过了以前的并购浪潮，欠发达国家的企业也开始加入到这次并购浪潮之中。尽管全球跨国并购交易规模受到2008年国际金融危机的较大影响，但在经济复苏之后，仍然保持良好势头。

第一节　国外企业跨国并购现状

在网络技术普及化和经济全球化的背景下，商品、劳动、资本、技术等在世界范围内高速流动和配置，世界各国跨境贸易和投资都显现增长的态势。进入21世纪以来，跨境并购交易量和交易额增长迅猛，推动着全球经济的快速发展，其中以下几个有代表性的国家和地区值得进一步研究。

一、美国跨国并购发展现状

（一）美国企业跨国并购交易量现状

美国企业在全球跨国并购交易数量方面一直居于主导地位。1990—2016年，美国作为母国一共发起92050起并购事件，其中国内并购77850起，跨国并购14200起。图3－1列出了1990—2016年间美国企业跨国并购数量的具体情况。

从图3－1中可以看出，美国企业跨国并购数量总体上因受经济危机和“9·11”事件的影响而发生波动性变化。具体来说，1990—1998年，其跨国并

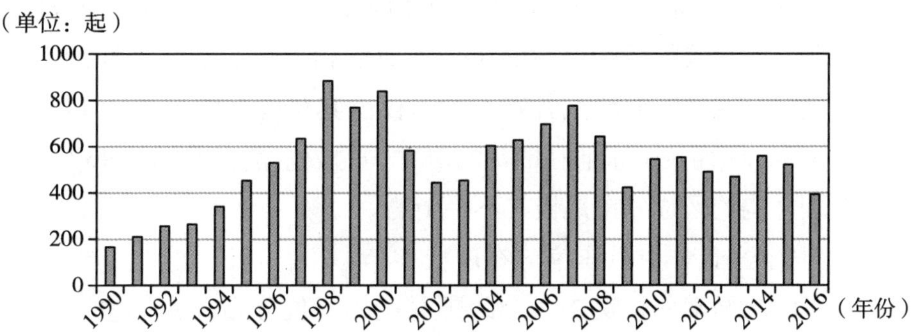

图 3－1 1990—2016 年美国企业跨国并购交易量

资料来源：根据 Thomson One 数据库数据整理而得。

购数量从 165 起快速增长到 894 起，从而达到峰值；受亚洲金融危机的影响，在 1999 年其跨国并购数量出现小幅下降，但在 2000 年立即出现反弹；而受 2001 年“9·11 事件”的影响，2001—2003 年，美国企业的跨国并购数量经历了 3 年的快速下降期；2004—2007 年，其跨国并购开始摆脱阴影，缓慢爬升到接近 2000 年的水平；然而，受美国次贷危机和全球金融危机的影响，2008—2009 年，其跨国并购数量又一次经历了大幅下降；但在 2010—2016 年，虽然爆发了欧洲债务危机，美国企业跨国并购总体比较稳定，大致保持在每年 400—600 起的区间内。

（二）美国企业跨国并购洲际分布的现状

美国企业跨国并购不仅数量众多，而且覆盖范围广，遍及全球六大洲。尽管如此，其区位分布仍然是极其不平衡的，具体情况如图 3－2 所示。

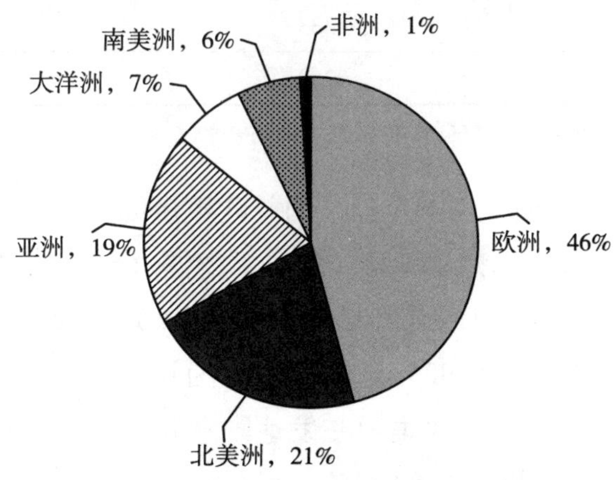

图 3－2 美国企业跨国并购的洲际分布

资料来源：根据 Thomson One 数据库数据整理而得。

从图3－2中可以得出，美国企业跨国并购数量主要集中分布于欧洲、北美洲和亚洲，分别占其跨国并购总数的46%、21%和19%；而在大洋洲、南美洲和非洲等其他国家或地区的跨国并购总数，仅占其跨国并购总数的14%。尤其是非洲仅占1%，因而美国企业在欧洲跨国并购的数量是在非洲的46倍。可见，美国企业跨国并购的区位分布是极其不平衡的。

（三）美国企业跨国并购国家分布现状

除了从洲际层面来分析美国企业跨国并购的区位分布，我们也试图从国家的角度来探讨美国企业跨国并购的区位分布特点。表3－1列出了其跨国并购数量前十位东道国的数量及其占比。

表3－1　美国企业跨国并购数量排名前十的东道国

国家和地区	跨国并购数量	占比
英国	2495	18%
加拿大	2282	16%
澳大利亚	826	6%
德国	792	6%
法国	705	5%
印度	540	4%
中国大陆	469	3%
巴西	369	3%
日本	347	2%
荷兰	333	2%
总计	9258	64%

资料来源：根据Thomson One数据库数据整理而得。

从表3－1中可以看出，美国企业跨国并购数量的前十位东道国分别是英国（18%）、加拿大（16%）、澳大利亚（6%）、德国（6%）、法国（5%）、印度（4%）、中国大陆（3%）、巴西（3%）、日本（3%）和荷兰（2%）。美国企业在前十位东道国的跨国并购有9258起，占其跨国并购总数的64%。美国企业跨国并购数量前十位的东道国主要集中在发达国家和新兴经济体，尤其是英国和加拿大两国就占其跨国并购总数的34%。可见，美国企业跨国并购在国家间的分布也是极其不平衡的。

二、欧洲国家跨国并购发展现状与特点

（一）欧洲跨国并购涨跌起伏

从美国次贷危机的蔓延到欧债危机，欧洲成为全球金融危机影响最深的区域之一，2007 年跨国并购达到顶峰后，从 2008 年起，跨国并购交易大幅下降。2009 年欧洲跨国并购交易金额同比大幅下降 44%。即便如此，欧洲仍是仅次于美国的全球并购市场的最重要组成部分之一，其交易额占全球总量的 1/3。欧洲的跨国并购多集中在英国、德国、法国以及荷兰。欧洲跨国并购交易涉及领域十分广泛，其中最大的行业驱动力来源于金融、公用事业、房地产三大板块，而这三个行业在 2009 年的并购额同比下降超过 40%。2016 年欧洲企业跨国并购交易量同比下降 10. 3%，交易额同比下降 64. 4%。

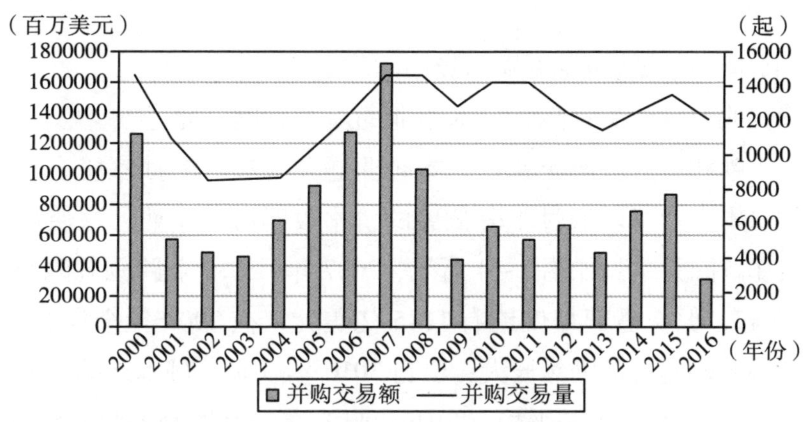

图 3 -3　2000—2016 年欧洲国家企业跨国并购交易情况

资料来源：根据 Thomson One 数据库数据整理而得。

（二）欧洲的经济环境有效推动了跨国并购的发展

欧洲宽松的货币政策很大程度上刺激了跨国并购的活跃度。与美联储持续加息政策相比，欧洲稳定的货币环境和低利率政策使得贷款快速上升，为跨国企业实施并购融资提供了良好渠道。欧洲银团每年的贷款很大一部分都是为欧洲跨国公司实施跨国并购提供资金。再有，欧洲一体化进程的加速也进一步促进了区域内跨国并购的繁荣。经济一体化不仅是跨国公司经营的结果，同时也为跨国公司的全球化经营提供了便捷，二者是相辅相成的，欧盟一体化正是该理论的良好范本。欧洲国家的跨国公司不仅能享受一体化带来的便捷，同时又

得益于欧洲多样化的市场结构。在欧洲，私募企业是跨国并购市场最活跃的组成部分，为各类型企业实施跨国并购作出了巨大贡献，这些都为欧洲跨国并购市场保持活跃提供了必要条件。

（三）“地方保护主义”阻碍欧洲跨国并购进程

在欧洲跨国并购浪潮高涨的进程中，“地方保护主义”的一度兴起阻碍了欧洲区域内跨国并购的发展，其中法国最为明显。2005 年，出于本国利益最大化的考虑，法国政府将国内十大战略性行业列入保护名单，禁止外资并购涉猎，这一政策措施很大程度上影响了欧盟经济一体化的实施，也为欧洲地区跨国并购的发展设置了障碍，若欧洲其他国家跟风效仿，欧洲地区的跨国并购前景堪忧。

三、日本企业跨国并购发展现状与特点

（一）日本一度成为全球并购市场中的重要买家

在全球并购交易放缓之际，日本企业的海外并购却是逆势增长。由于全球股价的大幅下跌和日元大幅上涨，日本企业遇到了难得的抄底机会，拥有现金收购能力的日本企业可以通过十分低廉的价格收购海外企业，这使得日本企业一度纷纷实施跨国并购。如图 3－4 所示，2007 年日本企业跨国并购交易量达到最高点 2658 起，但交易额却仅约有 1145 亿美元；在 2008 年全球金融危机时，日本企业跨国并购交易量仍然很大；但自 2010 年以来，日本跨国并购年平均交易量不足 2000 起，而且比较平稳；2016 年日本跨境并购交易量跌幅约 15.5%，而交易额跌幅约 33.7%。总体来看，无论从跨国并购交易量还是交易额的角度，在相当长的时间段日本企业跨国并购规模都比较大，一度成为全球并购市场中的重要买家。

（二）制造业为跨国并购主体行业

日本是一个领土狭小的国家，国内大量物质资源的匮乏使得日本的生产制造商经常需要通过进口的方式获取生产原料。同时日本国内的消费市场也十分狭小，远远不能满足拥有高生产力的日本制造业，而贸易摩擦以及日元的高速升值对产品的出口造成了严重的障碍，对市场有极度依赖性的日本制造企业只能采取跨国并购开发新资源，以保障国内生产需求，降低生产成本，同时扩大市场。

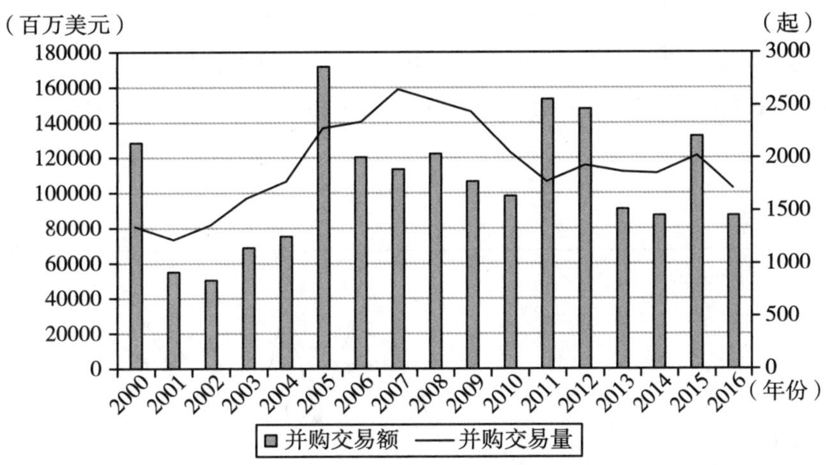

图 3－4　2000—2016 年日本企业跨国并购交易情况

资料来源：根据 Thomson One 数据库数据整理而得。

（三）日本企业的融资相对容易

日本金融制度的一大特色为主银行制度，其中发挥主导作用的是间接融资。

银行贷款在企业融资中所占比例一直居高不下。这与中国企业的融资渠道类似，但又有很大区别。日本的主银行并非法律意义上的正式规定，而是特定的企业与银行之间自发形成的长期合作关系，主银行不但是企业的合作方，还是企业的股东，持有企业法律规定范围内的股份。企业的银行贷款的主要来源是各自的主银行，企业发行股票后也大多出售给相互之间业务往来密切的企业，形成互相持股的状态，这就为日本企业实施跨国并购提供了稳定的融资渠道和可靠的资金来源。

四、印度企业跨国并购发展现状与特点

（一）印度跨国并购活动日益活跃

自 20 世纪 90 年代初期起，印度拉奥政府开始实施以全球化为导向的经济改革，大力推进国内市场的自由化和开放度，通过在政策上放宽限制、降低壁垒的方式在各个领域积极引进外资的投入，同时也鼓励本国企业走出去，在金融方面，批准了国内企业发行海外债券，并逐渐放宽了卢比的对外汇率限制。加速了经济全球化的进程，也很大程度上推动了印度跨国并购的发展。同时，印度政府还与多个国家签署双边投资协议，为本土企业走出国门，提供便捷

渠道。1997—2016 年间，印度跨国并购交易状况虽有波动，但整体呈现极速上涨的趋势（见图 3 – 5）。其中，2011 年印度跨国并购交易额跌幅较大，交易量与上年基本持平，但也处于低位，直到 2012 年交易量跌至谷底随后反弹。

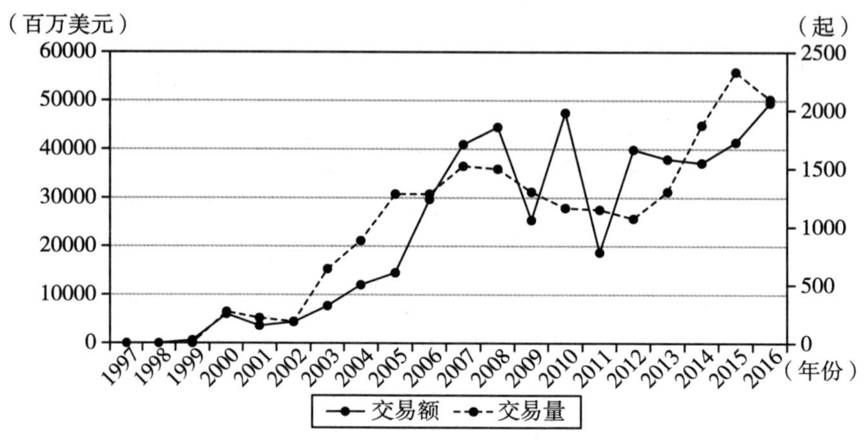

图 3 – 5　1997—2016 年印度企业跨国并购交易情况

资料来源：根据 Thomson One 数据库数据整理而得。

（二）民营企业成为跨国并购主体

由于社会制度和产业结构的不同，印度的企业性质与中国存在着较大的差异，其国有企业的规模远不及中国。在产业结构方面，印度的第三产业较为发达，而第一产业、第二产业发展繁荣程度远不及第三产业。印度国内的产业结构存在极大缺陷，工业和农业的发展相比第三产业而言十分落后，导致国内的战略性资源极其缺失。因此许多印度的民营企业为了弥补战略性资源的缺失，选择通过跨国并购的方式到国外寻求资源，以扩大自身规模和市场，提高竞争力。

（三）服务业跨国并购占比较大

印度企业最初并购的大多是制造型企业，而后逐步转向并购服务型企业，许多服务型企业也纷纷跨出国门，并购活动十分活跃。根据 2000—2016 年印度跨国并购交易数据显示（见表 3 – 2），标的方为金融类企业占全部产业约 9.3%，标的方为医疗类企业占比为 6.9%，消费与零售类合计为 7.3%，娱乐业为 4.2%，服务业被并购方占全部产业比重大约为 30%。

表 3－2　2000—2016 年印度企业跨国并购标的方宏观产业总体分布

标的方宏观产业	交易额（百万美元）	市场份额	交易量（起）
能源与电力	49955.91	19.8	472
电信	42036.50	16.7	199
材料	41950.37	16.6	1200
金融	23524.90	9.3	1185
工业	22992.90	9.1	1137
医疗	17503.97	6.9	668
高科技	17170.25	6.8	1330
娱乐	10554.68	4.2	689
基本消费	9127.11	3.6	912
房地产行业	7960.44	3.2	306
消费产品与服务	6161.75	2.4	776
零售	3336.89	1.3	294
公共服务	40.56	0.0	6
总和	252316.22	100.0	9174

（四）跨国并购目标国集中在发达国家

从并购目标国的选择来看，印度曾经是英属殖民地这一历史背景使得其与许多亚洲国家的文化背景有着较大的差异，西方文化在印度的政治和金融发展中有着巨大的影响，在实施全球化的过程中文化背景的契合为印度企业提供了便利，跨国并购后在人力、物力等方面的整合与协调相比其他亚洲国家更为容易，因此，印度企业的海外并购多集中在西方发达国家。其目的在于通过跨国并购获取发达国家的技术、品牌和人力等资源，同时获取发达国家的区位优势，满足国内企业对于新市场和战略资产的需求，从而提升自身的国际竞争力。

第二节　中国企业海外并购发展概述

一、中国企业海外并购的发展历程

伴随经济全球化的不断深入，经济增长推动着国内外企业资源不断重新配置，给新兴经济体带来了机遇和挑战。近年来，中国企业跨国并购交易金额较大，交易数量较多，并购交易频率较高，是并购市场的主角之一。较全球并购市场来说，中国企业海外并购起步尚晚。中国企业海外并购的发展历程，可以大致分为三大阶段。

（一）萌芽阶段（1980—1998 年）

在早期萌芽阶段，我国企业在国际市场上的产品竞争力不敌国外企业，国际化参与度仍然不足，而且未能充分意识到海外并购会给企业带来巨大的效益。中国国际信托投资公司是中国第一家进行海外并购的企业，美国的西林公司在 1986 年被该公司并购；1992 年秘鲁铁矿公司被我国首钢集团并购。在此期间，我国仍处于计划经济体制下，无论在并购规模上，还是并购数量上，都非常小。而且并购行业局限于少数垄断行业，如化工、能源方面，并购目标区域主要以欧美等发达国家或地区为主。

（二）发展阶段（1999—2007 年）

在此期间，我国政府为鼓励中国企业进行对外直接投资，在政策方面提出了“走出去”发展战略。自中国加入世贸组织之后，海外并购无论在规模还是数量上都有较大提升，中国企业可以通过海外并购获得先进的科学技术以及更广阔的发展空间。这个时期中国企业海外并购的热门行业集中在技术、通信和能源等行业。例如，IBM 的全球 PC 业务在 2004 年以 17.5 亿美元的价格被我国联想集团收购，IBM 是全球知名计算机厂商，核心技术和品牌知名度在国际市场上都为大众所知，其所具有的这些优势恰恰是联想公司所缺乏的。联想通过并购 IBM 扩大了其品牌的全球知名度。表 3－3 为这一时期中国企业部分海外并购事件。

表 3－3　中国企业海外并购快速发展阶段的部分并购事件

年份	并购方	被并购方	并购金额（亿美元）
2002	中海油	西班牙瑞普索公司印尼油田	5.85
2002	中石油	印尼戴文能源集团	2.16
2002	京东方	韩国现代显示技术株式会社 TFT-LCD 业务	3.8
2003	TCL	法国汤姆逊	2.1
2004	上汽集团	德国双龙汽车	5.0
2004	联想集团	IBM PC 事业部	17.5
2007	民生银行	美国联合银行	0.97
2007	工商银行	南非标准银行	54.6

资料来源：根据 BVD-ZEPHYR 数据库数据整理而得。

（三）跳跃式增长阶段（2008 年至今）

这一阶段是我国企业海外并购调整幅度较大的时期。2008 年金融危机爆发之后，全球经济受到严重打击，雷曼兄弟等老牌企业宣布破产，中国经济也受到波及。经济低迷虽然对并购市场发展会产生不利影响，但是发达国家在经历 2008 年金融危机后，很多企业因此资金周转困难，在生产和经营方面存在较大风险，从而导致国外企业估值下降，这给中国企业进行海外并购创造了更多机会。中国企业并购数量不断增加，并购规模不断扩大，也凭借这次机遇，进入到了之前未能触及的领域。中国逐渐成为仅次于美国的、全世界第二大对外投资国，中国企业成为国际并购市场的主要买家之一。

二、中国企业海外并购的发展现状

中国政府在 21 世纪为适应经济全球化，激励企业进行对外直接投资，在“走出去”战略的基础上，于 2013 年提出了“一带一路”的倡议，中国企业海外并购迅速发展起来。但是我国与东道国在很多方面存在较大差异，由此导致我国企业海外并购失败率较高。我国国企在海外并购中发挥着重要角色，虽然其海外并购成功率明显低于国际水平均值。但随着政府政策的鼓励和实施，我国国企的对外投资活动呈现不断增长的势头。

（一）海外并购交易的数量和金额均呈增长之势

在 Thomson One 并购交易数据库中，检索中国企业自 1980—2016 年已完成的海外并购交易，共得到 2629 条记录。涉及 1717 个中国投资实体，涵盖 105 个国家和地区。剔除交易额残缺的记录后，得到 1639 笔交易，总金额达 3752.47 亿美元。各年度并购事件个数及金额统计如表 3－4 所示，图 3－6 由表3－4 中数据绘制而来。

表 3－4　　1980—2016 年中国企业海外并购交易情况

年份	事件个数	有交易金额的并购交易	交易金额（百万美元）	均交易金额（百万美元）
1982	1	0	—	—
1983	1	1	2.00	2.00
1985	1	1	124.39	124.39
1986	2	1	44.84	44.84

续表

年份	事件个数	有交易金额的并购交易	交易金额（百万美元）	均交易金额（百万美元）
1987	2	1	1.60	1.60
1988	6	3	813.05	271.02
1989	7	3	40.74	13.58
1990	2	1	18.59	18.59
1991	2	2	192.27	96.14
1992	18	11	617.20	56.11
1993	28	16	378.30	23.64
1994	18	12	108.40	9.03
1995	11	8	146.03	18.25
1996	13	6	218.19	36.37
1997	40	28	1109.33	39.62
1998	37	26	782.75	30.11
1999	29	20	412.35	20.62
2000	35	20	867.17	43.36
2001	33	17	588.22	34.60
2002	51	38	2541.94	66.89
2003	34	18	993.36	55.19
2004	62	29	1318.80	45.48
2005	66	33	6729.48	203.92
2006	83	47	13637.04	290.15
2007	148	94	29895.69	318.04
2008	140	92	14250.46	154.90
2009	168	111	22723.99	204.72
2010	195	131	43742.19	333.91
2011	191	122	34374.41	281.76
2012	172	107	23398.47	218.68
2013	171	100	42188.86	421.89
2014	217	128	36466.43	284.89
2015	294	195	38797.86	198.96
2016	351	217	57717.37	265.98
合计	2629	1639	375241.76	228.95

资料来源：根据 Thomson One 数据库数据整理而得。

从图 3 - 6 可以看出，1980—2016 年我国企业海外并购呈上升趋势，尤其是近十年，呈现爆发增长的态势。

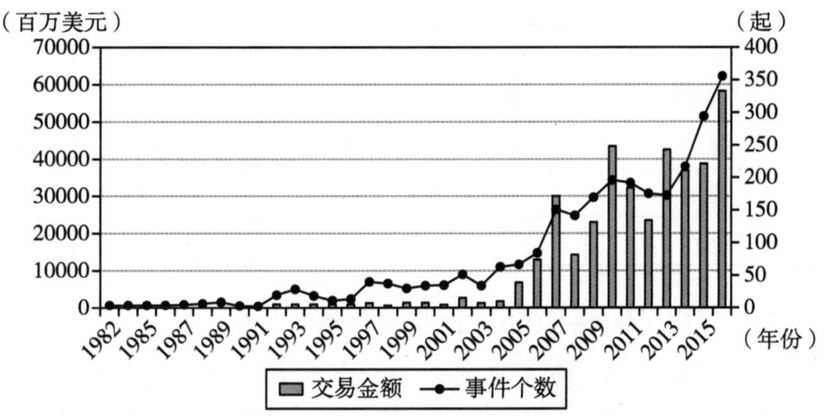

图 3 - 6　1980—2016 年中国企业海外并购交易情况

资料来源：根据 Thomson One 数据库数据整理而得。

（二）海外并购投资行业和区位分布

1. 海外并购投资行业分布广泛

表 3 - 5 显示，1980—2016 年我国企业海外并购主要集中在能源和电力、材料及工业等行业：能源和电力行业的并购交易总金额最高，为 1192 亿美元，平均单项并购金额也最大，达到 8 亿美元；发生在工业行业的并购事件个数最多，达 427 起；材料行业的并购事件个数及交易金额均较大，分别位列第二、第三。

表 3 - 5　　1980—2016 年中国企业海外并购行业分布

排名	目标企业所处行业	事件个数	有交易金额的事件个数	交易金额（百万美元）	均交易金额（百万美元）
1	工业	427	243	34591. 37	142. 35
2	材料	416	299	48177. 27	161. 13
3	高科技	354	204	32807. 77	160. 82
4	金融	348	231	59475. 58	257. 47
5	能源和电力	250	149	119225. 76	800. 17
6	日常消费品	191	111	26060. 03	234. 78
7	媒体和娱乐	162	95	18726. 14	197. 12
8	消费产品与服务	149	89	3526. 36	39. 62

续表

排名	目标企业所处行业	事件个数	有交易金额的事件个数	交易金额（百万美元）	均交易金额（百万美元）
9	医疗	104	76	5465.82	71.92
10	房地产	92	67	18589.15	277.45
11	零售	69	35	4974.32	142.12
12	通信	67	40	3622.19	90.55
总计		2629	1639	375241.76	228.95

图3－7展示了中国企业在不同行业的并购交易分布，并购标的方为工业企业的事件个数最多，其次为材料行业。从交易金额来看，发生在能源和电力行业的并购金额显著高于其他行业。归于行业的特殊性，能源和电力是各行各业发展的基础，为社会的平稳运行提供必要保障，处于该行业的企业规模较大，价值普遍高于其他行业。相反，消费产品与服务业的并购事件个数较多，但总金额较少，是由于该行业多为零散经营的企业，规模较小，价值偏低。

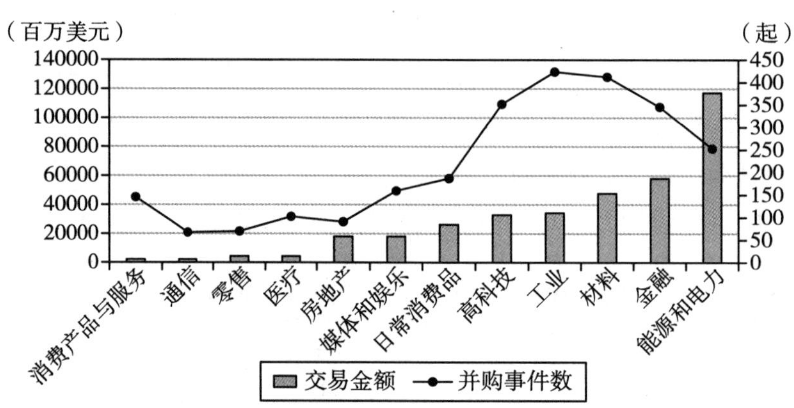

图3－7　1980—2016年中国企业海外并购行业分布

资料来源：根据 Thomson One 数据库数据整理而得。

2. 海外并购投资区位分布集中

海外并购区位选择是国际投资领域许多研究者感兴趣的问题。表3－6显示我国企业海外并购在地区选择上较为集中，多选择在中国香港、美国、澳大利亚进行海外并购。表3－6中排名前十的国家和地区并购事件个数之和占全部并购事件的比例达到62.6%。

表 3－6　1980—2016 年海外并购事件个数排名前十的标的方国家（地区）

排名	标的方国家/地区	事件个数	有交易金额的事件个数	交易金额（百万美元）	均交易金额（百万美元）
1	中国香港	628	462	50603.34	109.53
2	美国	395	210	73707.37	350.99
3	澳大利亚	241	193	34473.87	178.62
4	德国	110	38	6623.87	174.31
5	新加坡	108	81	6787.56	83.80
6	加拿大	107	83	21156.00	254.89
7	英国	96	43	22738.95	528.81
8	日本	82	47	4417.75	93.99
9	法国	72	32	8305.68	259.55
10	意大利	69	36	6101.99	169.50
总计		1908	1225	234916.36	191.77

资料来源：根据 Thomson One 数据库数据整理而得。

表 3－7 显示，从并购金额来看，排名前三的仍是美国、中国香港和澳大利亚，但顺序有改变，我国企业在美国的并购交易金额最高，达 737.07 亿美元。排名前十的国家和地区的交易金额之和占全部事件交易金额的比例达 68.7%。

表 3－7　1980—2016 年交易金额排名前十的并购标的方所在国家（地区）

排名	标的方国家/地区	交易金额（百万美元）	事件个数	有交易金额的事件个数	均交易金额（百万美元）
1	美国	73707.37	395	210	350.99
2	中国香港	50603.34	628	462	109.53
3	澳大利亚	34473.87	241	193	178.62
4	英国	22738.95	96	43	528.81
5	加拿大	21156.00	107	83	254.89
6	巴西	20021.64	24	16	1251.35
7	哈萨克斯坦	9687.39	14	8	1210.92
8	南非	8566.08	17	12	713.84
9	俄罗斯	8547.18	23	8	1068.40
10	法国	8305.68	72	38	218.57
总计		257807.49	1617	1073	240.27

资料来源：根据 Thomson One 数据库数据整理而得。

图3－8中并购事件个数的统计包含了没有交易金额的事件。中国企业海外并购交易中，标的方在中国香港的事件个数最多，但存在相当比例的事件未公开具体交易金额，故图3－8中标的方为中国香港的并购事件个数最多，但总金额位列第二，仅次于美国。

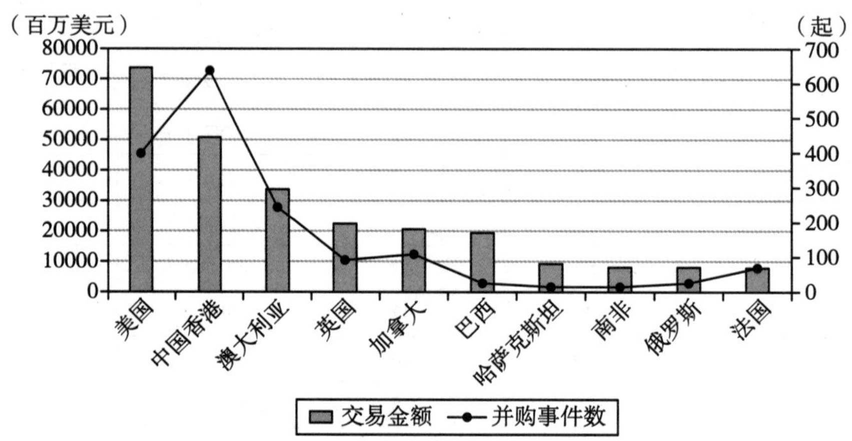

图3－8　交易金额排名前十的并购标的方所在国家或地区

资料来源：根据 Thomson One 数据库数据整理而得。

第三节　中国企业海外并购分行业现状

中国企业海外并购涉及的行业十分广泛，其中制造业、资源类行业和金融业占据比重较大，下面以这三个行业为典型代表，分析我国海外并购的行业状况。

一、中国制造业海外并购状况分析

制造业在中国对外贸易以及国际竞争中有着重要的地位。20世纪90年代以来，随着经济全球化、一体化浪潮的兴起，制造业海外并购不断发展。通过海外并购，中国制造业企业可以获取发达国家企业的战略性资源，学习先进的生产技术，从而提升中国制造业企业的国际竞争力。

（一）中国制造业海外并购交易金额及数量

图 3－9 所示，1990—2017 年间，随着中国对外直接投资的不断发展，制造业的海外并购也在不断增加，其交易金额及交易数量总体均呈波动式上升态势。1990 年中国制造业海外并购交易金额为 0. 19 亿美元，交易数量仅 1 起，2016 年是中国制造业海外并购发展最好的一年，交易额和交易数量分别增长至 269. 5 亿美元和 186 起。

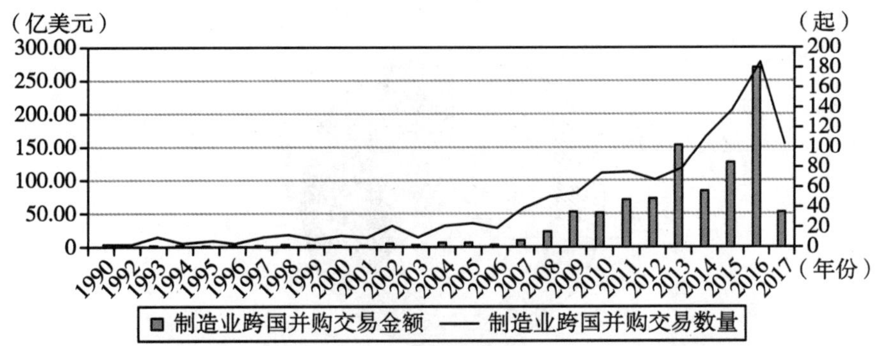

图 3－9　1990—2017 年中国制造业企业海外并购交易金额及数量

资料来源：根据 Thomson One 数据库数据整理而得。

（二）中国制造业海外并购区位分布

1. 按照交易金额划分

如图 3－10 所示，1990—2017 年间，按交易额高低排序的中国制造业海外并购前十大交易国家（地区）中，交易额最高的是美国，中国香港次之，分别达到 329. 4 亿美元和 109. 9 亿美元。

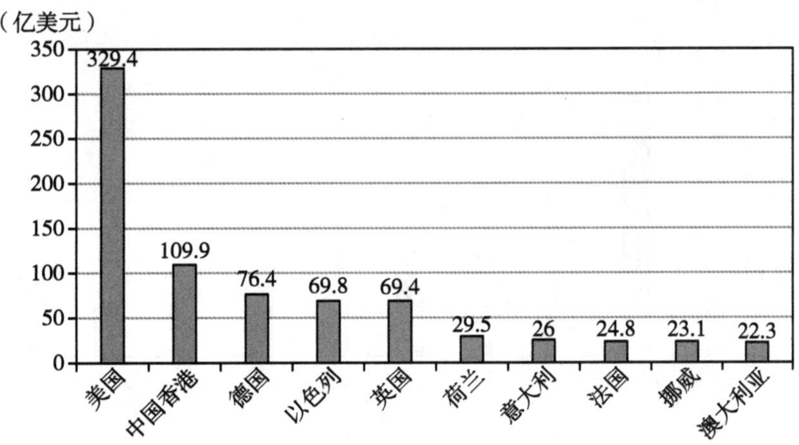

图 3－10　1990—2017 年中国制造业海外并购交易金额排名前十的国家（地区）

资料来源：根据 Thomson One 数据库数据整理而得。

图3－11的相关数据表明，1990—2017年，中国制造业海外并购的目标企业主要集中分布在美洲和欧洲地区。海外并购全球总交易额为1009亿美元，目标企业位于美洲地区的交易额为368.3亿美元，美洲地区占全球总交易额的36.5%。目标企业分布在欧洲、亚太地区的交易额分别为361.5亿美元、189亿美元，二者分别占比全球总交易额的35.8%、18.7%。

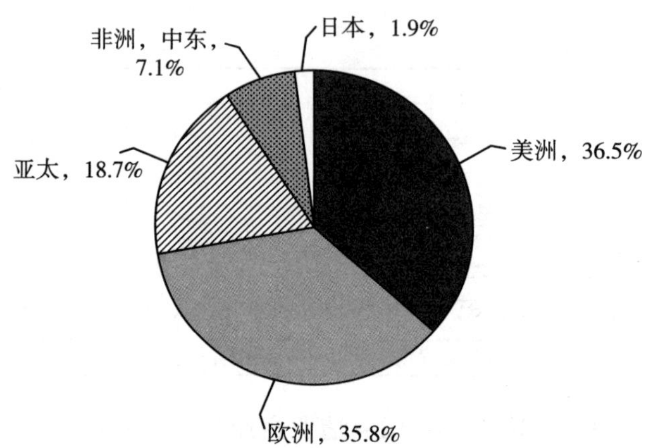

图3－11　1990—2017年中国制造业海外并购的区位分布（按交易额）

资料来源：根据Thomson One数据库数据整理而得。

2. 按照交易数量划分

如图3－12所示，1990—2017年间，按交易量大小排序的中国制造业海外并购前十大交易国家（地区）中，交易量达到100起以上的有美国、中国香港、

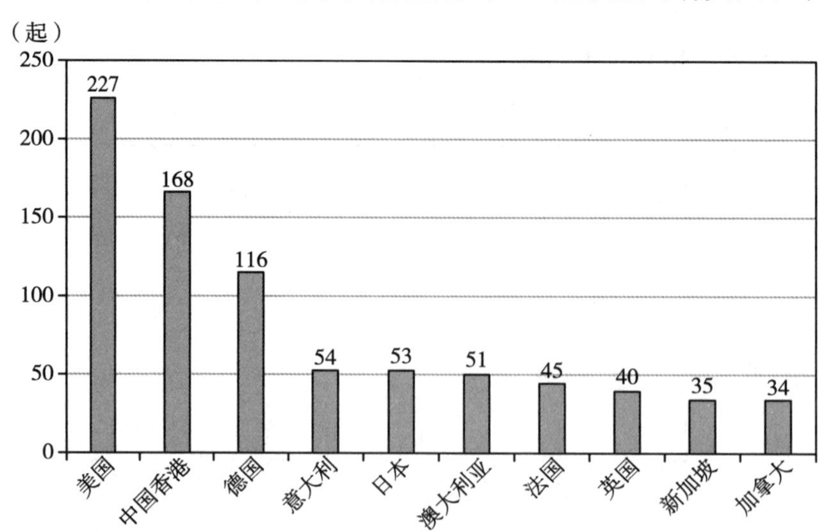

图3－12　1990—2017年中国制造业海外并购交易数量排名前十的国家（地区）

资料来源：根据Thomson One数据库数据整理而得。

德国，其中美国绝对领先，达到 227 起。

图 3－13 的相关数据显示，1990—2017 年，中国制造业海外并购的目标企业主要集中分布在欧洲、亚太地区和美洲。海外并购全球总交易量为 1160 起，目标企业位于欧洲地区的交易量为 397 起，欧洲地区占全球总交易量的 34. 2%。目标企业分布在亚太、美洲地区的交易量分别达到 378 起、302 起，二者分别占比全球总交易量的 32. 6%、26%。

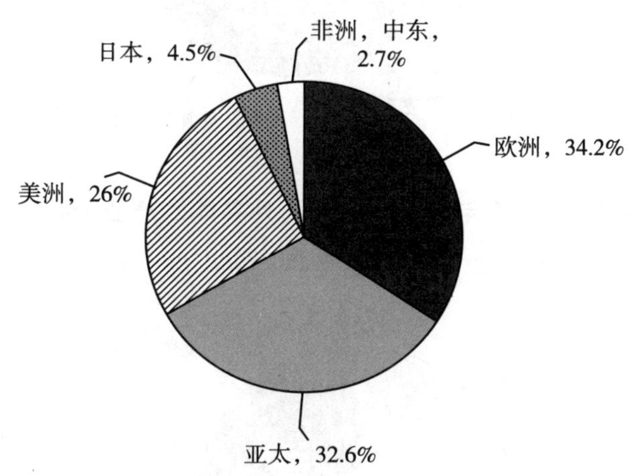

图 3－13　1990—2017 年中国制造业海外并购的区位分布（按交易量）

资料来源：根据 Thomson One 数据库数据整理而得。

3. 中国制造业海外并购产业细分情况

如图 3－14 所示，1990—2017 年间，中国制造业海外并购的产业主要分布在机械设备仪表制造、电子设备制造、食品饮料加工、纺织服装皮毛制造、金属冶炼加工等方面。中国制造业海外并购总交易量为 1160 起，其中机械设备仪表制造达到 334 起，占海外并购总交易量的 28. 8%，在各类制造业中占比最高。通信及电子设备制造次之，交易量达到 309 起，占比 26. 6%。

4. 并购主体所有制性质

我国制造业海外并购的企业性质是多样化的，包括国有企业、外资公司、民营企业等多种形式。据 Thomson one 数据库制造业海外并购的相关数据可得，在 1990—2017 年，从企业性质上看，非国有企业在中国制造业海外并购中占主导地位。从海外并购的交易数量来看，制造业总交易数为 1160 起，其中国有企业交易数达到 268 起，占比 23. 1%，非国有企业交易数达到 892 起，占比 76. 9%。图 3－15是 1990—2017 年我国制造业海外并购的企业所有制性质分布图。

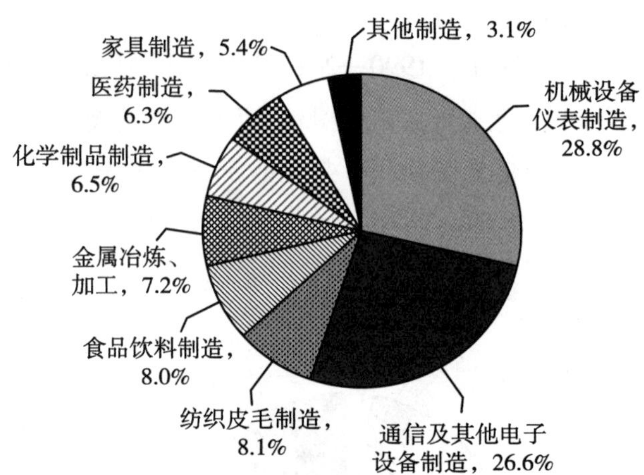

图 3-14　1990—2017 年中国制造业海外并购的产业分布（按交易量）

资料来源：根据 Thomson One 数据库数据整理而得。

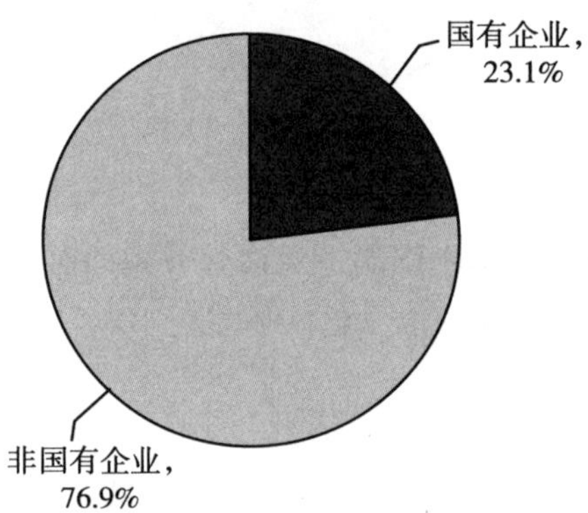

图 3-15　1990—2017 年中国制造业海外并购的企业所有制性质分布（按交易量）

资料来源：根据 Thomson One 数据库数据整理而得。

二、中国资源类海外并购现状

近年来，我国经济一直保持增长的状态，同时对资源消耗也加快，因此对各类资源有较强的需求，但是国内的资源储备有限，可替代资源及新能源获得较困难。中国企业由进口贸易逐渐发展成并购海外资源类企业，以获得对资源更多的控制权。

（一）中国资源类海外并购数量和金额

随着经济发展我国海外并购数量和金额都不断增长，其中资源类海外并购规模增长较快，1990—2017 年累计并购金额达到 1672.21 亿美元，已完成并购数量为 520 起。1992 年资源类海外并购数量仅 1 起，并购金额为 1.62 亿美元，2017 年交易额和交易数量分别为 52.16 亿美元、20 起。图 3 – 16 为 1992—2017 年中国资源类海外并购交易金额及数量。

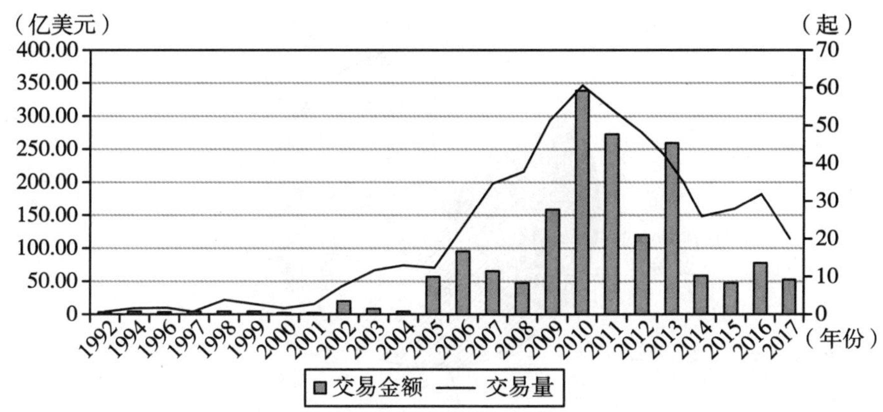

图 3 – 16　1992—2017 年中国资源类海外并购交易金额及数量

资料来源：根据 Thomson One 数据库数据整理而得。

（二）中国资源类海外并购区位分布

1. 按照交易金额划分

由图 3 – 17 可知，我国资源类海外并购交易金额排在前两位的是澳大利亚、加拿大，交易金额为 256.28 亿美元、248.38 亿美元，分别占总的并购金额的 15.32% 和 14.85%。

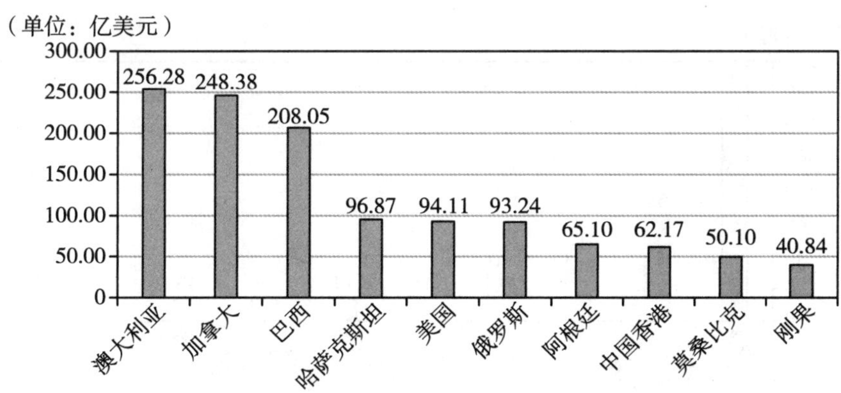

图 3 – 17　1990—2017 年中国资源类海外并购交易金额排名前十的国家（地区）

资料来源：根据 Thomson One 数据库数据整理而得。

根据图 3－18，1990—2017 年中国资源行业海外并购金额区域分布是，美洲地区的并购金额为 689. 19 亿美元，占并购金额总比重的 41%；亚太地区和非洲/中东地区的并购金额相当，分别为 371. 92 亿美元、359. 27 亿美元，占比均为 22%；欧洲地区的并购金额为 251. 82 亿美元，占比为 15%。

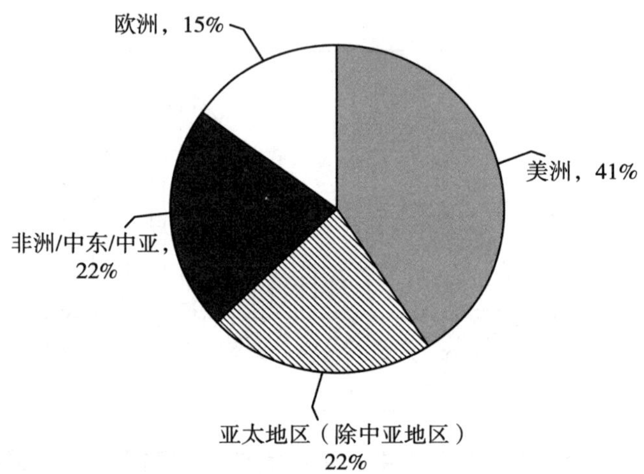

图 3－18　1990—2017 年中国资源类海外并购的区位分布（按交易金额）

资料来源：根据 Thomson One 数据库数据整理而得。

2. 按照交易数量划分

如图 3－19 所示，1990—2017 年我国企业在 53 个国家进行资源类并购，其中在澳大利亚并购案件 147 起，占总的并购数量的 28. 27%，其次是加拿大、中国香港，并购数量为 65 起、42 起，分别占比为 12. 5%，8. 07%。

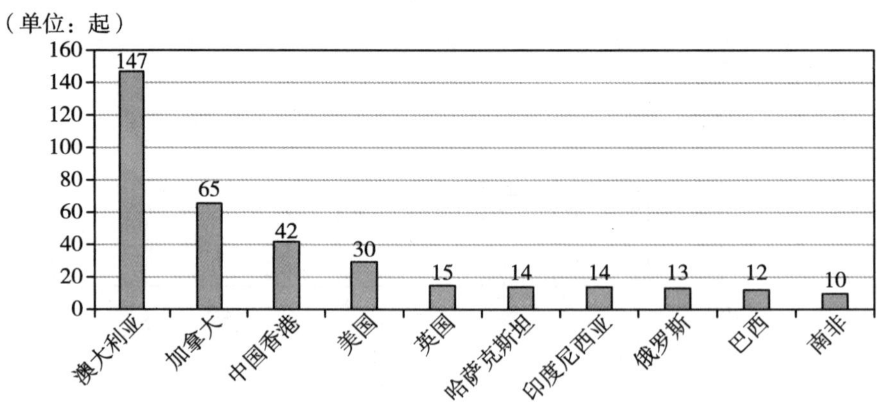

图 3－19　1990—2017 年中国资源类海外并购交易数量排名前十的国家（地区）

资料来源：根据 Thomson One 数据库数据整理而得。

根据图 3－20，亚太、美洲、欧洲、非洲/中东/中亚 4 个区域是我国企业发起的资源类海外并购活动的主要地区，从并购案件的数量上看亚太地区活动最为活跃，并购案件 233 起，占中国企业在资源类跨国并购案件总数量的 45%。

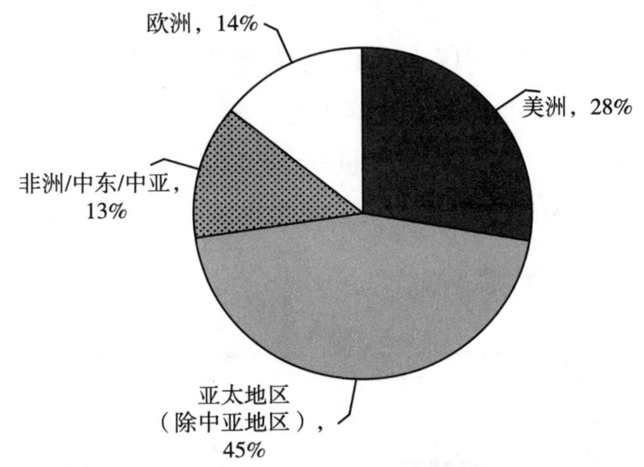

图 3－20　1990—2017 年中国资源类海外并购的区位分布（按交易量）

资料来源：根据 Thomson One 数据库数据整理而得。

3. 中国资源类海外并购行业细分

如图 3－21 所示，我国资源类海外并购可以细分为采矿业（主要包括煤矿和金属矿）、油气行业（主要包含石油和天气）、电力行业、替代能源行业（主要包含地热能、核工业能、太阳能、风能、氢能、海洋能）、建筑行业和其他行

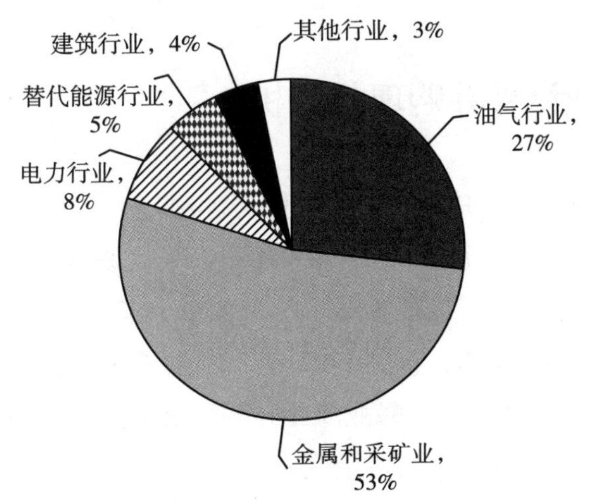

图 3－21　1990—2017 年中国资源类海外并购行业细分

资料来源：根据 Thomson One 数据库数据整理而得。

业。其中采矿行业海外并购案件最多，为 275 起，占总的并购量的 53%。资源类海外并购主要集中在金属及采矿行业这类传统行业，而替代能源行业这样的新能源海外并购事件占比较少。

4. 中国资源类海外并购企业性质

根据图 3－22，1990—2017 年我国资源类海外并购已完成数量中总共 520 起，其中国有企业并购的案件数达到 315 起，占总体并购量的 60.58%，非国有企业并购数量为 205 起，占总体并购量的 39.42%。参与并购的国企有 135 家，非国有企业为 69 家。由此可以看出中国资源类海外并购以国有企业为主，非国有企业为辅。

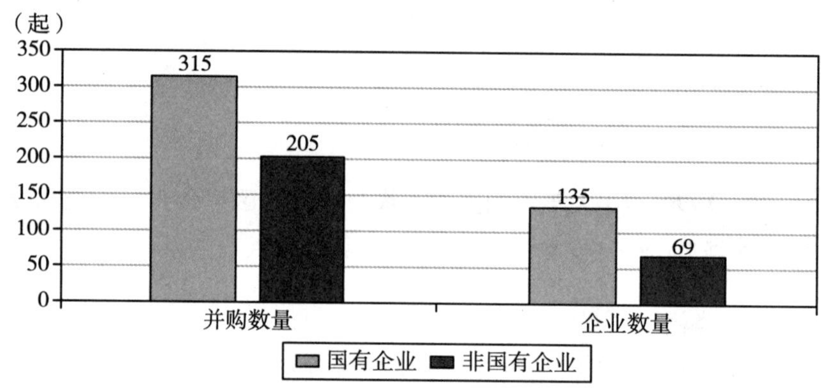

图 3－22　1990—2017 年中国资源类海外并购的企业所有制性质分布

资料来源：根据 Thomson One 数据库数据整理而得。

三、中国金融业海外并购现状分析

（一）中国金融业海外并购交易的数量与金额

从 1992 年到 2017 年为止，中国金融业海外并购交易数量总计 455 起，交易总金额高达 79197.4 百万美元。如图 3－23 所示，在 1992 年之前，中国金融业海外并购尚未兴起，交易数量为 0，直到 1992 年才发生了第一起海外并购，交易金额为 31.6 百万美元，2007 年中国金融业海外并购交易数量达到最高值，共计 35 起，交易总金额为 21408 百万美元，后由于受到世界金融危机的影响，2008 年的交易数量减少至 25 起，交易总金额减少至 7326 百万美元，相比 2007 年减少了 14082 百万美元。2017 年的交易数量为 40 起，交易金额为 17525 百万美元。

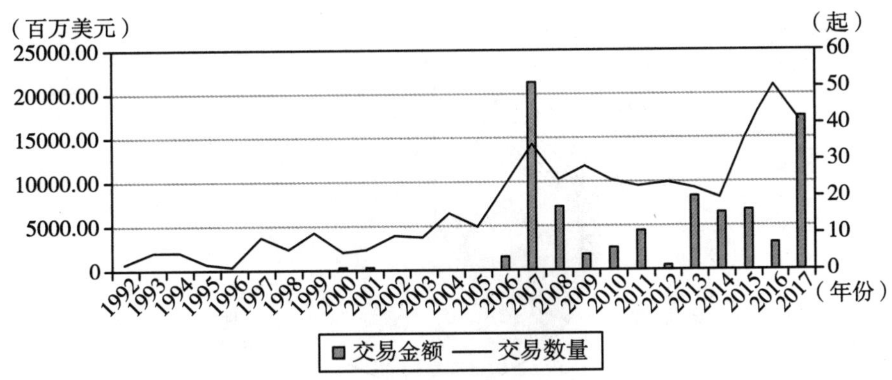

图 3-23　1990—2017 年中国金融业海外并购交易金额及数量

资料来源：根据 Thomson one 数据库数据整理而得。

（二）中国金融业海外并购交易区位分布

1. 按交易金额划分

图 3-24 为按交易额从高到低排序的 1990—2017 年中国金融业海外并购的前十大交易国家（地区），从中可以看出，交易额最高的国家（地区）是中国香港，总交易金额为 253.5 亿美元，其次为新加坡，总交易金额为 187.2 亿美元，美国位居第三，总交易金额为 99.03 亿美元。

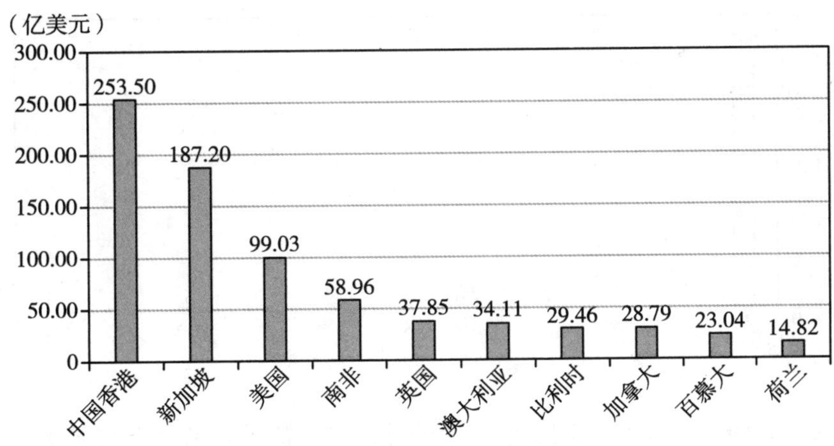

图 3-24　1990—2017 年中国金融业海外并购交易金额排名前十的国家（地区）

资料来源：根据 Thomson one 数据库数据整理而得。

图 3-25 为按交易额统计的 1990—2017 年中国金融业海外并购区位分布图。可以看出，中国金融业海外并购主要集中在亚太地区，其交易额占总交易额的 59.3%；美洲地区次之，交易额占比总交易额的 21.1%。

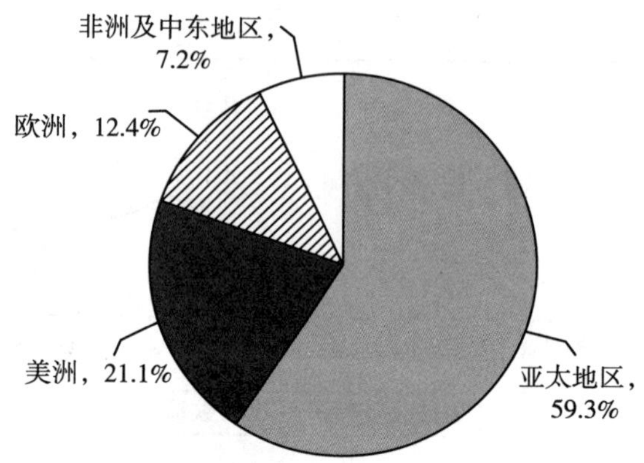

图 3-25　1990—2017 年中国金融业海外并购的区位分布（按交易额）

资料来源：根据 Thomson one 数据库数据整理而得。

2. 按交易数量划分

如图 3-26 所示，按交易量从高到低排序，得到 1990—2017 年中国金融业海外并购的前十大交易国家（地区），由图中数据可以看出，各国之间的交易量差距较大。其中，总交易量最多的国家（地区）是中国香港，其交易数量高达 257 起。

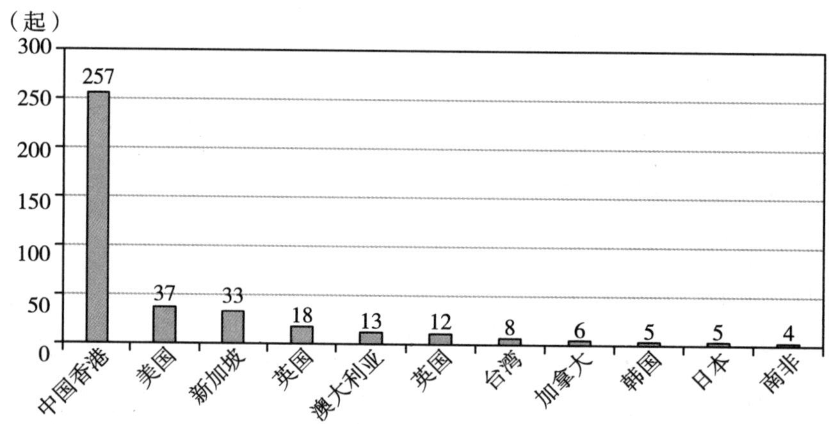

图 3-26　1990—2017 年中国金融业海外并购交易数量排名前十的国家（地区）

资料来源：根据 Thomson one 数据库数据整理而得。

图 3-27 为按交易量统计的 1990—2017 年中国金融业海外并购区位分布图。从图中可以看出，中国金融业海外并购集中分布在亚太地区，其交易数量占总交易量的比例为 73.8%；美洲地区次之，其交易量占总交易量的比例为 15.8%。

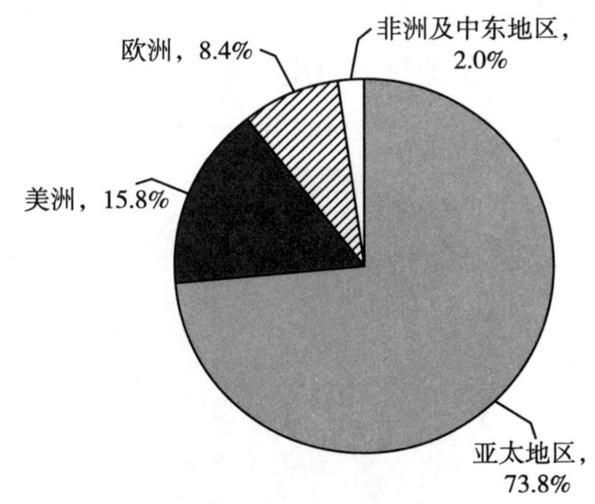

图 3－27　1990—2017 年中国金融业海外并购的区位分布（按交易量）

资料来源：根据 Thomson one 数据库数据整理而得。

3. 中国金融业海外并购交易的产业细分

图 3－28 为按交易量统计的 1990—2017 年中国金融业海外并购的产业分布情况，据图可以看出，中国金融业海外并购各产业的交易数量之间存在较大的差别，其中证券业的交易数量最多，占总交易数量的 58.8%；银行业次之，占总交易数量的 29.9%；保险业的并购数量相对较少，占总交易数量的 6.6%。

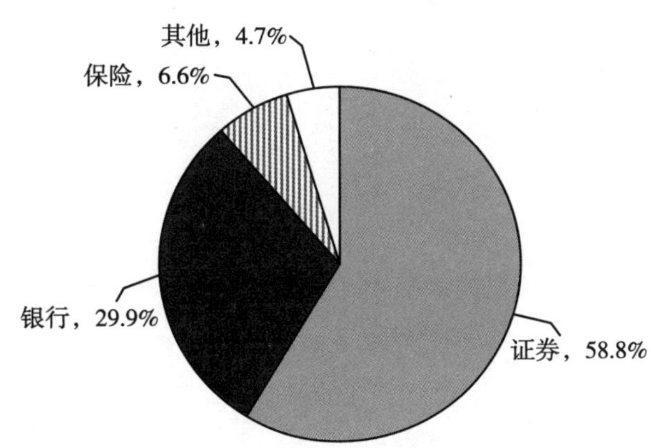

图 3－28　1990—2017 年中国金融业海外并购的产业分布（按交易量）

资料来源：根据 Thomson one 数据库数据整理而得。

4. 中国金融业海外并购交易的企业所有制性质

图 3－29 为按交易量统计的 1990—2017 年中国金融业海外并购的企业所有制的分布情况，据 Thomson one 数据库金融业海外并购的相关数据可得，在

1990—2017 年，在海外并购的金融企业中非国有企业并购数量占比较大，占总交易数量的 82. 7%，而国有企业仅占总交易数量的 17. 3%。

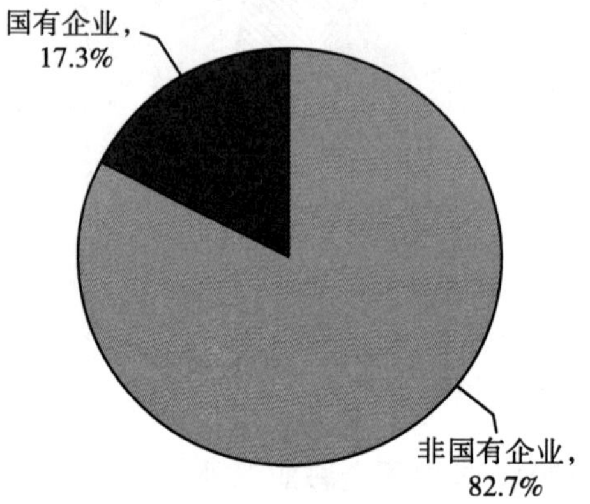

图 3－29　1990—2017 年中国金融业海外并购的企业所有制性质分布（按交易量）

资料来源：根据 Thomson one 数据库数据整理而得。

第四章　不同所有制企业海外并购价值创造比较

近年来，中国企业海外并购数量和金额正在快速上升，但由于种种原因，中国企业海外并购失败率较高，并购绩效低下（杨波，2014）。本章主要基于 Thomson One 并购交易数据库，选取中国企业海外并购样本，将收购方区分为国有和非国有两类，比较不同所有制企业在海外并购过程中价值创造（价值损失）规模。

第一节　数据选取及评价思路

一、并购样本来源及选择

并购样本的选取是进行后续对比分析的首要步骤，本节在对比多个并购数据库的基础上依据恰当标准选取海外并购样本。

（一）并购数据库

常用的并购数据库有很多，包括 BvD-Zephyr 数据库、Wind 中国并购库、CRSP Compustat Merged databases、CSMAR 并购重组数据库、Thomson One 并购交易数据库等。综合比较而言，Thomson 旗下的并购交易数据库囊括的并购事件相对全面、涵盖的并购信息更为广泛，也是研究并购的学者们使用最普遍的数据库，因此本章并购样本全部来源于 Thomson One 并购交易数据库。

（二）海外并购样本的选取

本章海外并购样本的选取，来自并购公告时间从 1980 年 1 月1 日至 2016 年

12 月 31 日的事项；并购方为中国，标的方国家为非中国，样本只包括已完成的并购交易事项。经筛选，符合上述条件的样本为 2629 个。

二、国有与非国有企业海外并购样本的选取

本章主要探讨国有企业海外并购是否创造了价值，以非国有企业海外并购事件为参照，因此合理区分国有企业和非国有企业海外并购十分重要。

（一）Thomson One 并购数据库中的收购方分类

Thomson One 并购交易数据库中，将收购方类型（Acquiror Public Status）具体划分为民营企业（Private）、上市公司（Public）、子公司（Subsidiary）、个人投资者（Individual）、政府企业（Government Owned）以及合资公司（Joint Venture）。该数据库对 2629 个并购样本收购方类型的统计如表 4－1 所示：

表 4－1　　收购方类型分布

排名	收购方类型	并购事件（起）	有交易金额的事件（起）	交易金额（百万美元）	均交易金额（百万美元）
1	民营企业	1129	630	151396.03	240.31
2	上市公司	702	478	118673.15	248.27
3	子公司	609	406	97233.45	239.49
4	个人投资者	98	67	1126.01	16.81
5	政府拥有企业	55	34	1741.45	51.22
6	合资公司	36	25	5071.68	202.87
总计		2629	1639	375241.76	228.95

资料来源：根据 Thomson One 数据库数据整理而得。

从表 4－1 中可见，民营企业、上市公司和子公司是主要收购方。该数据库对收购方类型划分与国内通常划分不一致，类型为上市公司（Public）、子公司（Subsidiary）的收购方中包括民营企业和国有企业。因此，在实证研究中需要结合其他数据库资料，具体将这些企业按照所有制性质进行划分。

（二）BvD-Zephyr 数据库中的收购方分类

BvD-Zephyr 数据库中含有并购交易收购方控股股东的信息（Acquiror CSH-Name，Acquiror CSH-Type，Acquiror DUO-Name，Acquiror DUO-Type）。其中，Acquiror DUO-Type 指收购方国内最终拥有者的类型，项下细分类如表 4－2 所示：

表 4 - 2　　BvD-Zephyr 数据库收购方企业分类表

序号	Acquiror DUO-Type	收购方国内最终拥有者类型
1	Industrial company	实业企业
2	Public authority, State, Government	公共机构，政府，国家
3	One or more named individuals or families	个人或家庭
4	Financial company	金融企业
5	Bank	银行
6	Mutual & Pension Fund/Nominee/Trust/Trustee	基金或信托
7	Private Equity firms	私募股权公司
8	Venture capital	风险投资公司
9	Foundation/Research Institute	教育研究机构

资料来源：根据 BvD-Zephyr 数据库整理而得。

经查阅，表 4 - 2 中“公共机构，政府，国家”类型项下对应的拥有者名称为中央或地方国有企业，因此可将这一类型视为收购方为国有的并购事件。

（三）其他分类标准及信息来源

CSMAR 数据库中国上市公司股权性质文件中包含沪深 A 股企业 2003—2016 年的股权性质信息，具体分为国企、民营、外资和其他四类，将股权性质为国有的企业进一步区分中央、省、市层级。

国务院国有资产监督管理委员会网站上最新公布的中央企业名录（2016 年 8 月 2 日），包含 102 家中央企业。

（四）分类方法及结果

在原有交易信息的基础上，依据收购方中英文名称、ISIN 代码、SEDOL 代码等企业唯一标识信息，进行多方比对与匹配，综合各数据库企业所有权性质信息划分国有企业与非国有企业。由于 ISIN 编码和 SEDOL 编码为在证券登记所有登载记录的企业，大量未发行股票或债券的收购方难以找到全球通用的唯一标识，难以进行多方比对。最终，去除收购方名称模糊不清、企业唯一标识残缺、交易信息不全的并购样本后，确定收购方为国企的交易 586 起，非国企 2034 起；剔除交易金额残缺的记录后，收购方为国企的交易 377 起，非国企 1262 起，具体金额及占比见表 4 - 3。相较于 Thomson 数据库的划分，经多方比对后的划分更为科学，以此为基础的比较研究更为严谨，说服力更强。

表 4 –3　　按收购方企业性质划分的并购事件统计

类型	并购事件（起）	有交易金额的事件（起）	交易金额（百万美元）	平均交易金额（百万美元）	交易金额占比（%）
国有企业	586	377	189493.08	502.63	50.50
非国有企业	2034	1262	185748.68	147.30	49.50
合计	2629	1639	375241.76	228.95	100.00

资料来源：根据 Thomson One 数据库数据整理而得。

表4 –3 为对收购方企业性质重新划分后的并购交易统计结果，从已完成的并购事件个数来看，国有企业并购事件只占全部事件的 1/5。但从交易金额来看，国有企业并购金额占比过半，是我国海外并购的主力军。国有企业并购交易的平均金额超过 5 亿美元，显著高于非国有企业，这主要由于国有企业通常比非国有企业享有更加便捷便宜的融资渠道，资产也较一般企业雄厚，因此国有企业更有实力参与能源矿业等估值较高领域的并购。综合来看，重新划分后的统计结果与实际情况更为相符。

三、评价海外并购国有资产价值损失的思路

价值创造贯穿并购活动的整个流程，包括并购的决策过程、实施阶段以及后期的整合绩效，但由于多重因素制约着国有企业海外并购而导致损失。其中，与估值相关的并购决策、市场对并购事件的反应以及并购后的整合是影响价值增减的重要环节。

本章关于我国企业海外并购价值损失与否的讨论，主要从以下三个方面展开。

第一，有关并购决策是否合理，并购是否为冲动投资行为的问题，通过比较溢价率中位数和并购溢价率的高低来反映并购活动的公允性。

第二，有关市场对并购事件的反应，则可用股价来衡量。具体而言，用并购事件公告日前后股价的波动反映标的方股权价值的变化，继而探讨我国企业的海外并购是否创造了价值。

第三，有关并购后的整合是否成功的问题，则可用反映标的方经营绩效的相关财务指标来说明，如净利润、息税前利润等。通过比较并购前后 1 年财务数

据的变化来反映并购后企业的经营能力、盈利能力是否得到了改善，有利于我们深入研究我国企业的海外并购活动是否创造了价值。

第二节　国有企业海外并购过程中的高溢价

被并购方的股票价格能够反映其市场价值，但由于存在并购溢价和控股权溢价，并购方支付的并购价格实际上可能高于被并购方的股票价格。通常认为并购方愿意承担高溢价的原因是，溢价能部分体现控制权的价值，以及未来可能产生的协同效应价值。当控股比例较高时，收购方实际支付的购买溢价也相应提高。通过比较同一控股水平下，国有企业和非国有企业的并购溢价率，可以看出究竟谁支付了更高的价格。因此，我们将对国有企业和非国有企业按不同持股比例下的收购溢价率进行对比分析，具体分为两部分展开：第一部分从溢价率中位数视角比较不同收购比例下的国有企业和非国有企业的溢价率高低；第二部分侧重于国有企业和非国有企业不同持股比例下溢价率的高低比较。

一、溢价率中位数的比较

Thomson One 并购交易数据库中，包含并购交易的 1 天溢价率（Offer Price to Target Stock Price Premium 1 Day Prior to Announcement）、1 周溢价率（Offer Price to Target Stock Price Premium 1 Week Prior to Announcement）和 4 周溢价率（Offer Price to Target Stock Price Premium 4 Weeks Prior to Announcement）信息。

1 天溢价率的计算公式如下：

$$1\text{ 天溢价率} = \frac{\text{实际支付每股价格} - \text{标的方公告日前 1 天收盘价}}{\text{标的方公告日前 1 天收盘价}} \times 100\%$$

1 周溢价率和 4 周溢价率的计算依此类推。

依据数据中的溢价率信息，将 1 天、1 周和 4 周溢价率中位数分类统计结果汇总至表 4 – 4 中。

表 4-4　　不同持股比例下的溢价率中位数（%）

持股比例	1 天溢价率		1 周溢价率		4 周溢价率	
	国企	非国企	国企	非国企	国企	非国企
>0	3.91	3.66	6.96	3.54	10.92	14.23
≥10	7.14	5.28	11.71	4.01	13.00	15.93
≥20	13.34	10.55	15.57	13.25	17.36	18.60
≥30	15.74	12.10	17.78	15.31	24.40	21.98
≥40	20.57	13.61	22.88	18.24	29.62	25.83
≥50	21.75	14.12	25.89	21.25	34.87	26.36
≥60	27.11	18.36	31.63	26.52	41.72	26.92
≥70	27.44	20.25	32.67	29.26	43.02	27.98
≥80	33.33	24.10	51.28	32.85	44.79	34.44
≥90	33.33	30.17	51.28	33.38	44.79	36.17
=100	38.59	30.92	63.13	33.52	45.65	37.10

资料来源：根据 Thomson One 数据库数据整理而得。

由表 4-4 可知，在任一持股比例水平上，收购方为国有企业的并购交易，1 天和 1 周溢价率中位数均高于非国有企业；当收购方持股比例低于 20% 时，非国有企业参与的并购事件 4 周溢价率高于国有企业。当最终持股比例一定时，国有企业 4 周溢价率中位数高于 1 周、1 天溢价率，表明相对于公告日前 1 天、前 1 周股价，实际支付的每股价格明显高于公告日前 4 周的股价。

国有企业和非国有企业的溢价率中位数差异随持股比例提高而加剧。以表 4-4中 1 周溢价率为例，当持股比例大于 0 时，国企 1 周溢价率中位数为 6.96%，非国企为 3.54%；当持股比例上升至 40% 时，国企、非国企中位数分别为 22.88%、18.24%；当持股比例升至 80% 时，国企、非国企中位数随之升至 51.28%、32.85%。二者间的差距由开始的 3.42% 逐渐拉开至 4.64%、18.43%。1 天和 4 周溢价率中位数变化也表现出这一趋势。由此可见，在高持股比例并购事件中，相对非国有企业，国有企业支付了更高昂的价格。

依据表 4-4 中的中位数分别绘制国有企业和非国有企业 1 天、1 周和 4 周溢价率中位数柱状图，如图 4-1、图 4-2 和图 4-3 所示。

由图 4-1、图 4-2 和图 4-3 可知，整体来看，国有企业海外并购溢价率高于非国有企业，且差距随持股比例提高而上升。

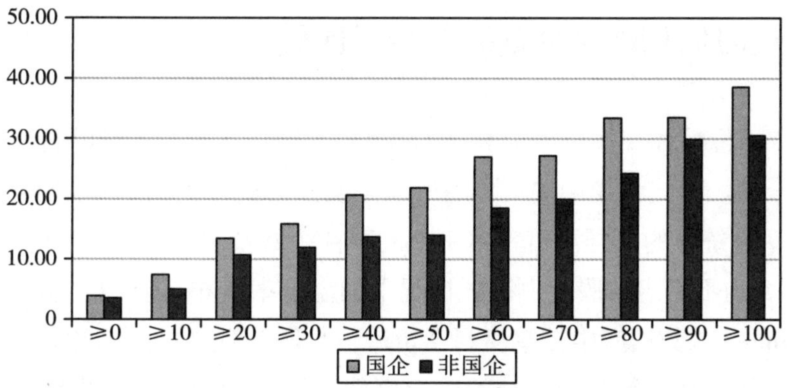

图 4－1　不同持股比例下的 1 天溢价率中位数对比（%）

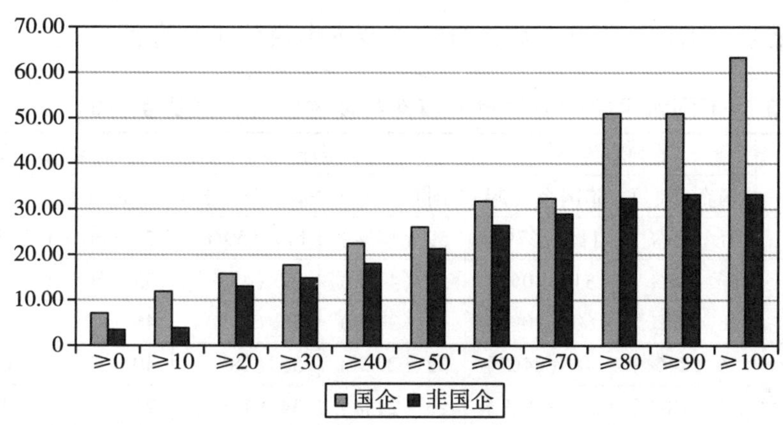

图 4－2　不同持股比例下的 1 周溢价率中位数对比（%）

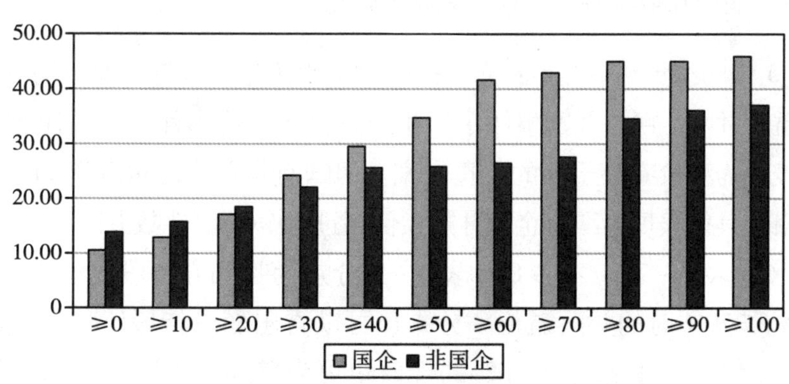

图 4－3　不同持股比例下的 4 周溢价率中位数对比（%）

二、不同持股比例下的溢价率高低比较

溢价率中位数体现了一组并购事件的中间溢价率水平，难以看出溢价率高低的整体分布。为此，我们按实际溢价率高低分层进行更为细致的统计，表4－5到表4－9为统计的不同溢价率水平上的事件个数及占比汇总。

表4－5为不考虑持股比例高低情况下的溢价率分布。表中“事件合计”为Thomson One并购数据库中该笔交易溢价率信息不为残缺的所有事件个数。表中数据包含两层信息：前面为统计的对应事件个数，括号中为该事件个数占全部事件的百分比。非国有企业并购事件中，包括民营企业、外资企业、合资企业、个人投资者等众多参与主体，事件个数众多。从绝对数上，难以进行国有企业和非国有企业的比较。因此，后续分析主要依据百分比来进行。

表4－5　不同水平并购溢价率的事件数及占比（持股比例>0）

溢价率（%）	1天溢价率		1周溢价率		4周溢价率	
	国企（起）	非国企（起）	国企（起）	非国企（起）	国企（起）	非国企（起）
>0	61（56%）	115（57%）	59（54%）	119（59%）	72（66%）	134（66%）
>10	46（42%）	81（40%）	51（47%）	87（43%）	55（50%）	108（53%）
>20	38（35%）	60（30%）	40（37%）	70（35%）	46（42%）	85（42%）
>30	26（24%）	48（24%）	32（29%）	56（28%）	40（37%）	61（30%）
>40	20（18%）	30（15%）	23（21%）	34（17%）	27（25%）	42（21%）
>50	14（13%）	21（10%）	19（17%）	27（13%）	18（17%）	28（14%）
事件合计（起）	109	202	109	202	109	202

资料来源：根据Thomson One数据库数据整理而得。

表4－5中的统计结果显示：无论是国有企业还是非国有企业，均有超过半数的交易为溢价并购。所有并购事件中，非国有企业溢价事件个数占比整体高于国有企业，表现为溢价率大于0的比重较高。但国有企业高溢价并购的现象较非国有企业普遍，具体表现为国有企业并购溢价超过30%的事件数占比更大。

表4－6、表4－7、表4－8和表4－9分别为收购方持股比例不低于10%、30%、50%和70%时的并购溢价率分布，可以看出随着持股比例的提高，溢价并购事件占比上升，且高溢价并购的现象也更为普遍。以国有企业1周溢价率为例，溢价率大于0的事件比重由58%逐渐升至90%，即当持股比例超过70%时，有九成的交易为溢价并购。

表 4-6　不同水平并购溢价率的事件数及占比（持股比例≥10%）

溢价率（%）	1 天溢价率		1 周溢价率		4 周溢价率	
	国企（起）	非国企（起）	国企（起）	非国企（起）	国企（起）	非国企（起）
>0	57（60%）	103（59%）	55（58%）	106（61%）	65（68%）	117（67%）
>10	43（45%）	74（43%）	48（51%）	78（45%）	50（53%）	97（56%）
>20	35（37%）	54（31%）	37（39%）	63（36%）	43（45%）	79（45%）
>30	24（25%）	44（25%）	31（33%）	50（29%）	37（39%）	55（32%）
>40	19（20%）	27（16%）	23（24%）	32（19%）	26（27%）	37（21%）
>50	14（15%）	19（11%）	19（20%）	25（14%）	17（18%）	25（14%）
事件合计（起）	95	174	95	174	95	174

资料来源：根据 Thomson One 数据库数据整理而得。

表 4-7　不同水平并购溢价率的事件数及占比（持股比例≥30%）

溢价率（%）	1 天溢价率		1 周溢价率		4 周溢价率	
	国企（起）	非国企（起）	国企（起）	非国企（起）	国企（起）	非国企（起）
>0	42（72%）	74（67%）	41（71%）	76（69%）	44（76%）	79（72%）
>10	34（59%）	58（53%）	37（64%）	60（55%）	36（62%）	69（63%）
>20	27（47%）	41（37%）	28（48%）	50（45%）	31（53%）	56（51%）
>30	18（31%）	33（30%）	23（40%）	39（36%）	27（47%）	38（35%）
>40	15（26%）	21（19%）	18（31%）	25（23%）	21（36%）	25（23%）
>50	12（21%）	15（14%）	16（28%）	21（19%）	14（24%）	17（15%）
事件合计（起）	58	110	58	110	58	110

资料来源：根据 Thomson One 数据库数据整理而得。

表 4-8　不同水平并购溢价率的事件数及占比（持股比例≥50%）

溢价率（%）	1 天溢价率		1 周溢价率		4 周溢价率	
	国企（起）	非国企（起）	国企（起）	非国企（起）	国企（起）	非国企（起）
>0	35（73%）	64（73%）	35（73%）	66（75%）	35（73%）	67（76%）
>10	30（63%）	51（58%）	33（69%）	54（61%）	31（65%）	60（68%）
>20	25（52%）	36（41%）	26（54%）	45（51%）	28（58%）	51（58%）
>30	17（35%）	28（32%）	21（44%）	35（40%）	25（52%）	36（41%）
>40	14（29%）	16（18%）	17（36%）	21（24%）	20（42%）	23（26%）
>50	11（23%）	11（13%）	15（31%）	17（19%）	13（27%）	16（18%）
事件合计（起）	48	88	48	88	48	88

资料来源：根据 Thomson One 数据库数据整理而得。

表 4-9　不同水平并购溢价率的事件数及占比（持股比例≥70%）

溢价率（%）	1 天溢价率		1 周溢价率		4 周溢价率	
	国企（起）	非国企（起）	国企（起）	非国企（起）	国企（起）	非国企（起）
>0	27（90%）	46（79%）	27（90%）	48（83%）	26（87%）	50（86%）
>10	23（77%）	39（67%）	25（83%）	41（71%）	24（80%）	44（76%）
>20	20（67%）	29（50%）	21（70%）	35（60%）	21（70%）	39（67%）
>30	14（47%）	22（38%）	17（57%）	28（48%）	20（67%）	28（48%）
>40	11（37%）	11（19%）	13（43%）	15（26%）	18（60%）	18（31%）
>50	9（30%）	6（10%）	12（40%）	12（21%）	12（40%）	11（19%）
事件合计（起）	30	58	30	58	30	58

资料来源：根据 Thomson One 数据库数据整理而得。

为了更直观地展现国有企业和非国有企业并购事件溢价率分布，根据表 4-5、表 4-6、表 4-7、表 4-8 和表 4-9 中的统计结果，分别按 1 天、1 周和 4 周溢价率三类绘制溢价率折线图，对比展现国有企业和非国有企业在不同持股比例下的溢价率分布。

图 4-4 为不考虑持股比例，即所有并购事件的溢价率分布。整体来看，代表国有企业的折线位于非国有企业的上方，即国有企业溢价并购的事件数占比更大。图 4-5 中展示了持股比例不低于 10%、30%、50% 和 70% 的并购事件数占比情况。总体上，国有企业溢价并购情况比非国有企业明显，且高溢价并购事件个数占比更高，图中表现为当溢价率提高时，二者间的差距也逐渐拉大。

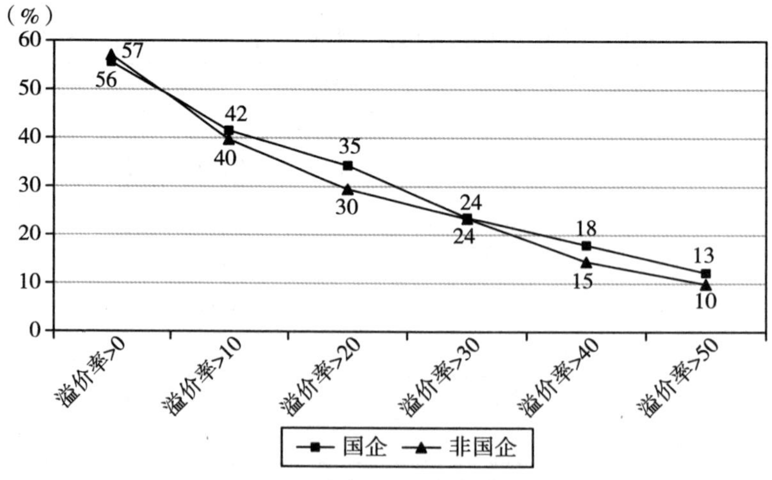

图 4-4　1 天溢价率事件数占比

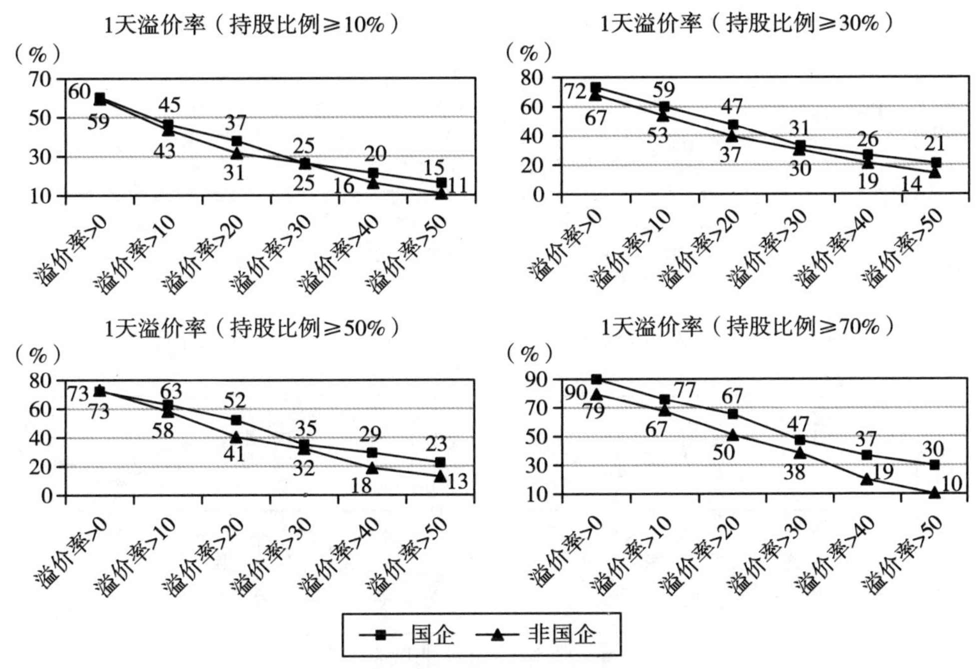

图 4－5　不同持股比例下的 1 天溢价率事件数占比

图 4－6 和图 4－7 为不同持股比例下的一周溢价率分布，与图 4－4 和图 4－5类似，国有企业高溢价并购事件数占比明显高于非国有企业。

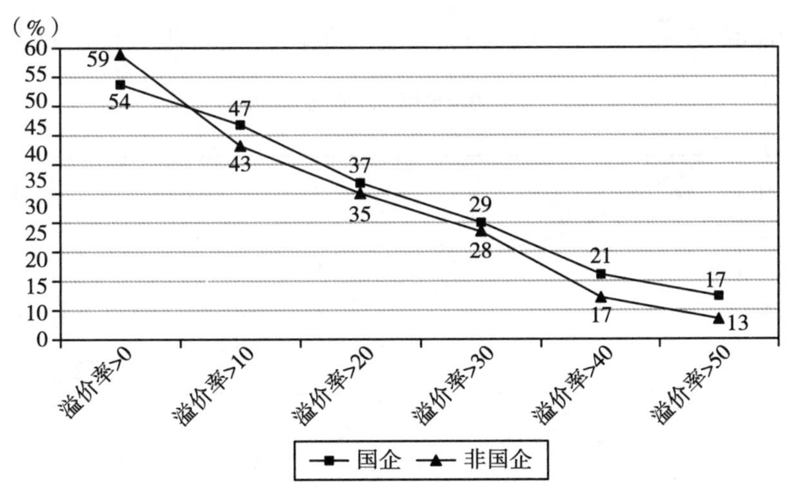

图 4－6　1 周溢价率事件数占比

图 4－8 和图 4－9 为不同持股比例下的 4 周溢价率分布，与 1 天溢价率和 1 周溢价率类似，国有企业高溢价并购事件数占比明显高于非国有企业。值得

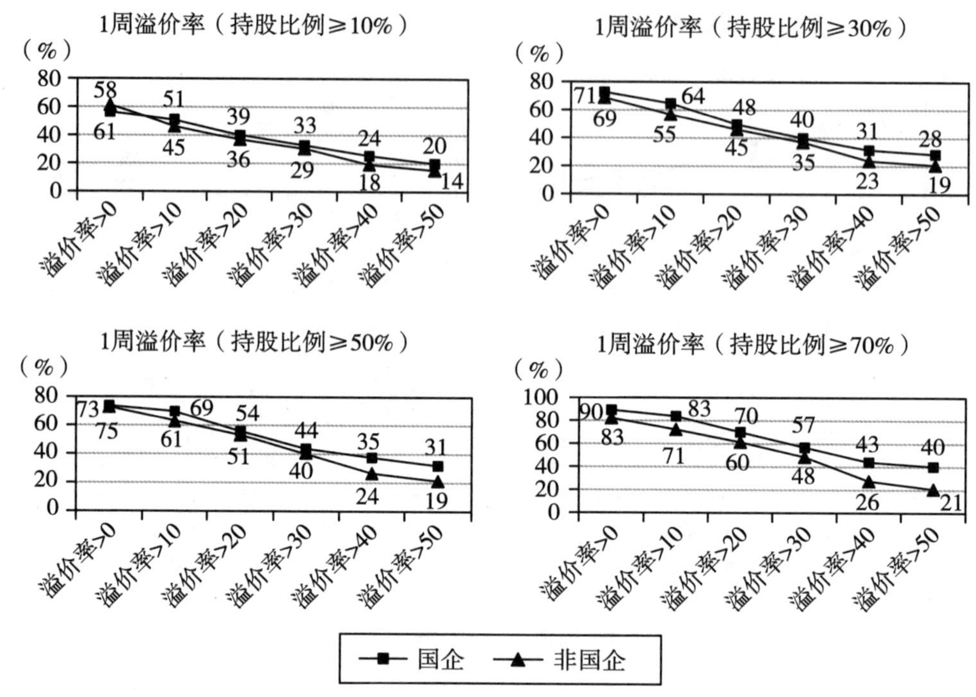

图4－7　不同持股比例下的1周溢价率事件数占比

注意的是，当并购溢价率较低时（低于20%），国有企业和非国有企业溢价并购情况十分类似，图中表现为两条折线几乎重叠在一起；当溢价率处于较高水平时，二者间的差距开始拉开，国有企业溢价情况相对非国有企业更为突出。

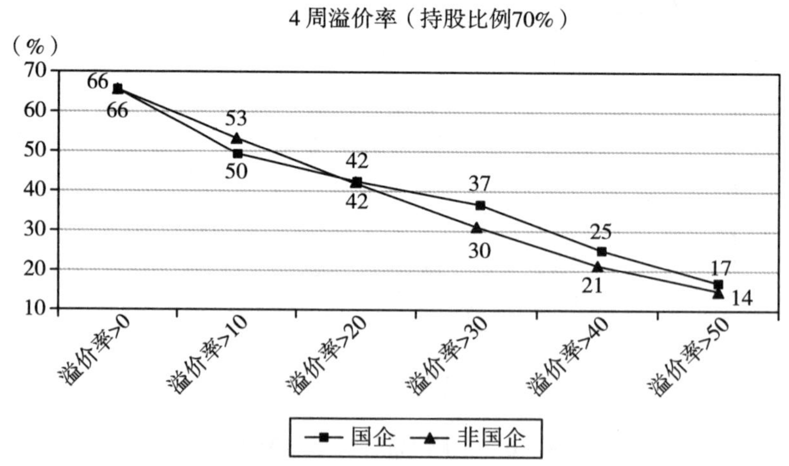

图4－8　4周溢价率事件数占比

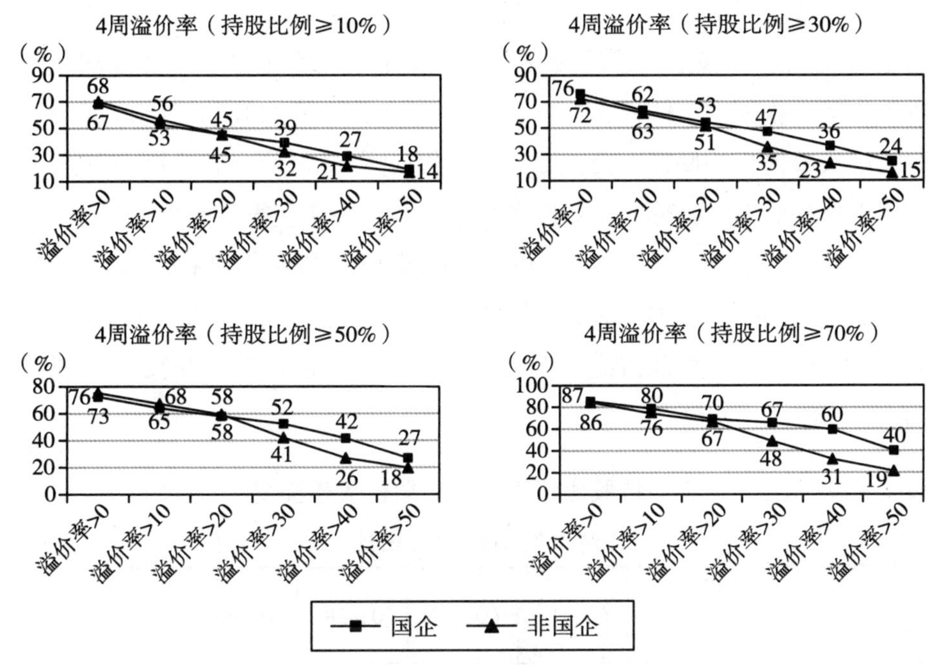

图4-9　不同持股比例下的4周溢价率事件数占比

我们从溢价率中位数和不同溢价率水平上的事件数比重两方面，对比分析了国有企业和非国有企业并购事件的溢价购买情况。从统计结果来看，国有企业1天、1周和4周溢价率在多数情况下高于非国有企业，尤其是在持股比例高于30%的交易中。从溢价率的高低分布来看，尽管非国有企业溢价并购的事件数较多，但多处于低溢价水平，即溢价率低于20%；而国有企业的溢价并购多为高溢价并购，1天、1周和4周并购溢价率超过30%的事件数占比均显著高于非国有企业。

第三节　国有企业海外并购后的股票市场反应消极

一、公告日后股价与交易对价的比较

根据有效市场假说，当市场有效时，企业价值是体现企业所有过去、现在

和未来经营情况后的准确估值。弱势有效市场假说则认为，证券价格充分反映了所有的历史信息，包括股票的成交价、成交量、卖空金额、融资金额及并购重组等重大决策。根据这一假说，可以认为公告日后股价的波动能够体现市场对并购事件的积极或消极的反馈。公告日后股价相对交易对价上升，则意味着市场对该并购事件持积极态度，标的企业股东权益增加，股东获得正的财富效应。

通过将标的方公告日后一段时间内的股价与交易对价进行比较，分别统计不同持股比例的并购事件中，标的方公告日后 1 天、1 周、4 周、60 天、90 天和 180 天股价上升的事件数及占比情况，可以分析并购前后的市场反应。统计结果整理为表 4 – 10。

表 4 – 10　　不同持股比例下并购后股价大于交易对价的事件数及占比

持股比例（%）	企业类型	事件合计	（0，1）	（0，7）	（0，28）	（0，60）	（0，90）	（0，180）
>0	国企（起）	88	46（52%）	43（49%）	41（47%）	42（48%）	40（45%）	41（47%）
	非国企（起）	161	89（55%）	88（55%）	79（49%）	76（47%）	73（45%）	76（47%）
≥10	国企（起）	75	37（49%）	38（51%）	35（47%）	37（49%）	38（51%）	38（51%）
	非国企（起）	138	74（54%）	77（56%）	69（50%）	64（46%）	62（45%）	67（49%）
≥30	国企（起）	43	15（35%）	15（35%）	15（35%）	16（37%）	18（42%）	19（44%）
	非国企（起）	78	41（53%）	39（50%）	37（47%）	35（45%）	36（46%）	42（54%）
≥50	国企（起）	36	13（36%）	13（36%）	13（36%）	15（42%）	16（44%）	16（44%）
	非国企（起）	60	32（53%）	30（50%）	27（45%）	25（42%）	29（48%）	34（57%）
≥70	国企（起）	19	3（16%）	3（16%）	3（16%）	5（26%）	6（32%）	5（26%）
	非国企（起）	34	15（44%）	14（41%）	13（38%）	12（35%）	12（35%）	15（44%）

资料来源：根据 Thomson Financial 数据库数据整理而得。

表中“0”表示并购交易实际支付的每股价格（Price Per Share），“1”表示标的方公告日后 1 天收盘价（Target Closing Price 1 Day After Ann Dates），“7”“28”“90”“180”分别为标的方公告日后 1 周、后 4 周、后 90 天和后 180 天收盘价。

(0，1) = 标的方公告日后 1 天收盘价 - 并购交易对价，其他依此类推。

表 4 - 10 中，“事件合计”为数据库中交易对价、公告日后股价信息齐备的交易记录数量合计。表中的统计数据分为两部分：括号上为统计的股价上升的事件个数，括号中为股价上升事件数占全部事件的百分比。

整体来看，国有企业海外并购交易中，标的方公告日股价上升的数量及占比低于非国有企业。在最终持股比例不低于 30% 的事件中，国有企业公告日后标的方股价上升的事件占比下降明显，意味着国有企业高持股比例的并购事件，标的方公告日后股东财富增加的情况弱于非国有企业，甚至部分标的方并购后股东权益下降。从公告日后不同时间的股价波动来看，公告日后 1 天、1 周和 4 周的股价与交易对价相比，国有企业表现均差于非国有企业，且这一差距随持股比例提高而加剧。此外，值得注意的是，当持股比例不低于 30% 时，国有企业海外并购事件中，六成到七成交易公告日后标的方股价下降，高出非国有企业近两成。

图 4 - 10 和图 4 - 11 为依据表 4 - 10 中的百分比数据绘制的折线图。从两条折线的布局来看，公告日后 1 天、1 周和 4 周这三个时间节点上，代表非国有企业的折线处于上方，意味着非国有企业并购事件中标的方股价上升的占比更高。图 4 - 10 中，公告日后 60 天、90 天和 180 天，两条折线逐渐靠拢重叠，即二者标的方股价上升的事件占比相当。图 4 - 11 中，当持股比例不低于 30% 时，国有企业海外并购标的方股价上升的事件占比均低于非国有企业，且股价上升的事件比重随持股比例提高而下降，意味着国有企业收购的标的方公告日后股价下降的现象较为普遍，国有企业海外并购并没有使标的方实现价值创造。

根据公告日后标的方股价的波动，来说明国有企业海外并购是否实现股东权益增加、企业价值创造是可行的。与非国有企业的统计数据对比显示：国有企业海外并购标的方公告日后股价上升的事件少于非国有企业，当持股比例或并购比例提高时，国有企业海外并购标的方公告日后股价下降的事件比重逐渐上升，即高比例的并购事件中，国有企业海外并购非但没有实现价值创造，反而导致标的方股价下跌、股东权益受损。

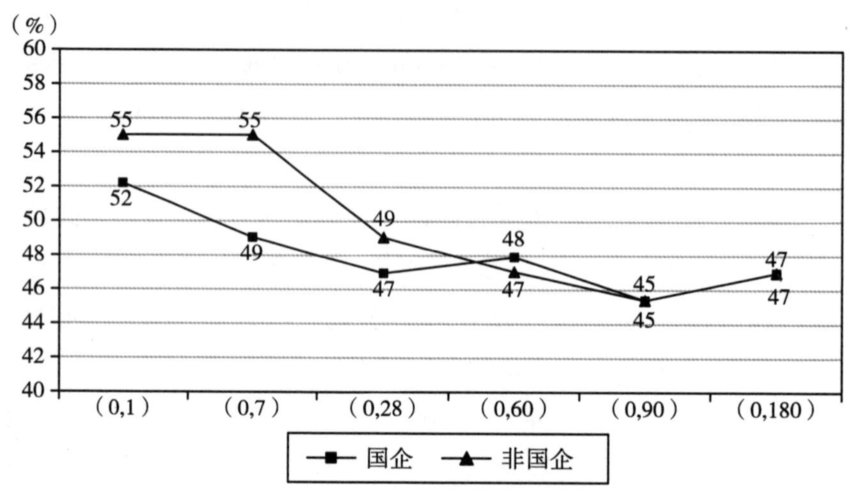

图4－10　标的方股价上升事件数占比

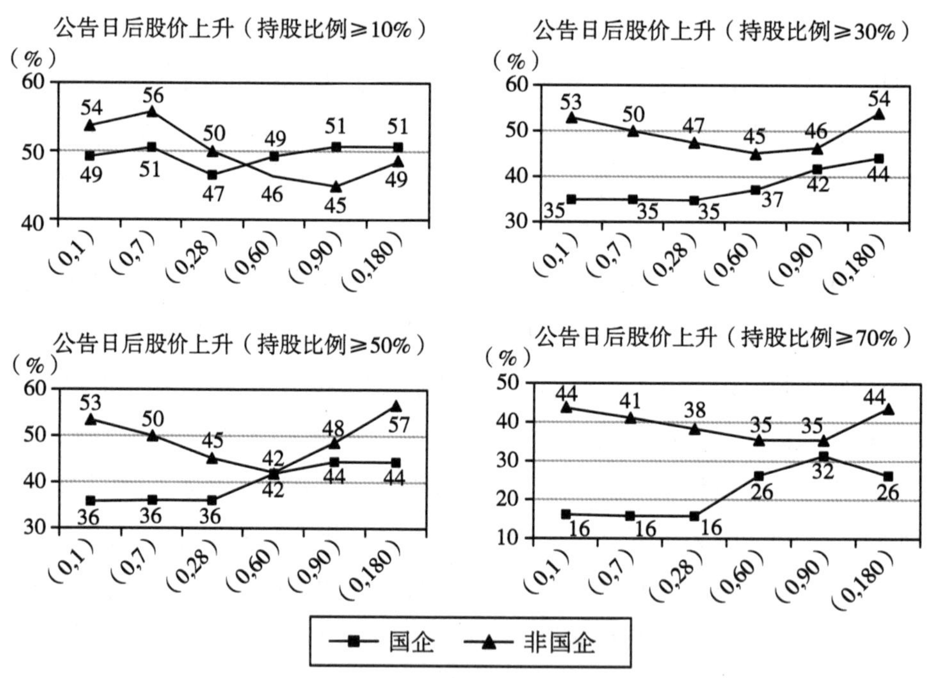

图4－11　不同持股比例下的公告日后股价上升事件数占比

二、市场反应层面的国有资产流失的相对规模

从市场反应层面来看，股价不失为衡量企业的海外投资损益的较好指标。

市场上环境瞬息万变，国有企业投资海外风险巨大，海外并购是一种投资行为，很多被并购企业都是上市公司，通过观察标的方股价上升的事件个数占比发现，国有企业大都低于非国有企业，而前文已用数据表明，我国海外并购失败率相当高，从侧面可以说明，国有企业跨国并购损失规模更大。对于具体损失规模难以评估，因此我们选取国有企业与非国有企业公告日后标的方股价上升事件占比之差（见表4－11），用以衡量市场反应层面的国有资产流失的相对规模。

表4－11　　公告日后标的方股价上升事件占比之差

	(0, 1)	(0, 7)	(0, 28)	(0, 60)	(0, 90)	(0, 180)
并购比例>0	-3.01%	-5.79%	-2.48%	0.52%	0.11%	-0.61%
并购比例>10	-8.01%	-7.47%	-4.14%	-0.94%	3.60%	0.53%
并购比例>20	-24.79%	-22.22%	-15.38%	-11.54%	-8.76%	-8.55%
并购比例>30	-22.22%	-22.22%	-13.10%	-11.31%	-6.75%	-9.33%
并购比例>40	-17.48%	-17.48%	-9.60%	-9.60%	-4.05%	-5.48%
并购比例>50	-11.11%	-11.11%	-1.85%	0.93%	-1.85%	-9.26%
并购比例>60	-1.75%	-1.75%	7.21%	14.62%	10.92%	-0.19%
并购比例>70	-28.03%	-28.03%	-15.15%	-10.61%	-10.61%	-15.15%
并购比例>80	-8.75%	-8.75%	7.50%	13.75%	13.75%	7.50%
并购比例>90	-10.58%	-2.88%	9.62%	25.00%	25.00%	17.31%
并购比例=100	-8.33%	0.00%	0.00%	16.67%	16.67%	8.33%

从表4－11中发现，国有企业与非国有企业跨国并购公告日后标的方股价上升事件占比之差大部分为负，市场反应层面告诉我们，国有企业跨国并购对标的方的整合中出现的问题可能更多。但在公告日60天以后，标的方股价上升事件占比之差有所回“正”，说明整合是需要时间的，国有企业往往刚开始缺乏跨国并购经验而导致国有资产流失，但在不断学习改进的过程中，慢慢降低损失。另外，并购比例超过80%，且公告日28天以后，国有企业资产流失规模相对减少许多。其实，并购比例较大可以降低交易成本，时间可以帮助国有企业累积整合经验。而并购比例在20%—70%，对于国有企业来说，企业并购的整合成本可能更大，容易导致国有资产的流失。

第四节　国有企业海外并购后的盈利能力下降

企业的盈利能力，即是企业经营活动带来利润的能力，通常主要由企业主营业务利润构成。反映企业盈利能力的指标有很多，包括资产回报率（ROA）、净资产回报率（ROE）、息税前利润（EBIT）、息税折旧摊销前利润（EBITDA）、净利润、主营业务利润等。

本节选取ROA、EBITDA和考虑折旧后的营业利润这三个指标，从Thomson Financial数据库下载标的方并购前1年、并购当年和并购后1年的对应财务数据，分别整理统计在表4－12、表4－13和表4－14中。由于2016年完成的并购交易暂无2017年财务数据，不便进行并购前后经营绩效的比较，故从总样本中剔除。

一、并购前后标的方ROA的变动比较

资产回报率（ROA）是衡量企业收益能力的重要指标，直接反映企业综合经营管理水平的高低。表4－12中“并购当年”指并购交易完成的年份，“并购前1年”即为并购当年的前1年度，“并购后1年”为交易完成当年的下一年度。

表4－12为并购前后3年标的方ROA大于0事件数及占比统计结果，“事件总计”为同时具备并购前后3年财务数据的事件数合计。表中括号前的数字为该项盈利指标大于0的事件个数，括号内为占总体的百分比。从并购前1年的数据可以看出，国有企业海外并购ROA大于0的标的方超过半数，占比高于同等持股比例下的非国有企业，表明国有企业并购的标的方盈利情况优于非国有企业。并购当年的数据均显示，相较于并购前1年，无论是国有企业还是非国有企业的海外并购，标的方ROA并购当年大于0的比重均有提升，但国有企业提升幅度小于非国有企业。并购后1年数据显示，相较于并购当年，标的方ROA大于0比重均有所下降，且国有企业下降幅度大于非国有企业。

表4－12　　并购前后标的方ROA大于0事件数及占比

持股比例（%）	收购方类型	事件总计	并购前1年	并购当年	并购后1年
>0	国企（起）	98	52（53%）	55（56%）	46（47%）
	非国企（起）	173	70（40%）	82（47%）	81（47%）
≥10	国企（起）	72	36（50%）	41（57%）	33（46%）
	非国企（起）	139	57（41%）	69（50%）	68（49%）
≥30	国企（起）	36	19（53%）	22（61%）	18（50%）
	非国企（起）	65	27（42%）	29（45%）	30（46%）
≥50	国企（起）	26	13（50%）	17（65%）	15（58%）
	非国企（起）	52	21（40%）	24（46%）	27（52%）
≥70	国企（起）	16	8（50%）	9（56%）	9（56%）
	非国企（起）	26	12（46%）	13（50%）	13（50%）

资料来源：根据Thomson Financial数据库数据整理而得。

为了更直观地展现并购前后3年标的方ROA为正的事件数占比变化，依据表4－12中的数据绘制了图4－12和图4－13。从图中可以看出，国有企业大多经历先小幅上升后大幅下降的过程，图中表现为一条不对称的倒V折线。

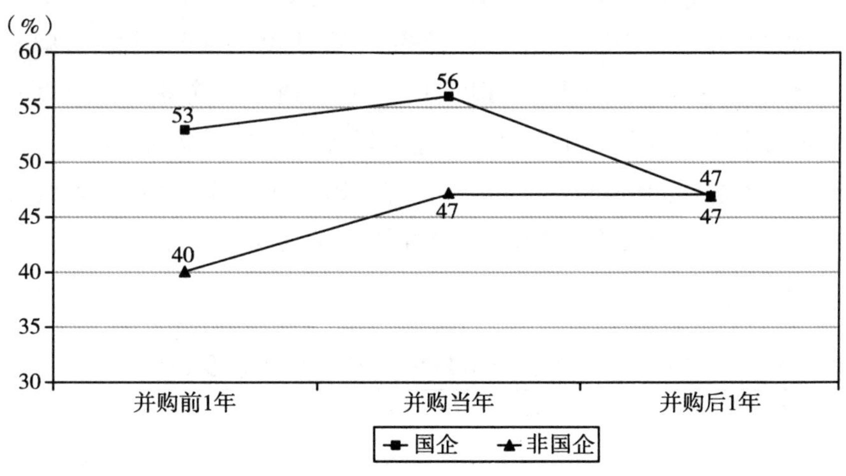

图4－12　标的方ROA大于0事件数占比变化

资料来源：根据Thomson Financial数据库数据整理而得。

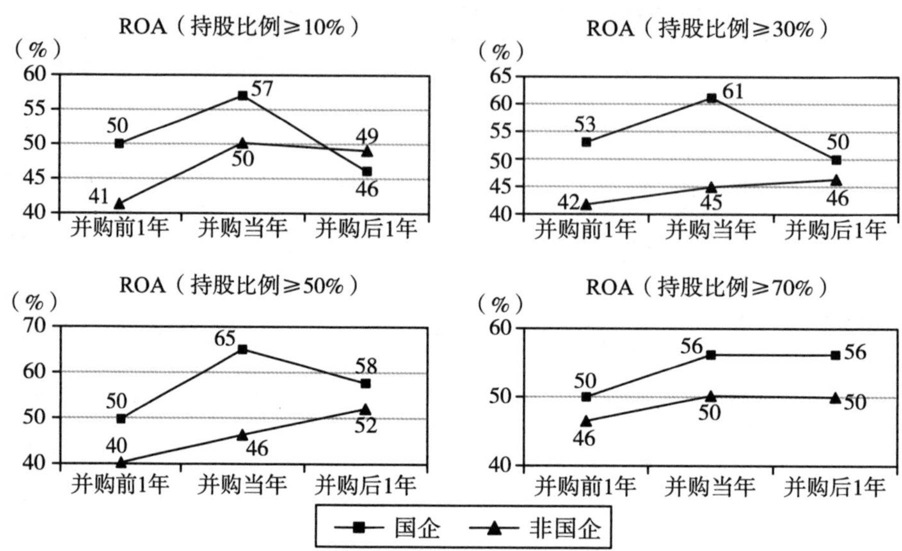

图 4－13　不同持股比例下的标的方 ROA 大于 0 事件数占比变化

资料来源：根据 Thomson Financial 数据库数据整理而得。

二、并购前后标的方 EBITDA 的变动比较

EBITDA 为税息折旧及摊销前利润，用以计算公司经营业绩，反映主营业务产生现金流的能力。具体计算公式为“EBITDA = EBIT + 固定资产折旧 + 无形资产摊销”。相较于 EBIT，EBITDA 加折旧与摊销，避免了企业会计制度差异和会计政策的人为干预，从而更加客观公正地衡量企业的盈利能力。

表 4－13 为统计的标的方并购前后 3 年 EBITDA 大于 0 事件数及占比情况。图 4－14 和图 4－15 为表 4－13 中对应数据绘成的折线图，直观展现国有企业和非国有企业的对比。

表 4－13　并购前后标的方 EBITDA 大于 0 事件数及占比

持股比例（%）	收购方类型	事件总计	并购前 1 年	并购当年	并购后 1 年
>0	国企（起）	98	57（58%）	64（65%）	56（57%）
	非国企（起）	173	81（47%）	92（53%）	91（53%）
≥10	国企（起）	72	39（54%）	46（64%）	41（57%）
	非国企（起）	139	64（46%）	77（55%）	76（55%）

续表

持股比例（%）	收购方类型	事件总计	并购前 1 年	并购当年	并购后 1 年
≥30	国企（起）	36	20（56%）	25（69%）	21（58%）
	非国企（起）	65	32（49%）	36（55%）	33（51%）
≥50	国企（起）	26	14（54%）	19（73%）	16（62%）
	非国企（起）	52	26（50%）	30（58%）	30（58%）
≥70	国企（起）	16	9（56%）	11（69%）	10（63%）
	非国企（起）	26	14（54%）	15（58%）	15（58%）

资料来源：根据 Thomson Financial 数据库数据整理而得。

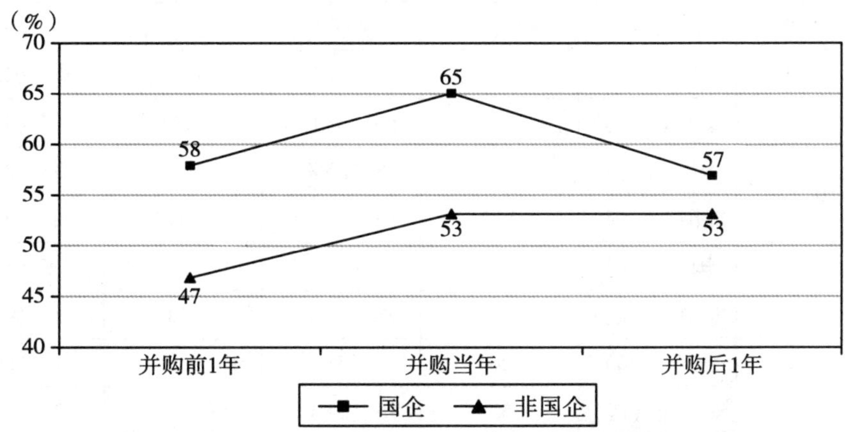

图 4－14　标的方 EBITDA 大于 0 事件数占比变化

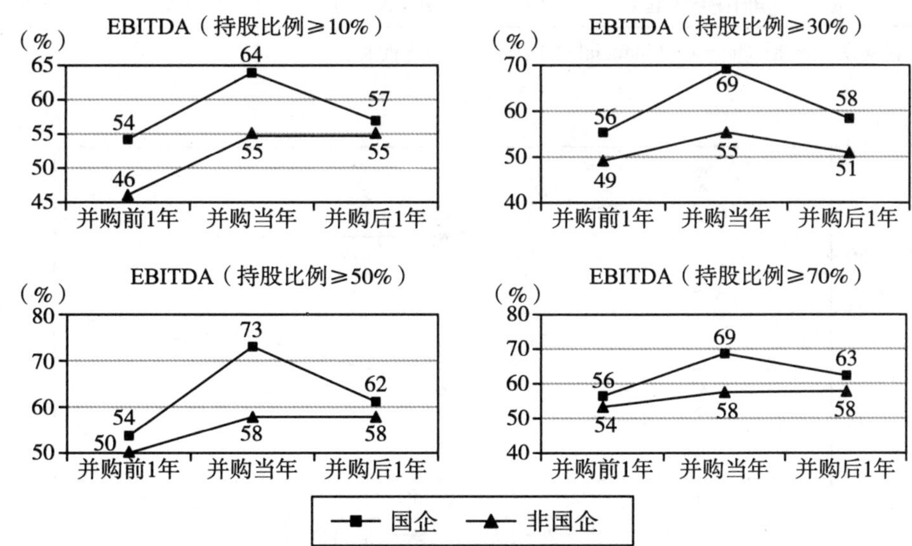

图 4－15　不同持股比例下的标的方 EBITDA 大于 0 事件数占比变化

资料来源：根据 Thomson Financial 数据库数据整理而得。

三、并购前后标的方折旧后营业利润的变动比较

折旧后的经营利润（Operating Income After Depreciation）反映了企业主营业务的盈利能力。表 4－14 为统计的标的方并购前后 3 年营业利润大于 0 事件数及占比情况。图 4－16 和图 4－17 为表 4－14 中对应数据绘成的折线图，直观展现国有企业和非国有企业的对比。

表 4－14　并购前后标的方折旧后营业利润大于 0 事件数及占比

持股比例（%）	收购方类型	事件总计	并购前 1 年	并购当年	并购后 1 年
>0	国企（起）	98	55（56%）	51（52%）	51（52%）
	非国企（起）	173	66（38%）	66（38%）	77（45%）
≥10	国企（起）	72	38（53%）	36（50%）	35（49%）
	非国企（起）	139	53（38%）	54（39%）	63（45%）
≥30	国企（起）	36	21（58%）	20（56%）	19（53%）
	非国企（起）	65	23（35%）	25（38%）	31（48%）
≥50	国企（起）	26	15（58%）	15（58%）	13（50%）
	非国企（起）	52	15（31%）	18（38%）	23（48%）
≥70	国企（起）	16	9（56%）	7（44%）	8（50%）
	非国企（起）	26	9（35%）	12（46%）	14（54%）

资料来源：根据 Thomson Financial 数据库数据整理而得。

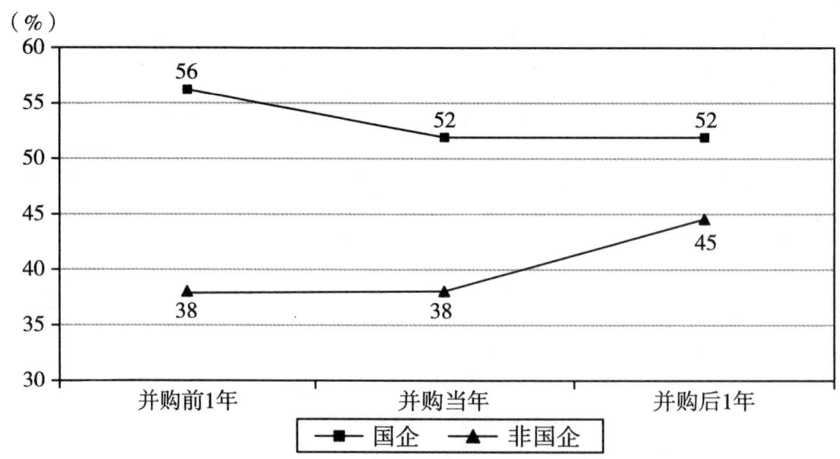

图 4－16　标的方折旧后营业利润大于 0 事件数占比变化

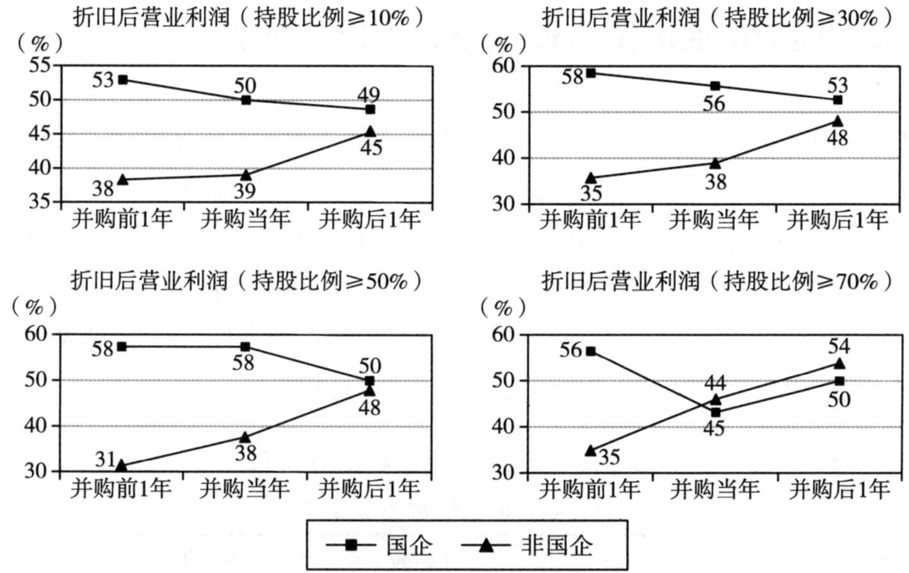

图 4－17 不同持股比例下的标的方折旧后营业利润大于 0 事件数占比变化

资料来源：根据 Thomson Financial 数据库数据整理而得。

标的方 ROA、EBITDA 和折旧后营业利润三项盈利指标并购前后 3 年的占比波动显示：

并购前 1 年，收购方为国有企业的并购交易中，标的方资产三项盈利指标大于 0 的比重高于非国有企业，表明国有企业收购的标的方盈利能力较好。

并购当年，无论是国有企业还是非国有企业的并购事件，并购当年标的方盈利能力均有所改善，具体表现为大于 0 的企业数占比高于并购前 1 年。

并购后 1 年，国有企业参与的并购事件中，标的方并购后 1 年盈利能力下降明显，具体体现在反映企业盈利状况的三项财务指标大于 0 的事件数占比显著低于并购当年。相反，非国有企业参与的并购交易显示，并购后，标的方 ROA、折旧后营业利润较并购前均有改善，图中表现为一条上升的线。

从并购前后 3 年的变化趋势来看，国有企业参与的并购交易中，标的方盈利状况（ROA、EBITDA）呈现出先升后降的趋势，且并购后 1 年下降幅度大于并购当年的上升幅度；并购后 1 年，各项盈利指标均不如并购前 1 年；折旧后营业利润在并购前后 3 年中则呈现持续下降的趋势。相反，非国有企业保持持续上升的态势。

四、盈利能力层面的国有资产流失的相对规模

ROA、EBITDA 和考虑折旧后的营业利润均是反映企业的盈利能力的重要指标。海外并购过程中国有资产流失与否、流失多少，可以从其反面（盈利与否、盈利多少）来测度。前文已经运用 ROA、EBITDA 和考虑折旧后的营业利润进行了对比分析，然而具体国有企业与非国有企业之间的差距多大，采用国有企业与非国有企业并购前后标的方盈利指标大于 0 事件数占比之差（见表4－15），从盈利能力层面，进一步探究国有资产流失的相对规模。

表 4－15　国企与非国企并购前后标的方盈利指标大于 0 事件数占比之差

最终持股比例（%）	指标	并购前 1 年	并购当年	并购后 1 年
最终持股比例 >0	ROA	12.60%	8.72%	0.12%
	EBITDA	11.34%	12.13%	4.54%
	Operating Income	17.97%	13.89%	7.53%
最终持股比例 >10	ROA	8.99%	7.30%	－3.09%
	EBITDA	8.12%	8.49%	2.27%
	Operating Income	14.65%	11.15%	3.29%
最终持股比例 >20	ROA	7.05%	7.21%	－5.83%
	EBITDA	5.30%	5.20%	－4.19%
	Operating Income	18.72%	11.66%	0.00%
最终持股比例 >30	ROA	11.24%	16.50%	3.85%
	EBITDA	6.32%	14.06%	7.56%
	Operating Income	22.95%	17.09%	5.09%

资料来源：根据 Thomson Financial 数据库数据整理而得。

从表 4－15 可以看出，无论并购前 1 年、并购当年，还是并购后 1 年，国有企业与非国有企业并购的标的方盈利事件占比之差均为正，但是并购前的差距较大，而并购后差距缩小。主要原因可能有：一是标的方看中国有企业的实力，盈利能力较好的标的方更愿意接受国有企业，但国有企业受东道国政治、制度、法律等影响更大，而导致并购后盈利缩水；二是国有企业并购经验不足，借助第三方机构对标的方的盈利能力评估过高；三是部分标的方利用不正当手段

“自抬身价”，诱导国有企业进行跨国并购；四是国有企业资金雄厚，可能没有非国有企业投资那样谨慎，容易导致资产流失。

此外，相对非国有企业而言，国有企业并购前后有盈利能力明显缩水，意味着国有企业投资遭受严重损失。从盈利角度来看，相比非国有企业而言，国有企业并购前后标的方盈利大于 0 事件数的平均占比缩水 10.34%，可以大致预测出国有企业资产损失比非国有企业要高出 10.34%。

第五节　本章小结

本章从并购决策过程、并购的市场反应和并购后的整合三个阶段，以并购溢价率、并购后标的方股价及盈利能力指标作为为切入点，利用 Thomson One 并购交易数据库中的相关数据进行统计与比较分析，探讨了我国企业海外并购的价值创造还是价值流失的问题。其主要结论归纳如下：

第一，国有企业海外并购溢价率较高。从并购溢价率来看，国有企业所有海外并购的溢价率中位数较高，且高溢价率并购的事件个数占比也更高。随着持股比例的提高，国有企业与非国有企业的海外并购溢价率也逐步提高，高溢价率并购事件占比之差均为正且越来越大，表明国有企业更偏好高比例持股以及高溢价率并购。可见，国有企业在并购决策过程中可能存在管理层冲动的问题，在实际并购中支付了相对高昂的价格。

第二，国有企业海外并购后标的方股票市场表现相对较差。从标的方并购公告日后股价上升的情况来看，非国有企业海外并购标的方公告日后股价表现好于国有企业。国有企业海外并购有超过半数的事件标的方公告日后股价低于交易对价，且这一现象随并购比例提高而更加严重，而同期非国有企业的市场表现明显优于国有企业。显然，海外股票市场给予了非国有企业海外并购更加积极的反应，而国有企业海外并购多数情况下并没有实现股东价值创造。

第三，国有企业海外并购后标的方盈利能力相对下降。通过比较国有企业和非国有企业在并购前后的盈利指标，如 ROA、EBITDA、折旧后营业利润，可以看出，国有企业海外并购标的方原本盈利能力整体好于非国有企业并购标的，在并购前 1 年整体较高，并购当年最高，但是并购后 1 年明显下降。而非国有企业海外并购盈利能力相对较低，并购当年没有明显变化，而并购后盈利能力明显提高。可见，国有企业可能花高价购买国外优质企业，但是由于受东道国政治、制度、法律等方面不利影响，导致国有企业海外并购后的整合效果不理想，标的方并购后盈利情况明显下降。另外，也可能是国有企业并购经验不足，未能辨识出标的企业在转让股份前粉饰业绩，或者是在并购企业经营状况好的高点接盘，导致并购后盈利能力下降。可见，相对非国有企业而言，国有企业并购前后有盈利能力明显缩水，意味着国有企业投资遭受损失。

总之，由于国有企业海外并购交易溢价率普遍较高，比非国有企业平均高出大约 5%—20%，其中在国有企业所偏好的高比例持股并购事项中表现更为明显；此外，国有企业海外并购整合问题较为明显，并购后盈利能力有所下降，与非国有企业海外并购后的表现形成鲜明对比；同时，由于国外证券市场对于国有企业海外并购的态度不乐观，导致国有企业海外并购后股票表现欠佳，多数股票在并购交易公告后下跌，导致国有企业的股东权益受损。

截止到 2016 年底，约有 2.5 万家中国企业在全球设立了 3.72 万家直接投资企业，中国对外直接投资存量达 13574 亿美元，其中海外并购交易总额约为 6100 亿美元。按照 2016 年底国有企业对外直接投资存量占总金额 54.3% 的比例估算，国有企业海外并购总额大约为 3300 亿美元。如前文所述，国有企业与非国有企业相比有 5%—20% 的海外并购绩效差异，因此，粗略估计国有企业有形损失或潜在损失大约在百亿美元以上，因此，有必要通过机制的调整，进一步完善国有企业海外并购管理，从而实现海外国有资产的保值增值。

第五章 国际跨国并购经验对中国企业的借鉴

跨国并购作为跨国公司对外资本输出的一种常见方式，是其开拓海外市场、规避贸易壁垒、获取战略资源以及实现公司利益的一种直接有效的途径。随着经济全球化的进一步深入，跨国并购呈现不断加强的趋势，在世界经济中发挥着越来越重要的作用。尽管我国跨国并购起步晚，经验不足，但我国正加紧利用后发优势在国际并购市场上不断缩小与发达国家之间的差距。近几年来，随着我国政府提出“一带一路”倡议，进一步深化了我国与世界各国（各地区）的联系，通过跨国并购，使更多中国企业走出国门。

我们以 G20 国家作为区域跨国并购的研究对象，分析世界主要经济体进行跨国并购活动的经验；并在此基础上，以美国作为发达经济体跨国并购的代表，研究发达国家跨国并购的经验和教训。通过总结这些经验教训，既有利于指导中国企业在制定海外投资决策过程中，选择适宜的投资策略；也有利于中国企业在海外并购过程中规避风险，提高海外并购的成功率，减少资产损失。

第一节 世界主要经济体跨国并购的现状及特点

一、世界主要经济体跨国并购的数量与金额

跨国并购涉及了来自不同国家或地区的母国和东道国，我们以 G20 国家作为世界主要经济体的样本。G20，即二十国集团，正式名称为二十国财政部长和央行行长会议（英文：Group of Twenty Finance Ministers and Central Bank Governors)，简称 G20。G20 包含 43 个国家，既包括发达国家，也有发展中国家，成员涵盖面广（见附录）。G20 跨国并购无论是从并购（跨国并购和国内并购）数量还是从并购金额上看，都无疑是全球并购市场上最具代表性的。根据 Thomson One 数据库统计显示，1990—2016 年，G20 区域内发生并购事件 260975 起，占据了全球并购市场 80% 以上；并购金额 465964. 70 亿美元，更是超过了并购事件数的占比。其中，跨国并购事件 47378 起，跨国并购交易额 108896. 92 亿美元，同样占据了绝大部分的全球跨国并购市场。

从跨国并购数量来看，如图 5 –1 所示，1990—2016 年，G20 区域内跨国并购数量大体上呈现增长趋势，其中 1993—2000 年、2003—2007 年及 2009—2011 年，其跨国并购数量经历了较大幅度的增长，其余年份则分别因“9 · 11”事件、美国次贷危机和欧洲债务危机等原因出现下降。其中，跨国并购数量在 2007 年达到顶峰，为 2863 起，将近是 1990 年跨国并购数量的 3 倍。与此同时，跨国并购占当年并购比例大体上也与跨国并购数量保持着相似的变动趋势，但其顶峰时期是 1990 年，为 23. 73% ；其次是 2000 年和 2007 年，分别是 22. 94% 和 21. 23% ，总体比较平稳，略有下降。从中我们可以得出，G20 跨国并购数量及其占并购比例有着类似的运动轨迹，且会因受到经济危机的影响而呈现周期性特征。

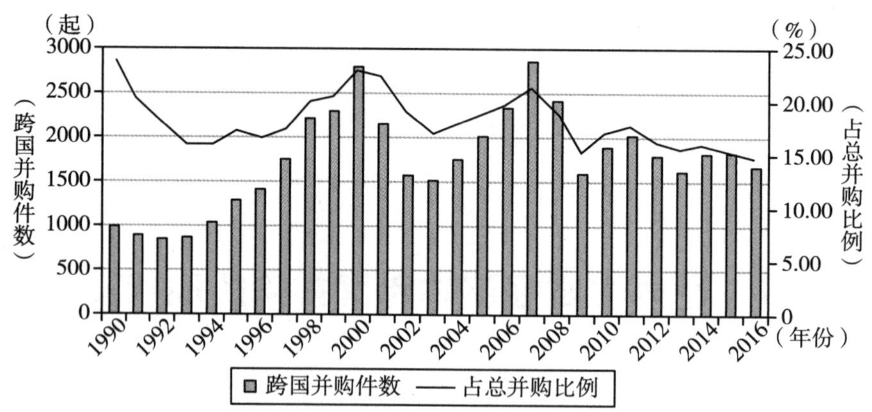

图 5 –1　1990—2016 年 G20 跨国并购数量及其占当年并购数量的比例

资料来源：根据 Thomson One 数据库数据整理而得。

从跨国并购交易额来看，如图 5 –2 所示，1990—2016 年，G20 区域内跨国并购交易额总体上呈现波动的增长趋势。其中，1993—2000 年、2003—2007 年、2009—2011 年以及 2013—2016 年，跨国并购交易额增长幅度较大。其余年份和跨国并购数量一样可能因受到“9·11”事件、美国次贷危机和欧洲债务危机的影响而出现下降。此外，在2007年G20区域内跨国并购交易额达到最高峰，为10039亿美元，是1990年跨国并购交易额的9倍。与跨国并购数量占比一样，跨国并购交易额占比也与跨国并购交易额保持着相似的变化趋势，但其最高年份是2016年，为28.79%，这说明跨国并购的每起交易额增大；其次是2000年和2008年，分别是28.58%和28.19%。同样，我们可以从中得出，G20跨国并购交易额及其占并购比例有着协同效应，且会因受到政治事件或经济危机的影响而呈现周期性特征。

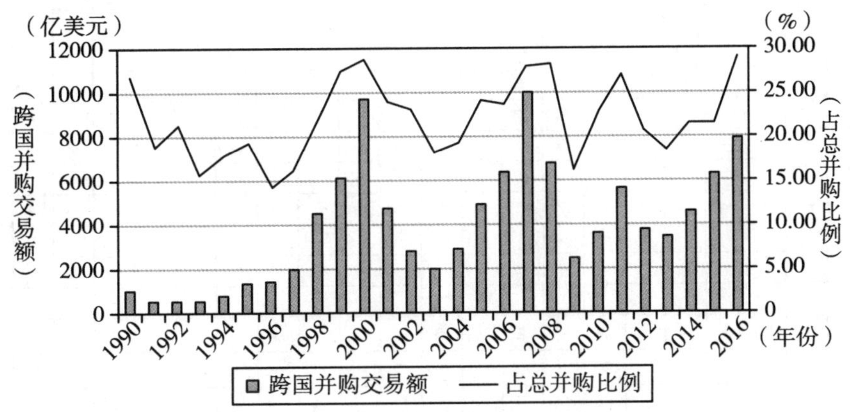

图5-2　1990—2016年G20跨国并购交易额及其占当年并购额的比例

资料来源：根据Thomson One数据库数据整理而得。

二、世界主要经济体跨国并购的区位分布

除了G20跨国并购的数量和金额，我们还从跨国并购区位分布的角度来分析其跨国并购的现状。

表5-1列出了G20区域内43个国家于1990—2016年在不同国家组的跨国并购数量。其中，行表示东道国，列代表母国，每个单元格则对应母国对东道国并购的数量。而对角线上的数是所对应国家的国内并购数量，非对角线上数则是不同国家组间的跨国并购数量，并且，总计栏目上的数量已经剔除掉国内并购数量，因此，其代表的是跨国并购的总数。

表 5-1　　1990—2016 年期间 G20 国家相互投资事件数量

target \ acquirer	AR	AU	BR	CA	CN	DE	FR	GB	ID	IN	IT	JP	KR	MX	RU	SA	TR	US	ZA	AT	BE	BG	CY	CZ	DK	EE	ES	FI	GR	HR	HU	IE	LT	LU	LV	MT	NL	PL	PT	RO	SE	SI	SK	Total
Argentina(AR)	692	16	60	74	4	3	30	39		2	22	6	2	20	3	1		212	4	3	6				1		99		2			5		3			9		2		6			634
Australia(AU)	1	12317	3	264	187	70	41	611	21	34	14	140	30	2	1	6	1	823	113	10	15		8	1	9		11	8	1		1	24		9		1	46		3		22			2531
Brazil(BR)	30	30	2367	109	15	27	77	81		12	37	44	5	33	1	1		368	7	2	9				6		112	7				7		22		1	28	1	52		10			1134
Canada(CA)	3	160	14	13133	81	35	63	351	3	18	17	48	34	12	16	3	2	2280	25	7	6		7	1	12		12	9	1			30		17		2	50	3	1	1	30			3354
China(CN)	2	73	1	84	17753	35	55	113	9	9	26	178	104	1	3	1		469	5	2	16				10		14	9	2			9		8			42	1			13	3		1297
Germany(DE)		54	1	85	38	2361	168	706	1	27	104	63	15	2	15	1	6	790	11	81	52		6	4	48		40	49	4	1	3			52	1		133	19	4		112			2696
France(FR)	2	27	4	100	32	195	6344	757	1	24	154	51	10		8	5	3	705	7	9	182		1	1	30	1	103	22	2		1	26		98		1	152	4	8		68	1		2795
UK(GB)	1	294	6	324	42	298	308	24751	5	86	106	167	20	2	24	8	4	2496	123	24	68	3	12		70		73	43	18	2	2	421	1	51		2	242	5	12	1	163			5527
Indonesia(ID)		61		71	10	10	6	44	903	14		80	37	2		1	2	41	2	1				1					1			1		4			21				1			357
India(IN)		29	4	25	5	63	57	197	1	3429	19	112	16	2	7	2		540	9	3	16		7		8		18	8			1	4		7		1	61	1	1		28		1	1253
Italy(IT)	6	19	6	16	24	86	206	314	1	12	3789	32	4	1	13	3	4	284		15			3	1	13		70	11	9			7		68		2	73	2	6		33	2		1356
Japan(JP)		17	2	6	46	41	25	99	3	5	6	18231	53		1	2		347		2	13				2	1	4	1	5			6		3			40				4			734
South Korea(KR)		16		14	43	26	39	57		7	3	154	7962	1	3	5	1	222	8		8		1		4		5	2				4		3		4	33				15			674
Mexico(MX)	8	13	8	226	6	8	8	43		3	7	6	6	758		1		316		1	2				6		77	2				4		3			22		1		6			783
Russian(RU)		7		27	8	32	20	124		6	13	8	11		2765		7	72	6	9	5	1	119	3	2	3	7	22	2	2	4	2	1	6		2	36	13			27		1	608
Saudi Arabia(SA)		3			1		2	4			1	1	4			114		7	1																		1							25
Turkey(TR)		6	1	15	4	36	22	61		3	24	11	6	1	10	10	1003	44	2	10	12	1		6	2		12	4	15		2			9			40	7	3		5			384
United States(US)	14	587	44	3078	200	434	443	2705	6	219	141	838	181	100	38	18	10	77674	44	20	82	1	8		62		145	74	9	2	3	236		53			280	9	7	2	207			10300
South Africa(ZA)		65		56	12	14	9	195		9	10	19	6		4	1	1	70	2139	2	3				1		8	1	3			8		8		4	17		1		12			539
Austria(AT)		8	1	11	3	69	10	42		1	18	7	1		6	1	2	43	6	290	4		3				6	6	2			6		3			16	7	1	1	7	2		293
Belgium(BE)		20	1	20	6	38	124	154		9	12	21	2	1	3		1	128	1	5	575				6		9	6	2			13		17		3	95	1			19		1	718
Bulgaria(BG)						15	6	17		1	8		4		7		6	20		21	12	313	11	8	2		2	1	18		5	5		7			11	4		3	6	1	1	202

续表

target \ acquirer	AR	AU	BR	CA	CN	DE	FR	GB	ID	IN	IT	JP	KR	MX	RU	SA	TR	US	ZA	AT	BE	BG	CY	CZ	DK	EE	ES	FI	GR	HR	HU	IE	LT	LU	LV	MT	NL	PL	PT	RO	SE	SI	SK	Total
Cyprus(CY)		2		4	1	2	3	13		1		1	1		15		2	8	2			3	143	1					26			1		1	1	1	5	3		1				98
Czech(CZ)		2		6	4	44	12	67		7	13	5	5	1	6			61	1	28	4	1	7	295	2		7	3		3	5	4		8			28	19			11		4	368
Denmark(DK)		12	1	11	6	35	19	119	1	4	6	7	1		2		1	101	2	2	6		6		718	1	3	27		1		9	1	6	1		34	3	1		144			573
Estonia(EE)				1		8	2	8			1				2			4		1	1		2			117	2	28	1			1	5	1	2		1	1			31			103
Spain(ES)	8	25	8	41	15	102	210	383		10	107	30	3	28	1		1	296	3	6	29		1		14		3684	2	10	1		15	2	37			110	8	88		34	1	1	1630
Finland(FI)		7		23	1	27	12	72		6	7	13	1		6	1		70	2	6	6		1		15	1	9	1076				5	1	5			21	1			195			514
Greece(GR)		2		7	1	10	19	29			17	1	1		6	2		16			1		28		1		4	1	490		1	34		4			16	2	3		2	1		209
Croatia(HR)		2	1			20	6	19			9	1			1			8	1	14	2		1	2	3		1		2	200	4						4	5			4	8	1	119
Hungary(HU)		4		4	3	39	25	39			11	2	2		4		4	56	1	24	8		2	1	2	1	3	4			262	2		5			17	9	1		6		4	283
Ireland(IE)		10		20	3	12	19	320		4	8	6		1		1		183	1	3	7		3		2		4	3				679		4			17	1	1		9			642
Lithuania(LT)						7	2	8			1				9			10	4		18		2		17	21	1	12					117	1	4		4	11			20			152
Luxembourg(LU)		3		4	8	19	26	32			20	3	4	3	4			37	2		20			1	1		2		2			2		49		1	11	2			9			216
Latvia(LV)						10	2	10			2				3		1	5					2		4	11		7					5		51		2	1			13			78
Malta(MT)		1		4		2	2	7										2		1			1				2									12	3	1			4			30
Netherlands(NL)	1	22	2	38	18	93	97	441		8	42	37	7	1	10	1	7	333	7	8	63		2	1	24		21	20	2		3	36		17			977	6	1	1	49	1		1420
Poland(PL)	1	15		14	1	124	65	119	1	2	21	7	5		2		4	104	1	25	23		36	19	28	1	21	20	1	4	7	12	3	30		4	59	1583	8		46		3	836
Portugal(PT)		5	17	10	3	12	27	67		3	11	7			1		1	23		5	9		1		1		106					5		12		2	16		677		6			350
Romania(RO)	1	1		8		16	19	27		4	18	1	5		2	2	8	43	2	26	2	3	20	8	2		6		18		6	2		4			22	14	2	177	3		1	296
Sweden(SE)		18		39	7	77	40	267		4	12	14	1		3	3		245	1	10	6		6	1	98	1	8	145	1			16	1	11	1	1	60	5			2480	1		1103
Slovenia(SI)		2				2	2	8			5	1			1			6		10	3			3	1			1		4				1			2	2			1	81	1	56
Slovakia(SK)		1		3	1	17	5	10			4	1	2		2			6		15	3		2	9	1			4		1	5	2	1	2			6	3			2		66	108
Total	78	1639	185	4788	849	2213	2333	8775	53	554	1057	2123	589	214	243	80	79	11894	404	411	722	13	309	72	510	42	1027	562	159	21	53	964	21	600	10	32	1886	174	207	10	1383	21	19	47378

资料来源：根据 Thomson One 数据库整理而得。

从表5－1中可以看出，英、美、法、德、日、加等发达国家在跨国并购中占据着主导地位，其跨国并购数量共有32126起，是G20区域内跨国并购总数的67.80%。地理位置对跨国并购有着明显的影响，一国在其国内的并购数量明显高于其跨国并购的数量。除此之外，一国的跨国并购更趋向于其邻近的国家，比如说，在墨西哥发生的783起跨国并购事件中，由美国和加拿大发起的跨国并购就占了69.22%；塞浦路斯98起跨国并购事件中26起的母国是希腊；除美国外，德国作为东道国的跨国并购主要是英法意等欧洲国家发起的。

为了更加清晰地分析G20跨国并购地理分布的现状，我们还分别从母国和东道国两个层面列出了跨国并购事件数量排名前十五的国家，具体情况如表5－2所示。

表5－2　　跨国并购事件数量排名前十五的国家

母国			东道国		
国家	数量（件）	比例	国家	数量（件）	比例
美国	11894	25.10%	美国	10300	21.74%
英国	8775	18.52%	英国	5527	11.67%
加拿大	4788	10.11%	加拿大	3354	7.08%
法国	2333	4.92%	法国	2795	5.90%
德国	2213	4.67%	德国	2696	5.69%
日本	2123	4.48%	澳大利亚	2531	5.34%
荷兰	1886	3.98%	西班牙	1630	3.44%
澳大利亚	1639	3.46%	荷兰	1420	3.00%
瑞典	1383	2.92%	意大利	1356	2.86%
意大利	1057	2.23%	中国	1297	2.74%
西班牙	1027	2.17%	印度	1253	2.64%
爱尔兰	964	2.03%	巴西	1134	2.39%
中国	849	1.79%	瑞典	1103	2.33%
比利时	722	1.52%	波兰	836	1.76%
卢森堡	600	1.27%	墨西哥	783	1.65%
总计	42253	89.18%	总计	38015	80.24%

资料来源：根据Thomson One数据库数据整理而得。

从母国的角度看，跨国并购数量排名前十五的国家中有14个是发达国家，仅有中国一个发展中国家，这说明跨国并购无疑是以发达国家为主导的。这15个国家的跨国并购数量有42253起，占据了总数量的89.18%。其中，美国数量最多，有 11894 起，占总跨国并购数量的 25.10%；其次是英国、加拿大、法国和德国等。从东道国的角度看，跨国并购数量排名前十五的国家大体上与母国跨国并购数量排名一致，尤其是前五名的国家没有变化，其余的由印度、巴西、波兰和墨西哥取代了母国中的日本、爱尔兰、比利时和卢森堡。该 15 国承接的跨国并购数量有 38015 起，占据了总数量的 80.24%，其中仍然是美国数量最多，为 10300 起，占总跨国并购数量的 21.74%。

三、世界主要经济体跨国并购的特点

（一）发达国家在跨国并购市场上占主体地位

G20 跨国并购的主体国家分布不平衡，无论是从母国还是东道国的角度，发达国家始终占据主导地位。尤其是在跨国并购母国方面，发展中国家和发达国家差距更大，但发展中国家的地位逐渐增强（见图 5－3）。

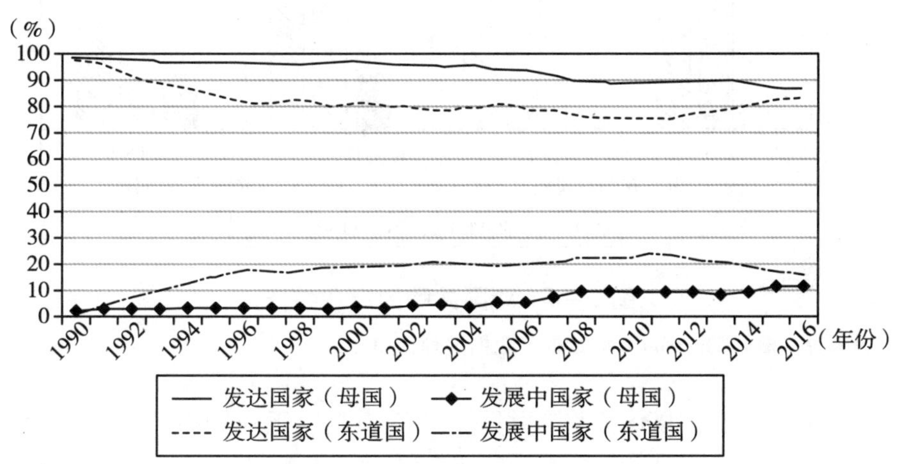

图 5－3 跨国并购主体国家分布

资料来源：根据 Thomson One 数据库数据整理而得。

根据 Thomson One 数据库统计，1990—2016 年 G20 区域内 47378 起跨国并购中有 44336 起是由发达国家作为母国发起的，有 38486 起是由发达国家作为东道国承接的。由此可见，发达国家在跨国并购市场上的主体地位。

但是，随着发展中国家经济的增长、市场的开放及其融入全球市场，发展中国家在跨国并购上的地位也不断显现，作用不断加强。发展中国家作为跨国并购的发起国，比例从 1990 年的 1.39% 逐步增长到了 2016 年的 13.37%；发展中国家作为跨国并购的东道国，占比也迅速增加，在 2010 年达到极值，为 23. 86%。在这一过程中，金砖国家尤其发挥着领头羊作用，极大地推动了跨国并购的发展。例如，金砖五国作为母国在 1990 年仅发起 7 起跨国并购，但在 2016 年发起跨国并购案例数为 175 起，增长迅速。

（二）跨国并购行业分布的特点

G20 跨国并购行业分布的特点有：第一产业地位较低且基本保持不变，第二产业地位较高但逐步下降，第三产业占比逐步增长并超越第二产业。无论是从跨国并购数量还是从跨国并购金额来看，G20 跨国并购的行业分布均逐渐向第三产业集中（见图 5 -4）。

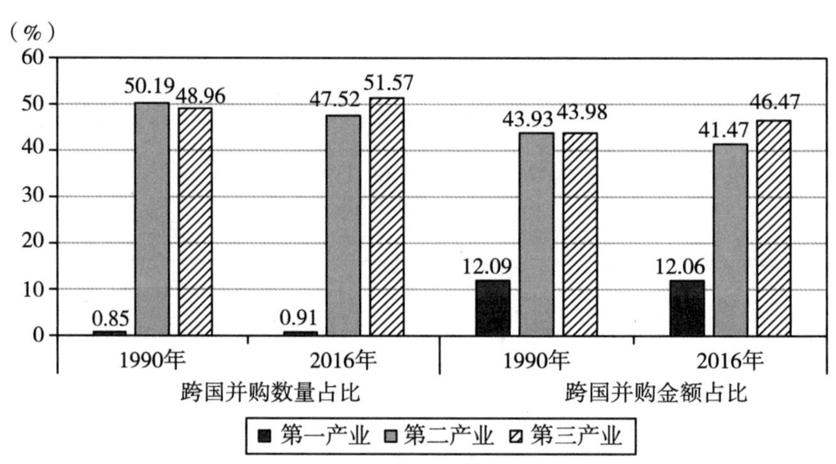

图 5 -4　跨国并购的产业特征

资料来源：根据 Thomson One 数据库数据整理而得。

从图 5 -4 可知，1990 年跨国并购主要集中在以工业为主的第二产业，在跨国并购数量和金额方面占比分别高达 50. 19% 和 43. 93%。具体的行业有油气能源业、建材业、汽车行业和机电行业等。但近年来，以服务业为代表的第三产业跨国并购发展迅速，逐渐成为跨国并购的主体。在 2016 年跨国并购中，第三产业跨国并购在数量和金额方面分别从 48. 96%、43. 98% 增长到 51. 57%、46. 47%，超过了第二产业占比。具体的行业有金融服务、通信服务、仓储运输服务、医疗服务和教育服务等。由此可见，跨国并购向第三产业集中已经成为不可逆转的趋势。

（三）产业内并购与产业间并购并重

G20 跨国并购在并购方式上具有产业内并购和产业间并购并重的特点。1990—

2016 年，在 G20 区域内 47378 起跨国并购事件中，产业内跨国并购和产业间跨国并购的占比分别为 48.23% 和 51.77%，两者比例基本一致（见图 5－5）。

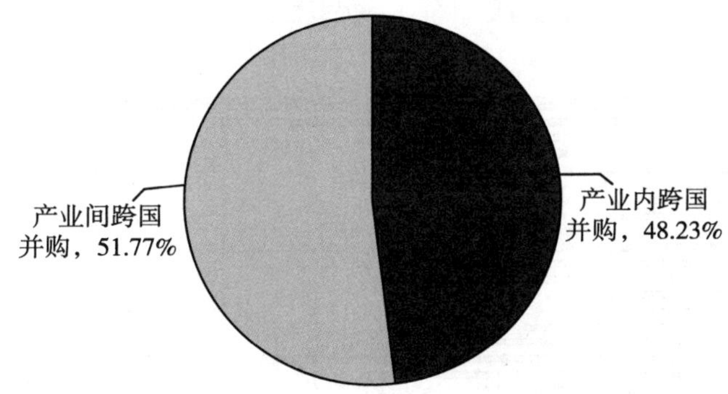

图 5－5　产业内跨国并购与产业间跨国并购分布

资料来源：根据 Thomson One 数据库数据整理而得。

产业内跨国并购指跨国并购双方企业属于同一行业的跨国并购，其主要目的是获得战略性资产、扩大市场、扩大生产规模以降低成本以及增加企业利润等。产业内跨国并购在食品、汽车、金属矿产、机械制造等行业尤为明显。产业间跨国并购即跨国并购双方企业涉及不同的行业，其主要目的是扩大产品品种、开拓新的领域、向产业内两端延伸等。产业间跨国并购在电子产品、通信和金融等行业上比较显著。

（四）跨国并购呈现周期性特征

无论是跨国并购数量还是跨国并购交易额方面，跨国并购都呈现周期性波动起伏的特征。这点也可以从图 5－1 和图 5－2 中直观地看出，在 1990—2016 年中，G20 区域内跨国并购数量及交易额都大致经历了四个周期，分别是 1990—2000 年，2001—2008 年，2009—2011 年和 2012—2016 年。而跨国并购之所以具有周期性特征主要是因为受到经济危机和全球性政治事件的影响，而经济危机本身又具有周期性，这又强化了跨国并购的周期性特点。

（五）跨国并购平均单笔交易金额扩大

G20 跨国并购在数量和交易额上不仅都具有波动性，而且跨国并购交易额的波动幅度远大于跨国并购数量，这是由单笔交易金额的扩大效应引起的。G20 跨国并购平均单笔交易金额总体上呈现扩大趋势。

从图 5－6 可得，1990 年 G20 跨国并购的平均交易额为 1.09 亿美元，而 2016 年其跨国并购平均交易额却增长到 4.73 亿美元，增长了 3 倍有余。从

1990—2016 年，G20 跨国并购平均单笔交易金额经历了三个快速的增长阶段，尤其是在 2012—2016 年间，增长极为迅速，这也导致了这个阶段内跨国并购数量比较平稳，而跨国并购交易额却有了大幅增长。

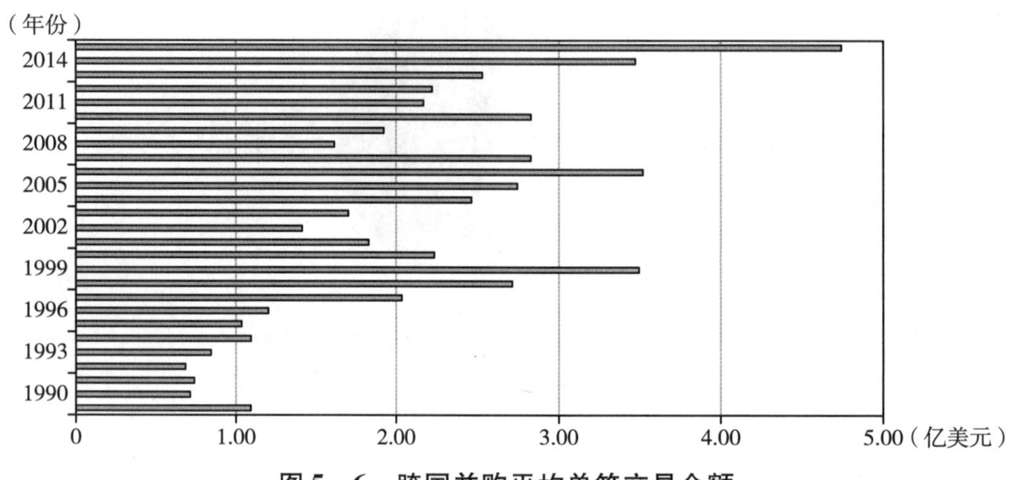

图 5－6　跨国并购平均单笔交易金额

资料来源：根据 Thomson One 数据库数据整理而得。

第二节　跨国并购区位选择的影响因素及变量选择

影响跨国并购区位选择的因素众多，它们共同影响着跨国公司进行跨国并购的区位选择。根据跨国并购的理论分析，我们选取了相应的跨国并购影响因素。按照这些因素的不同，可以大致将它们划分为国家差异因素和其他影响因素。其中国家差异因素包括自然因素、经济因素、政治因素和文化因素四个维度，每个维度均包含一个代表性指标。

一、跨国并购区位选择的影响因素分析

（一）国家差异因素

1. 自然因素

地理距离是指跨国并购母国和东道国在地理上的距离，是影响跨国并购一个重要的自然因素。与贸易引力模型相似，地理距离增加了母国和东道国间的

运输和通信费用，加大了跨国并购的成本，降低了跨国并购的可能性，贾镜渝（2015）认为地理距离对中国企业跨国并购成功率有着负面的影响，此外 Cai（2016）发现美国企业偏向于并购距离较近的国家市区的企业。因而，跨国公司在跨国并购时往往倾向于并购那些靠近母国的东道国企业。

2. 经济因素

经济自由度是衡量市场化程度的重要指标，具体指的是政府在法律范围内不干预或保护自由竞争、自由市场、自由选择、自由贸易及私有财产的程度。根据经济自由度得分，所有国家和地区被划分为自由、比较自由、不太自由和受压制四个等级。

关于经济自由度的研究表明，经济自由度指标多被用来研究经济增长、国际贸易和就业等问题，却很少被用来研究跨国并购区位选择。Compton（2011）通过对美国经济的研究发现经济自由度和经济增长有着正向关系，陈继勇（2017）则通过对“一带一路”沿线国家的实证研究，也认为经济自由度与经济发展水平存在正相关关系。此外，一些学者也研究了经济自由度和国际贸易之间的关系，认为经济自由度的提高有利于促进出口贸易的发展（邓晓虹，2014）。因此，在前期研究的基础上，引入经济自由度指标，分析其对跨国并购区位选择的影响。

3. 政治因素

政治稳定性包括国家主权稳定、政府稳定、政策稳定和社会稳定等，是衡量一国是否稳定的重要指标。一国的政治稳定有利于发展经济和生产力，能够保证跨国公司有序地生产与经营，有利于跨国并购的发生。也就是说，政治稳定性越高，跨国并购发生的可能性越大。

目前，已有更多的指标被引入用于经济全球化背景下的经济增长研究。比如世界银行发布的政治稳定性指数；以及《华尔街日报》和美国传统基金会发布的经济自由度指数。最新研究表明，一国的政治稳定性越高越有利于促进其经济增长（Cebula，2011；Vasileiou，2014）。张中元（2014）则进一步证明了该结论，认为政治稳定性与经济全球化在促进经济增长方面存在着替代效应。此外，政治稳定性与经济公平也存在着正向关系，即一国的政治不稳定会使该国的经济出现不公平的现象（White，2017）。

4. 文化因素

文化差异广泛存在于不同的国家和地区之间，是跨国并购不可回避的一个问题。研究发现，文化距离对跨国并购的选择和绩效存在着一定的负面影响（Weber，2011；Bauer，2014）。根据霍夫斯泰德对文化的研究，可以将文化距离划分为六个纬度，分别是权利距离、个人主义、男性主义、不确定性规避、长短期趋向和放纵与克制。文化距离和跨国并购之间存在着负向关系：国家间的文化距离越大，则跨国并购面对的障碍与冲突越多，发生的可能性越小。

（二）其他影响因素

过去的研究表明，还有许多其他因素也影响跨国并购的区位选择，具体包括以下几个方面。

1. 自然资源禀赋

自然资源禀赋不仅是一国进行国际贸易时要考虑的因素，也是企业跨国并购时需要考虑的问题。早期的跨国并购主要是为了获取他国的自然资源以弥补本国资源的不足，现在亦是如此，尤其是对于资源消耗型的企业来说。Bass（2014）认为跨国企业会通过对外投资获取外国的自然资源，来替代对本国资源的开采。一般而言，一国自然资源越丰裕，该国吸引他国并购的可能性越大，反之则越小。

2. 经济规模

经济规模越大的东道国吸引跨国并购的可能性也越大，研究表明东道国GDP对跨国并购有着显著的促进作用（Boubacar，2016）。此外，母国GDP对跨国并购也有正向促进作用（杨波，2016）。而一国的经济规模可用该国的国内生产总值（GDP）衡量，因此，GDP与跨国并购的可能性之间存在着一定的正向关系。

3. 人口劳动力

人口劳动力对跨国并购也是至关重要的，尤其是对于劳动力密集型企业来说。一般而言，劳动力数量多的国家或地区，劳动力成本相对较低，能够减少跨国公司的劳动力成本，有利于促进跨国并购；反之，则会阻碍跨国并购。

4. 技术资产

随着技术的革新，企业生产活动所依赖的要素逐渐从劳动力转移到了技术。技术成为了新型跨国并购考虑的重要问题，尤其是对于高科技企业而言。选择科学技术水平高的国家作为跨国并购的东道国有利于跨国公司向该国学习，积累经验，通过“干中学”，从中获取技术溢出效应，从而提高本公司的技术水平，增强竞争力。Ruckman（2005）认为跨国并购更倾向于研发投入高的东道国，目的是为了获取该国的技术；Ensign（2014）则进一步研究了地理、认知和管理距离等因素，对跨国并购知识转移和创新效应影响。

5. 利率

利率是影响跨国并购的另一重要的经济因素。东道国的利率水平尤其是贷款利率水平的高低在某方面上可以说是该国给予跨国公司的获利空间。高贷款利率水平挫伤了跨国公司在该国并购的积极性，相反，如果东道国能够提供低息贷款则会极大地提高该国对跨国并购的吸引力。

6. 汇率

汇率是一种货币兑换另一种货币的比率，能够从两方面影响着跨国并购。首先，倘若一国货币的购买力高于另一国货币的购买力，则这两国之间发生跨国并购的可能性较高。其次，货币升值国更倾向于并购货币相对贬值国，因为这样的跨国并购会使母国因本币相对升值而降低货币成本，能够提高跨国并购的可能性。

7. 企业所得税

企业所得税意味着跨国公司在东道国的纳税负担。Hebous（2010）通过研究税收对跨国并购和绿地投资区位选择的影响，发现税收对两者均有负的影响效应；Feld（2016）则着重研究了资本所得税对跨国并购的负面影响。高的企业所得税会加重跨国公司的赋税负担，减少其营业利润，会使跨国公司望而却步。反之，较低的企业所得税有利于跨国并购。

二、样本和变量选取

本章的样本选自 Thomson One 并购数据库（http：//www. thomsonone. com），该数据库涵盖了全球范围内跨国并购的相关信息数据。我们从中筛选出1990 年 1 月1 日至2016 年12 月31 日为期27 年，母国和东道国均为 G20 区域内的国家，收购状态为已完成的所有跨国并购事件。根据样本统计，G20 区域内并购事件总共有 260975 起，其中，国内并购有 213597 起，跨国并购有 47378 起；涉及到 43 个国家，其中包含 25 个发达国家，18 个发展中国家。

（一）被解释变量

对于如何衡量母国跨国并购的区位选择，本章选取 G20 中不同国家组跨国并购的数量，即母国 i 对东道国 $j(i\neq j)$ 的跨国并购数量；或者是否进行跨国并购的虚拟变量。由于 G20 区域内包含 43 个国家，横截面数据中理论上会有 1806（43×42）个国家组，但由于有些国家组间不存在跨国并购行为，因此，实际可利用的国家组减少到了 1158 个。面板数据中，相关数据的缺失也导致国家组由 48762 个减少到了 31122 个。

（二）解释变量

1. 地理距离

根据 Keith Head 和 Thierry Mayer（2002）① 关于有效距离的研究，通过对母国 i 和东道国 j 重要城市间经纬度的球面距离进行加权来测算两国间的地理距离 GD_{ij}。其具体计算方法如下所示：

$$GD_{ij} = \left[\sum_{k \in i} (pop_k / pop_i) \sum_{l \in j} (pop_l / pop_j) D_{kl}^{\theta} \right]^{1/\theta} \tag{5-1}$$

其中，pop_k 是国家 i 中城市 k 的人口数量，pop_i 是国家 i 的人口数量；同理，pop_l 是国家 j 中城市 l 的人口数量，pop_j 是国家 j 的人口数量；θ 衡量了两国间贸易对距离的敏感度，θ 取值为 1。

2. 文化距离

我们借鉴了霍夫斯泰德有关文化研究的 6 个维度，即权利距离、个人主义、男性主义、不确定性规避、长短期取向和放纵与克制，并通过如下公式计算出母国 i 和东道国 j 间的综合文化距离 CD_{ij}。

$$CD_{ij} = \sum_{n=1}^{6} \frac{(I_{in} - I_{jn})^2 / V_n}{6} \tag{5-2}$$

其中，i，j，n 分别表示母国 i，东道国 j 和文化距离 6 个维度之一 n；I_{in}，I_{jn} 分别表示国家 i，国家 j 在维度 n 上的具体数值；V_n 表示该维度 n 的方差。

3. 制度距离

世界银行公布的全球治理指数给出了世界各国在腐败控制、政府效力、政治稳定和暴力预防、法治、管制质量及话语权和问责制 6 个方面的信息。我们借鉴了综合文化距离的计算方法将这 6 个指数转换成母国 i 和东道国 j 的制度距离 PD_{ij}。

4. 经济自由度

该指数来自美国传统基金会和《华尔街日报》联合发布的数据，其包括一

① Head K.，Mayer T. 于 2002 年在《Illusory border effects：Distance mismeasurement inflates estimates of home bias in trade》对如何衡量两国或地区之间的有效距离作了系统阐释。

国的财产权、政府诚信、司法效率、税收负担、政府支出、财政状况、商业自由、劳工自由、资本自由、贸易自由、投资自由和金融自由这12个方面，通过对这12个指数进行综合度量得到了一国总的经济自由度。

（三）控制变量

在参考相关文献的基础上，本章选取的控制变量有东道国国内生产总值*GDP*、劳动力数量*Labor*、自然资源禀赋*RE*、技术资产*Tech*、企业所得税*Tax*及母国与东道国利率差*IR*和汇率差*ER*。

在横截面模型中，东道国国内生产总值、劳动力数量、自然资源禀赋、技术资产、企业所得税均对其在样本期间内取均值，母国和东道国的利率差即用母国的利率减去当期东道国的利率；而母国与东道国的汇率差则为0—1变量，当母国货币购买力高于东道国货币购买力时，该变量取值为1，否则取值为0。而在面板Logit模型中，由于数据的缺失，且考虑到样本量问题，本章舍弃了东道国的企业所得税、母国和东道国的利率和汇率差相关控制变量。表5-3列出了变量名称与数据来源。

表5-3　　　　变量名称与数据来源

符号	名称	含义与来源
M&A	并购数量或二分变量	用国家组间的跨国并购数量或二分变量衡量，即用母国i对东道国j(i≠j)的跨国并购数量或跨国并购发生与否来表示，1表示发生，0表示未发生；来源：Thomson One数据库
GDP	国内生产总值	用以衡量东道国j市场容量；来源：世界银行数据库
RE	自然资源禀赋	用东道国j资源密集度衡量，具体是用东道国的燃料和矿物资源出口量和总出口量的比重计算；来源：世界贸易组织数据库
Tech	技术资产	用东道国j高科技出口占制成品出口的比重衡量；来源：世界银行数据库
Labor	劳动力数量	用东道国j劳动力数量衡量，来源：世界银行数据库
Tax	企业所得税	用东道国j企业在说明准予扣减和减免后的应缴税额和强制性缴费额占商业利润的比例衡量；来源：世界银行数据库
ER	汇率差	用母国i与东道国j(i≠j)的汇率差衡量；来源：世界银行数据库
IR	利率差	用母国i与东道国j(i≠j)的利率差衡量；来源：世界银行数据库
GD	地理距离	用母国i与东道国j(i≠j)重要城市经纬度的球面加权距离来衡量；来源：CEPII数据库

续表

符号	名称	含义与来源
CD	文化距离	用霍夫斯泰德的六个维度的加权距离来衡量；来源：Hofstede 数据库
PD	制度距离	用全球治理指数的六个维度的加权距离来衡量；来源：世界银行数据库
EF	经济自由度	表示东道国 j 的经济自由度；来源：Index of Economic Freedom，http：//www. heritage. org/index

第三节　G20 国家跨国并购区位选择的横截面检验结果

一、模型构建

关于横截面模型的构建，我们将借鉴 Erel（2012）的研究方法，对 1990—2016 年间的相关变量取均值，建立如下横截面模型：

$$\ln M\&A_{ij} = \beta_0 + \beta_1 \ln GDP_j + \beta_2 \ln Labor_j + \beta_3 \ln RE_j + \beta_4 \ln TECH_j + \beta_5 \ln Tariff_j + \beta_6 ER_{ij} + \beta_7 IR_{ij} + \beta_8 \ln EF_j + \beta_9 \ln GD_{ij} + \beta_{10} \ln CD_{ij} + \beta_{11} \ln PD_{ij} + \varepsilon_{ij} \quad (5-3)$$

其中，i，j 分别表示母国 i 和东道国 j，β 为待估系数，ε_{ij} 表示随机干扰项，其他变量符号的含义及说明详见表 5－3。除了东道国的企业所得税、母国和东道国间的利率汇率差因存在负数未取对数外，模型对其他所有变量均取了对数。由于横截面存在着异方差问题，故尔在每次回归完之后都会进行异方差 White 检验，以证明所有的横截面回归估计都不存在异方差问题。

二、变量描述性统计和相关性分析

为了便于直观地了解不同国家组间变量的总体情况和变量之间的关系，先给出了总体样本的描述性统计和相关性分析如表 5－4、表 5－5 所示。

表 5－4　　描述性统计

变量	最大值	最小值	平均值	中位数	标准差	观测值
跨国并购 *M&A*	3078	1	40.914	6	175.394	1158
国内生产总值 *GDP*	11576.77	5.939	1088.852	367.68	2090.432	1158
劳动力 *Labor*	733.589	0.161	42.863	10.506	115.909	1158
资源禀赋 *RE*	87.472	1.797	14.164	8.45	15.173	1158
技术资产 *Tech*	52.725	0.553	13.573	11.196	8.684	1158
企业所得税 *Tax*	113.267	14.783	46.702	45.458	16.663	1158
利率 *IR*	40.014	－40.014	－0.242	－0.022	8.114	1072
汇率 *ER*	1	0	0.495	0	0.5	1158
经济自由度 *EF*	79.182	51.182	65.787	65.795	7.747	1158
地理距离 *GD*	19146.65	160.928	5393.698	3442.775	4563.18	1158
文化距离 *CD*	7.578	0.023	2.072	1.837	1.305	1039
制度距离 *PD*	11.683	0.006	2.058	0.928	2.477	1158

从表 5－4 中可以得出，被解释变量即不同国家组间的跨国并购数量 *M&A* 最高为 3078 起，最低为 1 起，标准差达到 175.394，说明不同主体国家间的跨国并购差异较大，跨国并购存在着区位选择性问题。在解释变量中，东道国的经济自由度 *EF*，母国和东道国间的地理距离 *GD*、文化距离 *CD* 和制度距离 *PD* 之间的最大值和最小值相差较大，其差距也比较明显，标准差分别达到 7.747、4563.18、1.305 和 2.477，这也说明这些解释变量因主体国家的不同而表现出差异性。

表 5－5　　相关性分析

	GDP	*Labor*	*RE*	*Tech*	*Tax*	*EF*	*IR*	*ER*	*GD*	*CD*	*PD*
国内生产总值 *GDP*	1										
劳动力 *Labor*	0.371	1									
资源禀赋 *RE*	－0.141	－0.043	1								
技术资产 *Tech*	0.396	0.174	－0.209	1							
企业所得税 *Tax*	0.098	0.306	－0.047	－0.166	1						
利率 *IR*	0.245	－0.317	－0.238	0.45	－0.403	1					
汇率 *ER*	0.067	0.038	－0.083	0.147	－0.097	0.187	1				
经济自由度 *EF*	－0.154	－0.015	－0.046	－0.224	0.086	－0.205	0.043	1			
地理距离 *GD*	0.200	0.196	0.167	0.074	0.245	0.021	－0.047	0.010	1		
文化距离 *CD*	0.055	0.156	0.076	0.042	－0.035	－0.042	0.007	0.074	0.189	1	
制度距离 *PD*	0.020	0.264	0.350	－0.068	0.165	－0.302	－0.016	0.011	0.233	0.387	1

表 5－5 给出了解释变量和控制变量之间的相关性系数①，从中可以看出，除东道国利率 *IR* 与技术资产 *Tech*、企业所得税 *Tax* 存在中等程度的相关性之外，其他变量之间的相关性系数较小，说明其相关性较弱。此外，通过进一步计算模型的 VIF 方差膨胀因子发现所有变量的 VIF 值均小于边界值 10，故模型中不存在多重共线性问题，可以直接进行多元线性回归。

三、回归估计分析

在回归检验中，我们先对所有样本进行总体检验。然后，按照经济发展水平，分别将母国和东道国划分为发达国家或发展中国家共四类跨国并购；并按照跨国并购公司所属行业及其是否相同将跨国并购划分为第一产业、第二产业和第三产业跨国并购以及产业内和产业间跨国并购进行分类检验。从表 5－6 的回归结果可以看出，该横截面模型总体效果较好，具体分析如下。

（一）总体检验

表 5－6　　　　总体检验结果

全部母国—全部东道国					
	1	2	3	4	5
地理距离 *GD*	－0.263*** （－5.900）				－0.202*** （－4.204）
文化距离 *CD*		－0.486*** （－7.737）			－0.308*** （－4.562）
制度距离 *PD*			－0.246*** （－7.989）		－0.149*** （－4.197）
经济自由度 *EF*				2.589*** （3.997）	2.525*** （3.758）
国内生产总值 *GDP*	0.455*** （7.294）	0.419*** （6.466）	0.337*** （5.337）	0.251*** （3.144）	0.174** （2.162）
劳动力 *Labor*	－0.020 （－0.341）	－0.033 （－0.557）	0.076 （1.280）	0.131* （1.692）	0.285*** （3.602）

① 相关系数是研究变量之间线性相关程度的量，一般而言，0.8—1.0 极强相关、0.6—0.8 强相关、0.4—0.6 中等程度相关、0.2—0.4 弱相关、0.0—0.2 极弱相关或无相关。

续表

全部母国—全部东道国					
	1	2	3	4	5
资源禀赋 *RE*	0.165** (2.384)	0.072 (1.023)	0.153** (2.269)	0.093 (1.356)	0.180** (2.581)
技术资产 *Tech*	0.113 (1.120)	0.129 (1.232)	0.051 (0.512)	-0.044 (-0.425)	0.084 (0.800)
企业所得税 *Tax*	-0.217 (-1.386)	-0.280* (-1.676)	-0.191 (-1.237)	-0.048 (-0.295)	-0.042 (-0.252)
利率 *IR*	-0.020*** (-3.554)	-0.022*** (-3.785)	-0.018*** (-3.165)	-0.023*** (-3.923)	-0.023*** (-4.033)
汇率 *ER*	0.352*** (3.738)	0.470*** (4.740)	0.319*** (3.434)	0.384*** (4.006)	0.527*** (5.370)
常数项	1.622** (2.154)	0.391 (0.518)	-0.009 (-0.013)	-10.598*** (-3.846)	-9.040*** (-3.222)
样本量	1072	958	1072	1072	958
R^2	0.184	0.208	0.205	0.170	0.256

注：括号内为 t 值；***、** 和 * 分别表示 1%、5% 和 10% 的显著性水平。

从表 5-6 模型 1 的回归结果可以看出，地理距离 *GD* 的系数在 1% 的显著性水平下为负，说明国家组间的地理距离对其跨国并购区位选择有着显著的负向影响。模型 2 的回归结果说明，在 1% 的显著性水平下，国家组间的文化距离与跨国并购区位选择存在负相关关系。模型 3 中，制度距离 *PD* 的系数也是在 1% 的显著性水平下为负，说明国家组间的制度距离显著地负向影响着跨国并购的区位选择。模型 4 的回归结果显示经济自由度 *EF* 的系数在 1% 的显著性水平下为正，说明东道国的经济自由度与跨国并购区位选择有着显著的正向关系。

此外，模型 5 综合考虑了所有的解释变量，其结果显示所有变量系数的显著性水平均低于 1%。其中，地理距离、文化距离和制度距离的系数都为负，而东道国的经济自由度系数为正，这与预期结果完全一致，总体回归检验结果较好。

（二）分类检验

1. 按照母国和东道国经济发展水平进行分类检验

参照 2013 年世界银行和国际货币基金组织公布的发达国家名单，分别将母国和东道国划分为发达国家和发展中国家共四类，表 5-7 给出了该分类检验结果。

表 5－7　　按经济发展水平分类检验结果

	发达母国—发达东道国	发达母国—发展中东道国	发展中母国—发达东道国	发展中母国—发展中东道国
	1	2	3	4
地理距离 *GD*	－0. 275*** (－4. 126)	－0. 437*** (－4. 856)	－0. 120 (－0. 915)	－0. 080 (－0. 701)
文化距离 *CD*	－0. 555*** (－6. 199)	－0. 180 (－1. 349)	－0. 114 (－0. 596)	－0. 418*** (－3. 091)
制度距离 *PD*	－0. 140** (－2. 400)	0. 130 (1. 226)	0. 351*** (3. 094)	－0. 164* (－1. 789)
经济自由度 *EF*	4. 392*** (2. 922)	1. 123 (0. 804)	－0. 149 (－0. 062)	2. 357 (1. 320)
国内生产总值 *GDP*	0. 294* (1. 889)	0. 175 (0. 767)	－0. 061 (－0. 245)	0. 052 (0. 172)
劳动力 *Labor*	0. 215 (1. 468)	0. 278 (1. 455)	0. 401* (1. 846)	0. 070 (0. 277)
资源禀赋 *RE*	0. 123 (1. 150)	－0. 154 (－1. 156)	0. 166 (0. 926)	0. 337* (1. 973)
技术资产 *Tech*	0. 416*** (2. 723)	－0. 402* (－1. 919)	－0. 014 (－0. 051)	0. 151 (0. 563)
企业所得税 *Tax*	0. 095 (0. 265)	0. 131 (0. 464)	－0. 329 (－0. 582)	0. 832** (2. 240)
利率 *IR*	－0. 115*** (－4. 102)	－0. 022*** (－2. 693)	－0. 001 (－0. 126)	－0. 002 (－0. 238)
汇率 *ER*	0. 743*** (4. 697)	0. 718*** (4. 412)	0. 054 (0. 191)	－0. 187 (－0. 841)
常数项	－18. 081*** (－2. 681)	－0. 174 (－0. 032)	3. 093 (0. 280)	－12. 613* (－1. 730)
样本量	426	283	158	91
R^2	0. 414	0. 291	0. 196	0. 294

注：括号内为 t 值；***、** 和 * 分别表示 1%、5% 和 10% 的显著性水平。

从模型 1 中可以得出，地理距离 *GD*、文化距离 *CD* 和制度距离 *PD* 的系数都显著为负，其显著性水平分别为 1%、1% 和 5%，说明这三个维度距离对发达国家间跨国并购区位选择的影响显著为负。而经济自由度 *EF* 的系数在 1% 的显著性水平下为正，说明其对发达国家间跨国并购区位选择有着明显的正相关关系。模型 2 的解释变量中，仅有地理距离的系数显著为负，说明地理距离对发达国家对发展中国家跨国并购区位选择的影响要高于其他解释变量。

模型 3 检验了发展中国家对发达国家的跨国并购，其结果显示只有制度距离 *PD* 的系数显著，且其结果为正，这是因为发达国家的制度环境明显优于发展中国家，存在着“强制度”寻求效应，而且差距越大，效应越明显。而地理距离和文化距离系数的显著性水平较低。模型 4 中，尽管国家组间的三种距离系数为负，东道国自由度的系数为正，但只有文化距离和制度距离的系数在 1% 和 10% 的水平下显著，说明发展中国家之间的跨国并购受文化距离和制度距离的影响较大。

2. 按照跨国并购公司所属行业性质进行分类检验

首先，参照中国 2011 年颁布的《国民经济行业分类与代码》将跨国公司所属行业划分为第一产业、第二产业和第三产业。其次，按照跨国并购双方是否属于同一行业将其划分为产业间跨国并购和产业内跨国并购。表 5 - 8 给出了该分类的检验结果。

表 5 - 8　　　　按产业分类检验结果

	第一产业	第二产业	第三产业	产业内	产业间
	1	2	3	4	5
地理距离 *GD*	-0.158** (-2.171)	-0.173*** (-3.993)	-0.235*** (-4.707)	-0.214*** (-4.624)	-0.193*** (-4.209)
文化距离 *CD*	-0.196*** (-3.256)	-0.309*** (-5.147)	-0.327*** (-4.740)	-0.325*** (-5.140)	-0.315*** (-4.862)
制度距离 *PD*	0.064 (1.231)	-0.078** (-2.451)	-0.117*** (-3.206)	-0.092*** (-2.719)	-0.123*** (-3.580)
经济自由度 *EF*	1.141 (0.912)	2.777*** (4.301)	2.245*** (3.134)	2.351*** (3.497)	2.616*** (3.969)
国内生产总值 *GDP*	-0.031 (-0.178)	0.158** (2.059)	0.225*** (2.673)	0.154* (1.935)	0.232*** (2.946)
劳动力 *Labor*	0.113 (0.691)	0.301*** (4.055)	0.219*** (2.672)	0.253*** (3.273)	0.227*** (2.957)

续表

	第一产业	第二产业	第三产业	产业内	产业间
	1	2	3	4	5
资源禀赋 *RE*	0.163 (1.331)	0.240*** (3.830)	0.137* (1.903)	0.263*** (3.996)	0.178*** (2.611)
技术资产 *Tech*	0.001 (0.006)	0.133 (1.334)	0.084 (0.774)	0.183* (1.808)	0.071 (0.689)
企业所得税 *Tax*	0.158 (0.559)	0.028 (0.179)	-0.064 (-0.358)	0.116 (0.701)	-0.149 (-0.905)
利率 *IR*	-0.006 (-0.962)	-0.016*** (-3.247)	-0.020*** (-3.000)	-0.016*** (-2.957)	-0.030*** (-5.513)
汇率 *ER*	0.149 (1.188)	0.507*** (5.627)	0.548*** (5.413)	0.546*** (5.797)	0.543*** (5.717)
常数项	-4.421 (-0.836)	-11.305*** (-4.178)	-8.101*** (-2.678)	-9.516*** (-3.363)	-9.622*** (-3.485)
样本量	49	786	773	804	856
R^2	0.418	0.314	0.267	0.276	0.295

注：括号内为t值；***、** 和 * 分别表示1%、5%和10%的显著性水平。

表5-8中，模型1检验了第一产业的跨国并购，结果显示只有地理距离 *GD* 和文化距离 *CD* 的系数显著为负，其他变量系数均不显著，说明只有地理距离和文化距离对第一产业的跨国并购的区位选择存在影响。模型2和模型3则分别检验了第二产业和第三产业的跨国并购，两者结果较为接近：地理距离 *GD*、文化距离 *CD* 和制度距离 *PD* 的系数均显著为负，而经济自由度 *EF* 的系数显著为正。这说明这三类距离与第二、第三产业跨国并购区位选择负相关，而东道国经济自由度则与第二、第三产业跨国并购区位选择正相关。

模型4检验了产业内跨国并购，其中地理距离 *GD*、文化距离 *CD*、制度距离 *PD* 的系数均在1%的显著性水平下为负，而经济自由度 *EF* 在1%的显著性水平下为正，这说明地理距离、文化距离和政治距离对产业内跨国并购区位选择都有显著的负向影响，而东道国的经济自由度对其则有显著的正向影响。模型5则检验了产业间跨国并购，其检验结果和产业内跨国并购一致，说明地理距离、文化距离和制度距离与产业间跨国并购的区位选择也存在着负相关关系，东道国经济自由度和产业间跨国并购区位选择也存在着正相关关系。

第四节　G20 国家跨国并购区位选择的面板检验结果

一、模型构建

为了进一步证实横截面的检验结果，我们还进行了被解释变量是二元离散的面板 Logit 检验。一般而言，离散面板数据模型主要有两大类，分别是面板 Probit 模型和面板 Logit 模型。与 Probit 模型相比，Logit 模型具有不要求随机误差项服从正态分布、便于理解的优势，因此构建了跨国并购影响因素的面板 Logit 模型，采用极大似然估计的迭代方法对变量进行估计检验。

在该模型中，被解释变量 *M&A* 是二元定性的，即当母国对东道国进行跨国并购时，*M&A* 取值为 1，否则取值为 0。令所有的解释变量和控制变量为 X，其中，解释变量有母国和东道国的地理距离、文化距离、制度距离和东道国的经济自由度，控制变量有东道国的 *GDP*、劳动力数量、资源禀赋和技术资产①。由于 *M&A* 发生的概率 $P(M\&A=1)$ 介于 0—1 之间，为了避免被解释变量有界而解释变量无界，将概率进行函数变化为 $\ln\frac{P(M\&A=1)}{1-P(M\&A=1)}$，使被解释变量的取值遍及整个实数区间。令随机干扰项为 ε，则 Logit 模型的主要公式如下：

$$\ln\frac{P(M\&A=1)}{1-P(M\&A=1)}=\beta X=\beta_0+\beta_1 x_1+\cdots+\beta_n x_n+\varepsilon \tag{5-4}$$

进一步可得出 Logit 模型的基本形式为：

$$P(M\&A=1)=e^{\beta X+\varepsilon}/1+e^{\beta X+\varepsilon} \tag{5-5}$$

因而，具体的面板 Logit 回归方程式如下：

$$\begin{aligned}Logit[P(M\&A=1)]=&\beta_0+\beta_1 GD_{ijt}+\beta_2 CD_{ijt}+\beta_3 PD_{ijt}+\beta_4 EF_{jt}+\beta_5 GDP_{jt}\\&+\beta_6 Labor_{jt}+\beta_7 RE_{jt}+\beta_8 Tech_{jt}+\varepsilon_{ijt}\end{aligned} \tag{5-6}$$

① 由于数据的缺失和考虑到样本量问题，剔除了东道国企业所得税及母国和东道国的利率汇率差异这三个变量。

二、变量描述性统计与相关性分析

与横截面检验一样，在面板 Logit 检验中也先给出了变量的描述性统计和相关性分析，具体如表 5－9、表 5－10 所示。

表 5－9　　描述性统计

变量	最大值	最小值	平均值	中位数	标准差	观测值
跨国并购 *M&A*	1	0	0.233	0	0.423	31122
国内生产总值 *GDP*	17393.10	4.746	1114.420	319.762	2295.007	31122
劳动力 *Labor*	806.499	0.375	53.407	11.661	136.363	31122
资源禀赋 *RE*	97.601	0.845	14.289	9.520	14.724	31122
技术资产 *Tech*	47.840	1.206	13.705	11.636	8.877	31122
地理距离 *GD*	19146.5	160.928	5635.664	4452.738	4559.914	31122
文化距离 *CD*	7.437	0.023	2.051	1.828	1.261	28120
制度距离 *PD*	12.881	0.002	1.975	1.039	2.271	26208
经济自由度 *EF*	83.100	44.600	64.934	65.300	8.180	31122

从表 5－9 的描述性统计可以看出，面板 Logit 模型变量的观测值除文化距离 *CD*、制度距离 *PD* 外均达到了 31122，表明其样本本量要比横截面样本本量扩大了不小。由于被解释变量 *M&A* 是二分变量，因此，其最大值和最小值分别为 1 和 0。在解释变量中，国家组间的地理距离、文化距离、制度距离及东道国经济自由度的最大值和最小值相差较大，标准差分别达到 4559.914、1.261、2.271 和 8.180，说明这些变量的大小因不同的国家呈现出差异性。

表 5－10　　相关性分析

	GDP	*Labor*	*RE*	*Tech*	*EF*	*GD*	*CD*	*PD*
国内生产总值 *GDP*	1							
劳动力 *Labor*	0.350	1						
资源禀赋 *RE*	－0.091	－0.027	1					
技术资产 *Tech*	0.347	0.172	－0.199	1				
地理距离 *GD*	0.174	0.186	0.188	0.092	1			
文化距离 *CD*	0.047	0.066	0.037	0.146	0.155	1		
制度距离 *PD*	0.013	0.220	0.242	0.014	0.238	0.294	1	
经济自由度 *EF*	0.019	－0.256	0.351	0.146	0.066	0.050	－0.054	1

表 5－10 给出了该模型解释变量和控制变量之间的相关性系数，从中可得出，在所有变量中，东道国国内生产总值 *GDP* 和劳动力 *Labor* 的相关性系数最大，仅有 0.35，为弱相关，说明所有变量之间的相关性较弱，因此，该模型不存在多重共线性问题，可以将所有变量引入面板 Logit 模型中进行分析。

三、回归估计分析

为了更加深入地研究国家差异对跨国并购区位选择的影响，我们对该模型分别进行了总体检验和分类检验，并且对其做了 Hausman 检验，检验结果表明该面板 Logit 更适合使用随机效应模型。因而，采用了随机效应 Logit 模型进行回归估计，其具体结果如下所示。

（一）总体检验

表 5－11 给出了面板 Logit 模型的总体回归结果，其结果总体上与横截面模型的结果相似。具体来讲，模型 1 中母国和东道国的地理距离 *GD* 在 1% 的显著性水平下为负，说明国家组间的地理距离显著地负向影响着跨国并购的区位选择。同理，模型 2、模型 3 的结果表明国家组间的文化距离 *CD* 和制度距离 *PD* 都显著负向影响着跨国并购的区位选择。模型 4 中，东道国的经济自由度 *EF* 在 1% 的显著性水平下为正，意味着东道国的经济自由度显著正向地影响着跨国并购的区位选择。

模型 5 则综合分析了国家差异的四个维度，即地理距离 *GD*、文化距离 *CD*、制度距离 *PD* 和东道国的经济自由度 *EF* 对跨国并购区位选择的影响，结果表明，地理距离、文化距离和制度距离都负向地影响着跨国并购的区位选择，但制度距离的显著性水平较低；东道国的经济自由度对其有着显著的正向影响。总体来说，该模型的总体估计效果较好。

表 5－11　　总体检验结果

	全部母国—全部东道国				
	1	2	3	4	5
地理距离 *GD*	－0.0001*** （－14.59）				－0.0001*** （－11.11）
文化距离 *CD*		－0.1825*** （－13.88）			－0.1652*** （－10.77）

续表

	全部母国—全部东道国				
	1	2	3	4	5
制度距离 *PD*			-0.0401*** (-5.42)		-0.0022 (-0.26)
经济自由度 *EF*				0.0134*** (3.50)	0.0202*** (4.89)
国内生产总值 *GDP*	0.0002*** (13.19)	0.0001*** (12.72)	0.0001*** (11.43)	0.0001*** (11.20)	0.0001*** (10.83)
劳动力 *Labor*	0.0005*** (2.64)	0.0003* (1.70)	0.0005** (2.16)	0.0007*** (2.97)	0.0012*** (4.95)
资源禀赋 *RE*	0.0137*** (7.45)	0.0087*** (5.10)	0.0109*** (5.79)	0.0097** (5.62)	0.0128*** (6.88)
技术资产 *Tech*	0.0157*** (4.79)	0.0176*** (5.66)	0.0145*** (4.04)	0.0086** (2.50)	0.0116*** (2.99)
常数项	-1.6235*** (-25.79)	-1.4454*** (-23.48)	-1.7750*** (-24.67)	-2.6347*** (-10.95)	-2.5497*** (-9.82)
样本量	31122	28120	26208	31122	23680
对数似然值	-15961.293	-14721.607	-13612.362	-16068.725	-12390.341
Wald 统计量	467.39	474.26	274.05	300.98	555.24
正确预测比	76.82%	76.15%	76.41%	76.82%	75.79%

注：括号内为 Z 值；***、** 和 * 分别表示 1%，5% 和 10% 的显著性水平。

（二）分类检验

1. 按照母国和东道国经济发展水平进行分类检验

同样参照 2013 年世界银行和国际货币基金组织公布的发达国家名单，分别将母国和东道国划分为发达国家和发展中国家共四类，表 5-12 给出了该分类的面板 Logit 检验结果。

表 5－12　　　　按经济发展水平分类检验结果

	发达母国—发达东道国	发达母国—发展中东道国	发展中母国—发达东道国	发展中母国—发展中东道国
	1	2	3	4
地理距离 *GD*	－0.00002** （－2.38）	－0.00007*** （－6.66）	－0.0001*** （－8.41）	－0.0001*** （－4.36）
文化距离 *CD*	－0.2718*** （－11.39）	－0.0483 （－1.56）	－0.3049*** （－6.24）	－0.5561*** （－6.93）
制度距离 *PD*	－0.4370*** （－12.57）	0.1530*** （7.23）	0.3385*** （16.41）	－0.1856*** （－3.44）
经济自由度 *EF*	0.0275*** （3.49）	－0.0127 （－1.37）	0.0188 （1.58）	0.0074 （0.65）
国内生产总值 *GDP*	－0.0002*** （－2.76）	0.0002*** （3.29）	－0.0001 （－0.66）	0.0003*** （4.07）
劳动力 *Labor*	0.0293*** （4.94）	0.0007 （1.57）	0.0261*** （3.83）	－0.0013** （－2.09）
资源禀赋 *RE*	0.0133*** （3.06）	－0.0050 （－1.44）	0.0428*** （7.65）	0.0043 （1.09）
技术资产 *Tech*	－0.0029 （－0.51）	－0.0145 （－1.24）	－0.0200** （－2.35）	0.0302* （1.93）
常数项	－1.8631*** （－3.81）	－0.4900 （－0.83）	－4.2814*** （－6.06）	－1.1558 （－1.61）
样本量	7728	6144	5712	4096
对数似然值	－4712.1148	－3360.0206	－1604.8026	－985.6656
Wald 统计量	503.63	189.49	393.25	130.04
正确预测比	67.00%	72.66%	90.04%	92.72%

注：括号内为 Z 值；***、** 和 * 分别表示 1%，5% 和 10% 的显著性水平。

从模型 1 中可以得出，地理距离 *GD*、文化距离 *CD* 和制度距离 *PD* 均在 5% 的显著性水平下为负，东道国的经济自由度 *EF* 在 1% 的显著性水平下为正，说明地理距离、文化距离和制度距离对发达国家间跨国并购区位选择具有显著的负向影响，而东道国的经济自由度则具有显著的正向影响。模型 2 检验了发达国家对发展中国家的跨国并购，结果表明地理距离对跨国并购区位选择有显著的负向关系，但制度距离与其跨国并购的区位选择存在着正向关系，这说明发达国家对发展中国家的跨国并购具有“弱制度”不规避效应。

模型3则检验了发展中国家对发达国家的跨国并购，回归结果表明地理距离 *GD* 和文化距离 *CD* 该类型跨国并购的区位选择有着显著的负向影响，但制度距离 *PD* 的影响为正，可见发展中国家的跨国公司为了追求更好的制度环境而向发达国家进行跨国并购，具有“强制度”寻求效应。模型4中，地理距离 *GD*、文化距离 *CD* 和制度距离 *PD* 均在1%的显著性水平下为负，说明地理距离、文化距离和制度距离均对发展中国家间跨国并购的区位选择有着显著的负向影响，而东道国经济自由度的影响则不显著。

2. 按照跨国并购公司所属行业性质进行分类检验

首先参照中国2011年颁布的《国民经济行业分类与代码》将跨国公司所属行业划分为第一产业、第二产业和第三产业。其次，按照跨国并购双方是否属于同一行业将其划分为产业间跨国并购和产业内跨国并购。表5-13给出了该分类的检验结果。

表5-13　　按产业分类检验结果

	第一产业	第二产业	第三产业	产业内	产业间
	1	2	3	4	5
地理距离 *GD*	-0.0001 (-0.15)	-0.0001*** (-5.77)	-0.0001*** (-10.58)	-0.0001*** (-8.88)	-0.0001*** (-8.66)
文化距离 *CD*	-0.8025*** (-4.66)	-0.2108*** (-11.16)	-0.2311*** (-12.24)	-0.2297*** (-12.43)	-0.1808*** (-10.44)
制度距离 *PD*	0.0323 (0.41)	0.0058 (0.59)	-0.0593*** (-5.61)	-0.0100 (-1.04)	-0.0310*** (-3.30)
经济自由度 *EF*	0.0881*** (3.95)	0.0202*** (4.12)	0.0260*** (5.78)	0.0200*** (4.09)	0.0255*** (5.84)
国内生产总值 *GDP*	0.0001** (2.14)	0.0002*** (10.37)	0.0001*** (10.83)	0.0001*** (10.08)	0.0001*** (11.36)
劳动力 *Labor*	0.0032** (2.48)	0.0014*** (5.08)	0.0013*** (5.24)	0.0014*** (5.19)	0.0013*** (5.11)
资源禀赋 *RE*	0.0222*** (2.60)	0.0133*** (6.11)	0.0122*** (6.08)	0.0135*** (6.32)	0.0115*** (5.86)

续表

	第一产业	第二产业	第三产业	产业内	产业间
	1	2	3	4	5
技术资产 *Tech*	-0.0381 (-1.57)	0.0160*** (3.42)	0.0205*** (4.90)	0.0182*** (3.96)	0.0139*** (3.36)
常数项	-11.1079*** (-7.66)	-3.3866*** (-10.96)	-3.4509*** (-12.17)	-3.1531*** (-10.44)	-3.3174*** (-12.05)
样本量	23680	23680	23680	23680	23680
对数似然值	-336.0519	-9308.4913	-9340.4606	-9757.8902	-10412.077
Wald 统计量	68.37	459.50	728.74	524.20	587.05
正确预测比	99.78%	85.08%	84.79%	82.01%	83.97%

注：括号内为 Z 值；***、** 和 * 分别表示 1%，5% 和 10% 的显著性水平。

表 5-13 中，模型 1 检验了第一产业的跨国并购，结果显示文化距离 *CD* 和经济自由度 *EF* 的系数分别在 1% 的显著性水平下为负为正，说明文化距离对第一产业跨国并购的区位选择存在负向影响，而经济自由度对其则存在正向影响。模型 2 检验了第二产业的跨国并购，其中地理距离 *GD* 和文化距离 *CD* 的系数均在 1% 的显著性水平下为负，说明两者与第二产业跨国并购的区位选择存在显著的负相关关系，而经济自由度 *EF* 的系数则在 1% 的显著性水平内为正，说明东道国经济自由度对第二产业跨国并购的区位选择存在正向影响。模型 3 则检验了第三产业的跨国并购，结果显示地理距离 *GD*、文化距离 *CD* 和制度距离 *PD* 均显著为负，而经济自由度则显著为正，说明国家距离对第三产业跨国并购的区位选择存在负向影响，而东道国经济自由度则对其影响为正。

此外，模型 4 检验了产业内的跨国并购，结果显示地理距离 *GD*、文化距离 *CD* 的系数在 1% 的显著性水平下为负，东道国的经济自由度 *EF* 在 1% 的显著性水平下为正，说明地理距离、文化距离对产业内跨国并购的区位选择有着显著的负向影响，而经济自由度的影响则显著为正。模型 5 检验了产业间的跨国并购，结果表明国家组间的地理距离 *GD*、文化距离 *CD* 和制度距离 *PD* 的系数在 1% 的显著性水平下对产业间跨国并购的区位选择存在负面影响，而东道国经济自由度 *EF* 在 1% 的显著性水平下对产业间跨国并购的区位选择影响为正。这意味着无论是产业内跨国并购还是产业间跨国并购，地理距离、文化距离和制度距离越大，跨国并购区位选择的可能性越小；东道国的经济自由度越高，跨国并购区位选择的可能性越大。

总体来说，面板 Logit 模型的检验结果和横截面检验结果一致①，仅仅在极个别变量的显著性水平上存在轻微的差异，说明这两个模型的回归效果都较好，符合预期结果。

第五节　美国跨国并购区位选择对中国企业的借鉴

美国凭借着其经济实力在全球并购市场上一直扮演着主导角色。根据 Thomson One 全球并购数据库统计，1990—2016 年间，全球一共发生 323936 起并购事件，美国企业发起的并购事件为 92050 起，占全球并购总数的比例为 28.42%。其中，美国企业发起的跨国并购遍及全球 151 个国家和地区，并购事件为 14200 起；但是美国企业跨国并购的区位分布并不平衡，1990—2016 年间，美国企业在英国跨国并购事件为 2495 起，占其总跨国并购总数比例为 17.6%，而有的国家仅有一两起②。

美国企业作为跨国并购的先行者，其跨国并购经验丰富，研究其跨国并购将对中国等新兴经济体国家具有重要的借鉴意义。尤其在“一带一路”背景下，中国企业开始大量进行海外投资和并购，如何学习借鉴发达国家跨国并购的经验和教训，具有十分重要的现实意义。

一、研究假设

跨国并购作为对外直接投资的一种重要方式，其并购后的企业需要在东道国进行生产和经营，而企业的生产和经营又与当地的政局是否稳定、社会是否安定存在着密切的联系。只有政局稳定、社会安定的国家才能够保证并购企业持续的生产和经营，这也是其获取利润的必要条件之一。因此，我们对政治稳定性和跨国并购区位之间的关系提出如下假设。

假设 1：东道国的政治稳定性与其吸引跨国并购的数量存在着正相关关系，

① 横截面检验和面板 Logit 模型检验结果一致说明了回归结果具有稳健性，结论是可靠的。

② 根据 Thomson One 数据库资料整理。

即东道国政治稳定性越高，其吸引跨国并购的数量越多。

经济自由度指标包含着商业自由、劳动力自由、资本自由、投资自由和金融自由等方面，而这些方面又与跨国并购息息相关。只有在商业自由和投资自由的国家，跨国并购才有可能发生。此外，劳动力自由为跨国并购企业提供了劳动力保障，而资本自由和金融自由又为跨国并购提供了灵活的资金融通渠道。因此，对经济自由度和跨国并购之间的关系提出如下假设。

假设 2：东道国的经济自由度与其吸引跨国并购的数量存在正向关系，即东道国的经济自由度越高，其吸引跨国并购的数量越多。

企业的跨国并购因其自身的特点和不同的动机而呈现出区位选择的差异性，而在不同的东道国，影响企业跨国并购的因素是不同的，政治稳定性和经济自由度也是如此。在政局混乱的国家和地区，企业的跨国并购会更加注重其政治稳定性，而在经济自由成为其跨国并购主要障碍的国家和地区，企业进行跨国并购则会更加注重其经济自由度。所以，对此提出了假设 3。

假设 3：一国在不同类型东道国进行跨国并购时对东道国政治稳定性和经济自由度的注重程度是不同的。

二、模型设计

（一）样本和变量选取

样本选自 Thomson One 数据库，从中筛选出 1990—2016 年为期 27 年，收购方为美国企业，被收购方涉及 151 个国家，共 14200 起，收购状态为已完成的跨国并购事件。因数据缺失等问题，实际处理时只有 102 个国家，共 13462 个样本。

选取的变量定义为：①美国企业在东道国 i 的跨国并购数量 *M&A*，选自 Thomson One 数据库，表示美国企业对东道国企业跨国并购交易数量。②东道国国内生产总值 *GDP*，来源于世界银行，能够用来衡量东道国的经济发展水平。③东道国自然资源禀赋 *RE*，数据来源于世界贸易组织，用东道国矿产和能源出口量占其总商品出口量比例来表示。④东道国技术资产 *Tech*，来源于世界银行，用东道国高科技产品出口量占其总商品出口量来表示。⑤母国与东道国的地理距离 *GD*，数据选自 CEPII 数据库，用母国和东道国两国重要城市间的加权距离表示。⑥东道国企业所得税 *Tax*，来源于世界银行，度量企业在说明准予扣减和减免后的应缴税额和强制性缴费额占商业利润的比例。⑦政治稳定性 *Polit*，来源于世界银行，包括恐怖袭击和因政治原因而发生暴力事件的可能性，取值范围是 0 至 100，数值越大说明该国政治越稳定。⑧东道国经济自由度 *Econ*，来源于 http：//www. heritage. org/index，综合了该国的商业自由度、劳动力自由度、资本自由度、贸易自由度、金融自由度和投资自由度等，取值范围是 0 到 100，数值越大则说明经济自由度越高。

（二）模型构建

结合前期文献，选取美国企业在东道国 i 的跨国并购数量作为被解释变量；选取东道国国内生产总值、资源禀赋、技术资产、企业所得税及母国与东道国的地理距离为控制变量；将政治稳定性和经济自由度作为解释变量，着重研究东道国政治稳定性和经济自由度对美国企业跨国并购区位选择的影响。我们借鉴 Erel（2012）的研究方法，对 1990—2016 年间的相关变量取均值，建立如下横截面模型：

$$\ln M\&A_i = \beta_0 + \beta_1 \ln GDP_i + \beta_2 \ln RE_i + \beta_3 \ln Tech_i + \beta_4 \ln GD_i + \beta_5 \ln Tax_i + \beta_6 \ln Econ_i + \beta_7 \ln Polit_i + \varepsilon_i \tag{5-7}$$

美国企业在东道国 i 的跨国并购数量 $M\&A_i$，东道国 i 的 GDP、资源禀赋 RE、技术资产 $Tech$、母国和东道国之间的地理距离 GD、东道国的企业所得税 Tax、政治稳定性 $Polit$ 和经济自由度 $Econ$ 都取了对数，β 为待估系数，ε 为模型误差项。

其中母国与东道国的地理距离采用了两国间主要城市的加权距离，城市间的距离则是通过其经纬度测算的球面距离，权重为该城市人口占该国人口的比重。国家 i 和国家 j 之间距离的计算方法如下：

$$GD_{ij} = \left[\sum_{k \in i} (pop_k / pop_i) \sum_{l \in j} (pop_l / pop_j) D_{kl}^{\theta} \right]^{1/\theta} \tag{5-8}$$

式中，pop_k是国家 i 中城市 k 的人口数量，pop_i是国家 i 的人口数量；同理，pop_l是国家 j 中城市 l 的人口数量，pop_j是国家 j 的人口数量；θ 衡量了两国间贸易对距离的敏感度，θ 取值为 1。

三、实证检验与结果分析

首先，就所有样本量进行了总体回归分析；之后，针对东道国的地理区位，按照其所处的大洲进行分类，分别进行检验。其次，参照 2016 年世界银行的经济发展程度分类，将东道国分为高收入国家和低收入国家进行进一步的检验。为了扩大样本量，其中高收入国家对应着世界银行的高收入和中高收入国家，低收入国家对应着世界银行的中低收入和低收入国家。

（一）描述性统计及相关检验

表5－14给出了变量的描述性统计。从描述性统计中可以得出，美国跨国并购数量在不同的国家相差较大，标准差达到360.183，说明其跨国并购存在着区域选择性问题；政治稳定性和经济自由度的差异也较大，其标准差分别为27.514和9.116，这说明不同的东道国在这两个因素上也是存在差别的。

表5－14　美国企业为并购方的描述性统计

变量	最大值	最小值	平均值	中位数	标准差	观测值
M&A	2495	1	131.980	9.500	360.183	102
GDP	4699.734	1.016	311.876	62.520	703.263	102
RE	97.251	0.051	23.949	13.347	26.288	102
Tech	57.389	0.158	10.981	6.538	11.875	102
GD	16465.65	2079.297	9217.450	8917.460	3448.673	102
Tax	139.467	11.3	43.281	40.471	19.392	102
Polit	97.704	4.652	49.828	49.455	27.514	102
Econ	89.427	36.041	62.597	62.814	9.116	102

由于横截面样本数据大多会涉及异方差，因而，在回归之后均对回归结果进行了异方差检验，一旦发现异方差则对其运用加权最小二乘法。考虑到多重共线性问题，对每个模型均进行了VIF方差膨胀因子检验，发现所有模型变量VIF的最大值为5.67，远小于边界值10，因此，模型并不存在多重共线性问题。此外，针对稳定性问题，进行了Quandt-Andrews检验，结果发现所有模型均在10%的水平下通过了检验，说明该模型的参数是稳定的。

（二）总体回归

从表5－15中可以看出，在加入控制变量之前，模型1中log(*Polit*)的系数在1%的显著性水平下为0.779，说明东道国的政治稳定性与美国跨国并购区位选择存在着正相关关系。模型2中log(*Econ*)的系数为6.878，显著性水平为1%，也说明了经济自由度对美国企业跨国并购的区位选择有显著的正向影响。

该结论从图5-7、图5-8中可以更加直观的看出。该图中，横坐标分别是政治稳定性和经济自由度的对数，纵坐标则是跨国并购数量的对数，拟合直线的斜率意味着这两个因素对跨国并购的影响。

表5-15　　美国企业为并购方的总体回归结果

	全部东道国				
模型	1	2	3	4	5
log（*Polit*）	0.779*** (29.582)		0.325*** (4.353)		0.089 (1.188)
log（*Econ*）		6.878*** (44.377)		2.952*** (8.237)	2.677*** (7.260)
log（*GDP*）			0.849*** (34.013)	0.796*** (33.083)	0.797*** (34.054)
log（*RE*）			-0.070 (-1.515)	-0.035 (-1.142)	-0.033 (-1.035)
log（*Tech*）			0.322*** (6.284)	0.274*** (7.951)	0.264*** (7.979)
log（*GD*）			-0.586*** (-4.899)	-0.459*** (-5.049)	-0.437*** (-4.764)
log（*Tax*）			0.155 (1.273)	0.458*** (4.035)	0.473*** (4.317)
constant	-0.096 (-1.149)	-25.502*** (-41.222)	2.462* (1.832)	-10.546*** (-5.297)	-9.984*** (-5.904)
obs	102	102	102	102	102
R^2	0.897	0.952	0.987	0.977	0.983

注：括号内为t值；***为1%的显著性水平，**为5%的显著性水平，*为10%的显著性水平。

在加入控制变量之后，模型3中log(*Polit*)的系数在1%的显著性水平下为正，具体来说，政治稳定性每增加1%，则该国对美国企业跨国并购的吸引力增加0.325%。从模型4中可以得出，经济自由度的系数在1%的显著性水平下显著为2.952，这说明东道国的经济自由度对美国企业跨国并购的区位选择也有显著的正向关系。

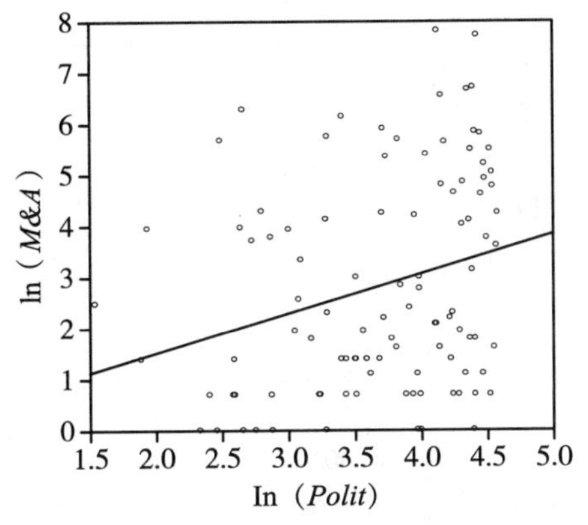

图 5-7　政治稳定性与跨国并购数量

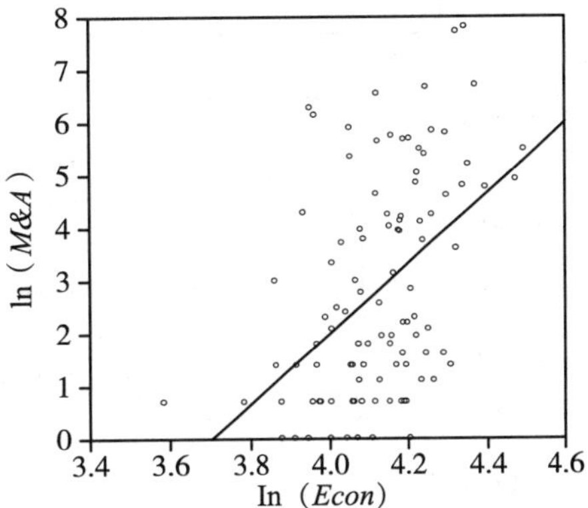

图 5-8　经济自由度与跨国并购数量

模型 5 结合了政治稳定性和经济自由度的影响，两者的系数均为正，说明两者确实存在着对美国企业跨国并购区位选择的积极影响，但经济自由度的显著性水平明显高于政治稳定性，可见，与政治稳定性相比，经济自由度对美国企业跨国并购的区位选择的影响更大。由此可见，选取的解释变量对美国企业跨国并购区位选择有着一定的解释能力，也符合预期假设。

（三）稳健性检验

为了进一步检验横截面回归结果的稳健性，同时考虑时间因素的影响，我们还构建了被解释变量是二元离散的面板 Logit 模型，采用极大似然估计的迭代方法对变量进行估计检验。在该模型中，被解释变量 *M&A* 为虚拟变量，即当母国对东道国进行跨国并购时，*M&A* 取值为 1，否则取值为 0。令所有解释变量和控制变量为 X，包括东道国的政治稳定性、经济自由度，东道国的 GDP、资源禀赋、技术资产、税收水平及两国地理距离。

根据 Logit 模型公式 $P(M\&A=1)=\frac{e^{\beta X+\varepsilon}}{1+e^{\beta X+\varepsilon}}$，得出具体的面板 Logit 回归方程式如下：

$$\mathrm{Logit}[P(M\&A=1)]=\beta_0+\beta_1 Econ_{it}+\beta_2 Polit_{it}+\beta_3 GDP_{it}+\beta_4 RE_{it}+\beta_5 Tech_{it}+\beta_6 GD_i+\beta_7 Tax_{it}+\varepsilon_{ijt} \quad (5-9)$$

由于部分国家数据的大量缺失，所以构建的是非平衡面板 Logit 模型，其中样本量最大的时间跨度为 1996—2014 年，具体回归结果如表 5-16 所示：

表 5－16　Logit 模型回归结果

	全部东道国				
模型	1	2	3	4	5
log（*Polit*）	0. 019 *** (3. 14)		0. 014 *** (4. 47)		0. 021 (1. 24)
log（*Econ*）		0. 145 ** (2. 11)		0. 004 *** (3. 26)	0. 016 *** (4. 87)
log（*GDP*）			0. 001 *** (10. 40)	0. 001 *** (8. 63)	0. 001 *** (9. 50)
log（*RE*）			－0. 010 (－3. 63)	－0. 009 *** (－3. 10)	－0. 010 *** (－3. 60)
log（*Tech*）			0. 031 *** (5. 61)	0. 028 *** (5. 17)	0. 031 *** (5. 48)
log（*GD*）			－0. 001 (－0. 49)	－0. 001 (－0. 09)	－0. 001 (－0. 44)
log（*Tax*）			－0. 004 (－0. 46)	－0. 011 (－1. 28)	－0. 004 (－0. 46)
constant	－7. 126 ** (－2. 23)	－8. 951 *** (－2. 11)	－0. 015 (－0. 05)	－0. 766 (－1. 22)	－1. 208 * (－1. 86)
obs	1177	1177	1177	1177	1177
对数似然值	－784. 35	－768. 25	－680. 93	－691. 24	－678. 82
Wald 统计量	5. 31	4. 47	178. 89	174. 48	180. 55
正确预测比	60. 56%	59. 90%	69. 58%	69. 24%	69. 67%

注：括号内为 Z 值；*** 为 1% 的显著性水平，** 为 5% 的显著性水平，* 为 10% 的显著性水平。

从表 5－16 中的回归结果可以看出，面板 Logit 模型中，东道国的政治稳定性和经济自由度对美国跨国并购区位选择的影响与横截面回归得出的结果是一致的，也就是说，回归结果是稳健的。

此外，在从变量的角度进行的稳健性检验中，分别将被解释变量跨国并购数量替换成跨国并购金额，或将解释变量中东道国 GDP 总额替换成人均 GDP，回归之后得到的结论仍与原结论一致，进一步验证了回归结果的稳健性。

（四）分类回归

按照东道国的地理区位进行分组检验的结果如表 5－17 所示：

表 5－17　　　　分组检验结果

分组	按地理区位划分				按收入水平划分	
	欧洲	美洲	亚洲	非洲	高收入国家	低收入国家
模型	1	2	3	4	5	6
log（*Polit*）	-0.093 (-0.397)	0.564*** (4.032)	-0.158 (-1.571)	0.911** (2.634)	-0.330 (-1.701)	0.713*** (3.07)
log（*Econ*）	2.009*** (3.616)	0.321 (0.279)	1.782** (2.409)	-1.358 (-1.452)	5.158*** (7.719)	-0.660 (-0.707)
log（*GDP*）	1.028*** (29.743)	0.946*** (24.542)	0.728*** (24.168)	0.710*** (3.448)	0.807*** (12.835)	0.888*** (10.024)
log（*RD*）	-0.031 (-0.534)	0.152** (2.485)	-0.199*** (-3.901)	-0.113 (-1.135)	-0.036 (-0.622)	0.059 (0.762)
log（*Tech*）	0.278*** (2.965)	-0.261*** (-3.076)	0.488*** (11.512)	-0.081 (-0.400)	0.197** (2.137)	0.177* (1.996)
log（*GD*）	-1.435 (-1.966)	-0.593** (-2.737)	-0.724** (-2.143)	1.141 (1.425)	-0.689*** (-4.209)	-0.333 (-1.248)
log（*Tax*）	-0.481* (-1.928)	0.128 (0.583)	0.037 (-0.240)	1.302*** (3.989)	0.227 (0.852)	0.977*** (3.079)
constant	4.745 (0.653)	0.830 (0.147)	-0.923 (-0.182)	-13.625 (-1.452)	-15.195*** (-4.649)	-1.730* (-0.309)
obs	31	21	28	19	72	30
R^2	0.998	0.993	0.996	0.870	0.989	0.855

注：括号内为 t 值；*** 为 1% 的显著性水平，** 为 5% 的显著性水平，* 为 10% 的显著性水平。

表 5－17 中模型 1 对美国企业在欧洲的跨国并购进行检验，回归结果表明经济自由度对美国企业在欧洲的跨国并购存在着显著的正向效应，而政治稳定性不显著，说明美国企业在欧洲进行跨国并购更加注重东道国的经济自由度。

模型 2 则对东道国是美洲的国家进行了检验，其结果显示两者的系数均为正，政治稳定性系数的显著性水平为 1%，但经济自由度的系数不显著，这说明美国企业在美洲的跨国并购更加注重东道国的政治稳定性。

从模型3中可以看出，经济自由度的系数为1.782，其显著性水平为1%，而政治稳定性的系数则不显著，说明影响美国企业在亚洲跨国并购的主要影响因素是经济自由度，而政治稳定性则可能不存在着影响或者影响较弱。

模型4则度量了美国企业在非洲的跨国并购，其结果正好与模型3相反，政治稳定性的系数比较显著，而经济自由度的系数却不显著，这说明美国企业在对非洲的东道国进行跨国并购时，更加注重东道国的政治是否稳定。

按照东道国的经济发展水平分类检验。表5－17中模型5对东道国是高收入的国家进行了检验，回归结果显示经济自由度的系数在1%的显著性水平下显著为正，而政治稳定性的系数不显著。这说明美国企业在高收入国家进行跨国并购时，更加注重东道国的经济自由度而非政治稳定性。

模型6则对属于低收入国家的东道国进行回归检验，其结果正好与模型5相反，政治稳定性的系数在1%的显著性水平下为正，而经济自由度的系数不显著，这说明与在高收入国家的跨国并购不同，美国企业在低收入国家跨国并购时考虑更多的是东道国的政治稳定性，对其经济自由度考虑的则可能不多。

第六节　本章小结

本章在分析G20跨国并购及其区位选择现状和特点的基础上，实证分析国家差异的四个维度因素对跨国并购区位选择的影响；此外，根据前文的理论分析和实证结果，进一步研究了东道国政治稳定性和经济自由度等因素对美国企业跨国并购区位选择的影响。具体结论包括以下几点：

第一，从G20跨国并购及其区位的特征来看，首先，G20跨国并购数量和金额的增长具有波动性，呈现周期性特点，且跨国并购的单笔交易金额不断扩大。其次，G20跨国并购的主体和区位分布并不平衡，主要集中于少数发达国家，但发展中国家的地位和作用不断上升。最后，G20跨国并购逐渐由第一产业、第二产业向第三产业过渡，且产业内跨国并购和产业间跨国并购所占比例大体上持平。

第二，从总体实证结果来看，G20国家组间的地理距离、文化距离和制度距离都对其跨国并购具有显著的负向影响，东道国的经济自由度对跨国并购具有正向影响。也就是说，国家组间的距离越大，其跨国并购发生的可能性越小，而东道国的经济自由度越高，其跨国并购发生的可能性越大。

第三，从母国和东道国的经济发展水平来看，当母国和东道国处于同一经济发展水平时，国家组间的地理距离、文化距离和制度距离均负面影响着其跨国并购，东道国的经济自由度均正向影响着其跨国并购，但经济自由度对发展中国家间跨国并购影响的显著性水平较低；当母国和东道国不处于同一经济发展水平时，国家组间的地理距离和文化距离对其跨国并购的影响为负，而制度距离的影响却为正，东道国经济自由度对其跨国并购的影响则不显著。

第三，从跨国并购双方公司所属行业及其是否相同来看，国家组间的制度距离对第一产业跨国并购不存在显著的影响；而对于第二产业、第三产业的跨国并购，东道国的经济自由度均存在显著的正向影响，国家组间的地理距离、文化距离和制度距离都有着显著的负向影响。此外，无论是产业内跨国并购还是产业间跨国并购，地理距离、文化距离和制度距离都负向影响着其跨国并购，经济自由度均正向影响着其跨国并购，即这些因素对产业内和产业间跨国并购的影响并不存在差异。

第四，美国企业跨国并购区位选择受到政治稳定性和经济自由度的正向影响，但是其中经济自由度的显著性水平高于政治稳定性，总体上美国企业跨国并购区位选择时，更加关注经济自由度的影响程度。此外，从地理区位上来看，美国企业在欧洲和亚洲进行跨国并购更多会考虑经济自由度，而对美洲和非洲的东道国则主要考虑的是政治是否稳定；从东道国的经济发展水平来看，美国企业对高收入国家的跨国并购主要受到东道国经济自由度的影响，而在低收入国家的跨国并购则主要受到东道国政治稳定性的影响。

第六章　中国企业海外并购的宏观经济环境

中国企业在海外并购过程中会涉及到不同的国家主体，东道国的经济环境会影响企业海外并购的选择；同时，中国国内的宏观经济环境也会对企业海外并购产生重要的影响。所以，通过研究影响中国企业海外并购的宏观因素，分析其对海外并购产生的动态效应以及作用程度，可为企业海外并购决策提供依据。

第一节　宏观经济因素影响海外并购的理论假设

国内外学者越来越强调宏观经济对国际生产活动的影响，有关宏观经济因素与跨国并购间关系的实证分析主要分为两类：一类是用线性时间序列模型来检验宏观经济因素对跨国并购的影响，另一类是运用非时间序列模型研究企业并购行为，来分析影响其波动的宏观经济因素。但由于我国有关跨国并购的研究起步较晚，相关数据的获得具有一定难度，以往的研究多数是相对简单的定性分析和案例分析，而从宏观经济视角切入的深入定量分析较少。在此我们通过建立向量自回归模型、误差修正模型和脉冲响应函数，分析宏观经济波动对中国企业海外并购的影响及动态冲击效应。

Uddin（2011）在研究英国企业1987—2006年跨国并购交易的投资流出和流入量时，根据已有的理论背景假设英国企业的投资流出量即海外并购交易数量与英国的经济增长、股市价格、货币市场利率、货币供给、汇率及通胀率成正相关，并建立多元线性回归方程进行了验证。参考该文的研究思路，将理论背景和中国宏观经济的实际情况相结合，列出以下几个会影响中国企业海外并购的宏观因素。

第一，国内生产总值。当一国经济处于繁荣时期，该国企业越有可能通过海外并购进行扩张。大量研究表明一国的经济规模直接影响该国的对外投资（Vasconcellos，2004；Resende，1999），因此一国经济规模越高，企业的对外投资越多，企业进行海外并购的可能性也越大。而一个国家的经济规模可由 GDP 数值的高低说明，故提出假设：

H1：中国企业海外并购交易数量与中国 GDP 成正比。即中国国内 GDP 数值越高，经济增长速度越快，中国企业海外并购的交易越多。

第二，货币供给。新古典理论在解释并购潮时强调经济、技术和股票市场规范的作用，但 Harford（2005）认为不能完全忽视整个宏观经济流动性的影响。从广义上讲，宏观经济流动性就是货币的流动性，当发行的货币越宽裕、货币增长量越快时，国内的资金越充裕，刺激个人消费和企业投资，这些过剩的资金会寻找更多的投资机会，对外直接投资数量上升，因此企业的海外并购的数量也会上升。因此提出假设：

H2：中国企业海外并购交易数量与中国货币供给（货币流动性）成正比。即中国货币政策越宽松，中国企业进行海外并购的交易越多。

第三，汇率。并购的价值论说强调只有在并购双方公司的价值存在差异时并购才会发生。而由汇率导致的国家货币价值的差异使得不同国家的公司价值不同。人民币升值，一方面会使国内以人民币计价的工资相对于以外币计价的工资提高，减少了企业的利润；另一方面，相对于人民币的升值，东道国的机器、劳动、土地等生产投入甚至包括企业的资产会变得相对便宜，会使企业的利润空间增大。当人民币相对于东道国货币升值时，这种财富效应自然会刺激中国企业的海外并购。因此提出假设：

H3：中国企业海外并购交易数量与中国汇率（间接标价法下的汇率，人民币/美元）成反比。即人民币相对升值时，中国企业海外并购的交易越多。

第四，利率。一个企业的对外投资能力可由其可用资本和资本成本来解释。理论上来说，利率越低意味着国内资本越充裕而企业的融资成本也将越低，为了获得更多的利润，企业越有可能进行投资，从而越有可能进行跨国并购。因此，融资成本能直接影响收购行为，利率是收购企业考虑的最主要因素。故提出假设：

H4：中国企业海外并购交易数量与中国利率成反比。即中国国内基准贷款利率越低，中国企业海外并购的交易越多。

第五，通货膨胀率。费雪方程式表明在通胀存在的情况下，衡量资本成本的名义利率会比实际利率高。由于企业的投资资金多是通过融资方式获得，名义利率越高，企业的融资成本增加，负债也就增加，进而间接影响企业的投资决定，海外并购也会减少。因此提出假设：

H5：中国企业海外并购交易数量与中国通货膨胀率成反比。即中国国内通胀率越低，中国企业海外并购的交易越多。

第六，股价指数。一方面，股价指数越高意味着中国未来的经济增长前景越好，企业有动力进行投资扩张生产，相应地跨国并购也会增加。另一方面，在企业投资理论中，托宾 q 是反映企业投资机会的重要指标，q = 公司的市场价值/资产的重置成本，因此托宾 q 提供了股票价格与投资支出相关联的依据。如果企业的市场价值高于资产的重置成本，企业可通过发行更多的股票来买到更多的投资品，即 q > 1，企业的投资支出会增加。也就是说，股票价格上涨，企业的市场价值上升，托宾 q 上升，企业的投资会扩张，企业海外并购的可能性也会增加。故提出假设：

H6：中国企业海外并购交易数量与中国股价指数成正比。即中国股价指数越高，中国企业海外并购的交易越多。

第二节　指标选取与模型构建

本节选取货币供给、汇率、利率、通货膨胀率、股价指数这五个资本市场因素相对应的衡量指标作为解释变量，中国企业海外并购的数量作为被解释变量。

一、样本选取与变量定义

由于我国证券市场发展较晚及其他指标统计口径的不一致、统计数据的缺失，从全球宏观经济数据库（http：//www. qqjjsj. com/hgjj）中只能得到影响我国跨国并购的各宏观因素 1990—2013 年的数据，因此，从 BVD 全球并购数据库（https：//zephyr2. bvdep. com/ip）中筛选出 1990—2013 年收购方为中国、收购目标国为非中国（包含港澳台地区）、并购状态为已完成的跨国并购事件作为样本。

选取的变量有：①海外并购交易总量 *DEAL*，表示中国企业对外国企业的并购交易数量，能大致反映近年来我国对外跨国并购的发展总趋势。②经济增长率 *RGDP*，这里用实际国内生产总值的增长率来衡量，能够反映我国经济的实际增长情况。③货币供给量 *M*2，本节采用广义货币量 *M*2 的增长率度量。④外汇汇率 *ER*，用 1 美元表示多少人民币的数值来表示表示。⑤市场利率 *IR*，中央银行对存贷款利率的经常调整一定程度上能反映资金的供求，采用世行公布的中国 6 个月至 1 年期的短期贷款利率表示。⑥通货膨胀率 *INF*，这里选取反映居民生活水平变化的消费者物价指数的增长率来衡量。⑦股价指数 *SH*，用上证综合指数年收益率衡量，$SH=\ln(R_t)-\ln(R_{t-1})$，其中，R_t表示第 t 年末上证综合指数平均收盘指数。

二、模型构建

为检验上述假设，证明经济增长、货币供应量、汇率、利率、通胀及股价指数的变动对中国企业海外并购交易总量存在影响，建立多元时间序列模型。但考虑到这些宏观经济变量间本身存在着紧密联系，且多数宏观经济数据为非平稳序列，通过一阶差分虽可以得到平稳序列，但其实际经济含义已不同。为此运用 VAR 模型建立非结构化方程进行协整检验及误差修正，不仅可以避免利率、汇率等变量间的同期相关问题，检验变量系统之间的长期均衡及短期动态关系，还能有力解释这些宏观经济变量的冲击对海外并购交易影响的动态效应。

为了便于分析经济增长率（*RGDP*）、货币供应量（*M*2）、汇率（*ER*）、利率（*IR*）、通货膨胀率（*INF*）、股价指数（*SH*）变动对中国企业海外并购交易数量（*DEAL*）的影响，构建如下不含外生变量的 VAR 模型：

$$\begin{pmatrix} DEAL_t \\ RGDP_t \\ M2_t \\ ER_t \\ IR_t \\ INF_t \\ SH_t \end{pmatrix} = \begin{pmatrix} c_1 \\ c_2 \\ c_3 \\ c_4 \\ c_5 \\ c_6 \\ c_7 \end{pmatrix} + \Phi_1 \begin{pmatrix} DEAL_{t-1} \\ RGDP_{t-1} \\ M2_{t-1} \\ ER_{t-1} \\ IR_{t-1} \\ INF_{t-1} \\ SH_{t-1} \end{pmatrix} + \cdots + \Phi_p \begin{pmatrix} DEAL_{t-p} \\ RGDP_{t-p} \\ M2_{t-p} \\ ER_{t-p} \\ IR_{t-p} \\ INF_{t-p} \\ SH_{t-p} \end{pmatrix} + \begin{pmatrix} \varepsilon_{1t} \\ \varepsilon_{2t} \\ \varepsilon_{3t} \\ \varepsilon_{4t} \\ \varepsilon_{5t} \\ \varepsilon_{6t} \\ \varepsilon_{7t} \end{pmatrix} \tag{6-1}$$

其中，等式左边为内生变量矩阵，p 是滞后阶数，Φ_1，…，Φ_p为待估计的系数矩阵，表示海外并购交易、经济增长等变量受其自身与其他变量往期影响的程度，C 为截距项矩阵，T 是样本个数，ε_t是扰动列向量。

将 VAR 模型（6－1）简化成：

$$y_t = \Phi_1 y_{t-1} + \cdots + \Phi_p y_{t-p} + \varepsilon_t \tag{6－2}$$

做差分可以得到 Johansen 协整检验模型（6－3）：

$$\Delta y_t = \Pi y_{t-1} + \sum_{i=1}^{p-1} \Gamma_i \Delta y_{t-i} + \varepsilon_t \tag{6－3}$$

其中，$\Pi = \sum_{i=1}^{p} \Phi_i - I$，$\Gamma_i = \sum_{j=i+1}^{p} \Phi_j$。

如果海外并购交易数量（$DEAL_t$）、经济增长率（$RGDP_t$）、货币供应增量（$M2_t$）、汇率（ER_t）、利率（IR_t）、通货膨胀率（INF_t）、股价指数变动（SH_t）均遵循 I（1）过程，则 $\Delta DEAL_t$、$\Delta RGDP_t$、$\Delta M2_t$、ΔER_t、ΔIR_t、ΔINF_t、ΔSH_t均是一阶平稳的，当 Πy_{t-1}是 I(0) 向量时，就可以利用特征根迹检验和最大特征值检验来判断这几个变量间是否具有协整关系。若存在协整关系，通过建立向量误差修正模型（VECM），将短期波动与长期均衡联系在一起，进一步明确变量间的相互关系，尤其是经济增长率、货币供应增量、汇率、利率、通货膨胀率、股价指数变动对海外并购交易数量的作用力。VECM 模型如下：

$$\Delta y_t = \alpha \cdot ecm_{t-1} + \sum_{i=1}^{p-1} \Gamma_i \Delta_{y-i} + \varepsilon_t \tag{6－4}$$

ecm_{t-1}是误差修正项，反映宏观经济变量间的长期均衡关系；系数矩阵α反映当变量间偏离长期均衡关系时调整到均衡状态的调整速度；解释变量差分项的系数反映各变量短期波动对被解释变量短期变化的影响。为了刻画上述宏观经济变量中任一变量发生变化时对整个系统及海外并购交易的冲击，建立脉冲响应函数：

$$\begin{pmatrix} DEAL_{1t} \\ RGDP \\ M2_{1t} \\ ER_{1t} \\ IR_{1t} \\ INF_{1t} \\ SH_{1t} \end{pmatrix} = \begin{pmatrix} a_{11}^{(0)} & a_{12}^{(0)} \\ a_{21}^{(0)} & a_{22}^{(0)} \\ a_{31}^{(0)} & a_{32}^{(0)} \\ a_{41}^{(0)} & a_{42}^{(0)} \\ a_{51}^{(0)} & a_{52}^{(0)} \\ a_{61}^{(0)} & a_{62}^{(0)} \\ a_{71}^{(0)} & a_{72}^{(0)} \end{pmatrix} \begin{pmatrix} \varepsilon_{1t} \\ \varepsilon_{2t} \\ \varepsilon_{3t} \\ \varepsilon_{4t} \\ \varepsilon_{5t} \\ \varepsilon_{6t} \\ \varepsilon_{7t} \end{pmatrix} + \begin{pmatrix} a_{11}^{(1)} & a_{12}^{(1)} \\ a_{21}^{(1)} & a_{22}^{(1)} \\ a_{31}^{(1)} & a_{32}^{(1)} \\ a_{41}^{(1)} & a_{42}^{(1)} \\ a_{51}^{(1)} & a_{52}^{(1)} \\ a_{61}^{(1)} & a_{62}^{(1)} \\ a_{71}^{(1)} & a_{72}^{(1)} \end{pmatrix} \begin{pmatrix} \varepsilon_{1t-1} \\ \varepsilon_{2t-1} \\ \varepsilon_{3t-1} \\ \varepsilon_{4t-1} \\ \varepsilon_{5t-1} \\ \varepsilon_{6t-1} \\ \varepsilon_{7t-1} \end{pmatrix} + \begin{pmatrix} a_{11}^{(2)} & a_{12}^{(2)} \\ a_{21}^{(2)} & a_{22}^{(2)} \\ a_{31}^{(2)} & a_{32}^{(2)} \\ a_{41}^{(2)} & a_{42}^{(2)} \\ a_{51}^{(2)} & a_{52}^{(2)} \\ a_{61}^{(2)} & a_{62}^{(2)} \\ a_{71}^{(2)} & a_{72}^{(2)} \end{pmatrix} \begin{pmatrix} \varepsilon_{1t-2} \\ \varepsilon_{2t-2} \\ \varepsilon_{3t-2} \\ \varepsilon_{4t-2} \\ \varepsilon_{5t-2} \\ \varepsilon_{6t-2} \\ \varepsilon_{7t-2} \end{pmatrix} + \cdots \tag{6－5}$$

为了进一步描述跨国并购的影响因素，基于以上模型，这里仅对经济增长率、货币供应增量、汇率、利率、通货膨胀率、股价指数变动进行方差分解，定量分析这六个宏观经济变量的冲击对海外并购数量这一内生变量影响的贡献度。

$$RVC_{j\to i}(\infty)=\frac{\sum_{q=0}^{\infty}[a_{ij}^{(q)}]^2\sigma_{jj}}{\mathrm{var}(y_i)}=\frac{\sum_{q=0}^{\infty}[a_{ij}^{(q)}]^2\sigma_{jj}}{\sum_{j=1}^{k}\left\{\sum_{q=0}^{\infty}[a_{ij}^{(q)}]^2\sigma_{jj}\right\}} \tag{6-6}$$

这里 i 指变量海外并购交易数量（$DEAL_t$），j 分别指变量经济增长率（$RGDP_t$）、货币供应增量（$M2_t$）、汇率（ER_t）、利率（IR_t）、通货膨胀率（INF_t）、股价指数变动（SH_t）。相对方差贡献率 RVC 是根据第 j 个变量基于冲击的方差对跨国并购交易数量（$DEAL_t$）的方差的相对贡献度来观测第 j 个变量对跨国并购的影响。

第三节　实证检验与结果分析

一、单位根检验

对中国企业海外并购交易数量、经济增长率、货币供应变动率、汇率、利率、通货膨胀率、股价指数增长率及它们的一阶差分进行平稳性检验。从表 6－1 可以看出，原序列的 ADF 统计量的绝对值多数小于 5% 显著水平下的临界值，不能拒绝存在单位根的原假设，因而原序列是非平稳的。经一阶差分后序列的 ADF 绝对值均大于 5% 显著水平下的临界值，说明跨国并购交易数量、经济增长率、货币供应变动率、汇率、利率、通货膨胀率、股价指数变动率均一阶平稳，遵循 I（1）过程。

表 6－1　　单位根 ADF 检验结果

变量	ADF 统计量	1% 临界值	5% 临界值	结论（5% 的拒绝水平）
DEALt/ΔDEALt	－1.2143/－3.9765	－3.7529	－2.9980	不平稳/平稳
RGDPt/ΔRGDPt	－3.2161/－3.8859	－3.7695	－3.0048	平稳/平稳
M2t/ΔM2t	－1.9506/－5.9576	－3.7529	－2.9980	不平稳/平稳

续表

变量	ADF 统计量	1% 临界值	5% 临界值	结论（5% 的拒绝水平）
$ERt/\Delta ERt$	-2.2075/-4.2576	-3.7695	-3.0048	不平稳/平稳
$IRt/\Delta IRt$	-1.3576/-3.9944	-3.7529	-2.9980	不平稳/平稳
$INFt/\Delta INFt$	-1.7653/-3.2799	-3.7695	-3.0048	不平稳/平稳
$SHt/\Delta SHt$	-4.3049/-6.8751	-3.7529	-2.9980	平稳/平稳

二、VAR 模型与协整检验

平稳性检验结果表明上述变量都是一阶单整，变量间可能存在长期均衡关系，可以建立七变量的 VAR 模型。运用 Eviews 7.2，估计模型的滞后项，这里根据无约束 VAR 模型的残差分析和 AIC、SC 准则确定最佳滞后期为 2，协整方程的最大滞后阶数为 1。为确定经济变量与跨国并购数量间是否存在协整关系及协整关系的个数，对海外并购交易数量、经济增长率、货币供应变动率、汇率、利率、通货膨胀率、股价指数变动率进行滞后阶数为 1 的 Johansen 协整检验，结果如表 6-2、表 6-3 所示。

在表 6-2 的迹检验中，序列在 5% 显著水平下均拒绝了没有协整关系的原假设，并表明了上述序列间存在 5 个协整关系；而表 6-3 的最大特征值检验表明存在 4 个协整关系，虽然两检验结果不一致，但至少证明序列是存在协整关系的，即中国企业海外并购交易数量与上述经济变量之间存在长期的均衡关系。

表 6-2　迹检验结果

假定的协整方程的个数	特征值	最大特征值检验	5% 临界值	概率 **
无协整方程 *	0.9997	342.0787	134.6780	0.0000
至多一个协整方程 *	0.9117	160.7726	103.8473	0.0000
至多两个协整方程 *	0.8137	107.3730	76.9728	0.0000
至多三个协整方程 *	0.7718	70.4015	54.0790	0.0009
至多四个协整方程 *	0.5875	37.8918	35.1928	0.0250
至多五个协整方程 *	0.4355	18.4094	20.2618	0.0881
至多六个协整方程 *	0.2328	5.8308	9.1645	0.2042

表 6-3　　　　　　　　最大特征值检验结果

假定的协整方程的个数	特征值	最大特征值检验	5%临界值	概率**
无协整方程*	0.9997	181.3061	47.0789	0.0000
至多一个协整方程*	0.9117	53.3997	40.9568	0.0013
至多两个协整方程*	0.8137	36.9713	34.8059	0.0271
至多三个协整方程*	0.7718	32.5098	28.5881	0.0149
至多四个协整方程*	0.5875	19.4824	22.2996	0.1182
至多五个协整方程*	0.4355	12.5785	15.8921	0.1548
至多六个协整方程*	0.2328	5.8308	9.1645	0.2042

注：* 表示 5% 的显著水平下拒绝原假设。

三、基于 VAR 模型的变量外生性检验

在变量间存在上期均衡关系的基础上，为揭示跨国并购数量是否与这些经济变量有因果关系，选用 Block Exogeneity Wald 检验方法检验各变量对 VAR 模型的外生性，其本质是基于多变量 VAR 模型的 Granger 因果关系检验。由表 6-4 可以看出，在 5% 的显著水平下，*ER*、*RGDP*、*IR*、*M*2 能 Granger 引起 *DEAL*，但 *INF* 和 *SH* 却不是引起 *DEAL* 变动的原因，即通胀率和股价指数对 *DEAL* 变动的影响不显著。

表 6-4　　　　VAR 模型的变量外生性检验部门结果汇总表

被解释变量：DEAL

排除变量	卡方统计量	自由度	P 值
ER	8.7948	2	0.0123
RGDP	6.1715	2	0.0457
INF	2.8864	2	0.2362
IR	6.0160	2	0.0494
*M*2	8.6530	2	0.0132
SH	0.1614	2	0.9224

四、误差修正模型

由于通货膨胀率和股价指数变动没有通过企业海外并购的 Granger 因果关系检验，故剔除掉这两个变量，重新进行 Johansen 协整检验，结果显示剩余各序列间仍存在长期的均衡关系和趋势，选取一个能正确反映变量间关系的协整方程，表达如下（括号内为标准差）：

$$DEAL_t = 12.9276RGDP_t - 0.4476ER_t - 12.4652IR_t + 1.7054M2_t + 392.8015$$
$$(1.7801) \quad (0.0303) \quad (2.5675) \quad (1.0180) \quad (27.2820)$$
$$(6-7)$$

该协整方程表明了变量间的长期均衡关系，说明 1990—2013 年间中国企业海外并购的交易数量与经济增长、汇率、利率及广义货币供应增长率之间存在着长期稳定的均衡关系。其中，经济增长、货币供应同企业海外并购数量呈正相关，汇率和利率与企业海外并购数量呈负相关关系。

为进一步考虑资本市场变量对跨国并购数量的影响，防止长期均衡关系的偏差，有效反映短期的相互关系，建立误差修正模型（VEC）。根据 LR、FPE、AIC、HQIC、SBIC 检验准则测试，确定 VEC 方程的滞后阶数为 1 阶，得到如下误差修正方程：

$$\Delta DEAL_t = 0.2511ecm_{t-1} - 0.2166\Delta DEAL_{t-1} + 8.7089\Delta RGDP_{t-1}$$
$$[1.1766] \quad [-0.5967] \quad [1.7874]$$
$$+2.0824\Delta M2_{t-1} - 0.2696\Delta ER_{t-1} - 5.4421\Delta IR_{t-1} + 4.7471 \quad (6-8)$$
$$[1.5682] \quad [-1.3400] \quad [-0.8810] \quad [0.7889]$$

该方程表示变量间的短期动态关系，非均衡误差项表明短期内中国企业海外并购与宏观经济因素间存在显著的动态调整机制。一般地，如果前一时期的海外并购数量已经超过了均衡水平，修正系数小于 0，误差纠正项就会把海外并购交易数量往回拉，使其回到均衡水平；类似地，如果前一时期的并购交易小于均衡水平，误差纠正项就会使并购数量朝着返回均衡的方向有一个正的变化，而这里误差修正机制系数 0.2511 大于 0，也表明当系统中短期波动负向偏离长期均衡时，误差修正机制会以 0.2511 的力度通过正向作用将跨国并购的非均衡状态拉回到长期均衡的状态。

此外，上一期的海外并购对本期的海外并购有负向作用，而 4 个经济因素上期的变动对本期企业海外并购的短期影响机制基本与长期一致，但短期动态方程中经济增长、利率、汇率项的系数均小于其长期关系方程中对应的系数，说明短期内中国企业海外并购交易数量的变动除了与上述4个经济因素相关外，可能还受其他不确定因素的作用。同时，滞后一期的利率项t值较小，说明短期内利率发生变动时，对当期跨国并购的影响没那么显著，另外，前期跨国并购的交易对当期跨国并购的影响也并不显著。

五、脉冲响应函数及方差分解

为了进一步分析各个经济变量对跨国并购交易数量的动态影响及影响程度，在前文VAR模型基础上估计中国企业跨国并购的脉冲响应函数（IRF）。由图6－1可见，方程所有特征根的倒数均在单位圆内，说明该VAR模型是稳定的，可以进行脉冲响应分析。

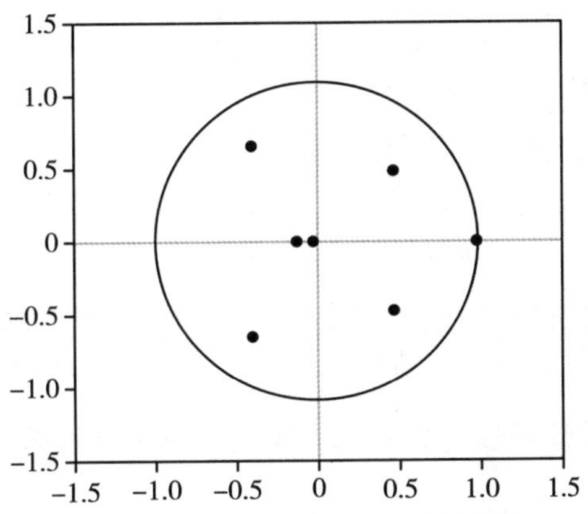

图6－1　VAR模型中方程特征根倒数的分布

图6－2中，实线表示1单位冲击的脉冲响应函数的时间路径，上下两条虚线表示标准差的正负置信区间。a表示在当期给*RGDP*一个正向冲击，到第2期对*DEAL*波动有最大的正效应（20%），说明前期的经济增长在第二期对企业跨国并购有最大的效用力，然后开始逐渐减弱趋于平稳，但总的来说，对*DEAL*有一个正向作用。b、c表示分别给*ER*、*IR*一个正向冲击，*DEAL*的响应路径都是负的，且都在第三期有一个最大的负响应，说明汇率和利率对跨国并购的影响也有滞后效应，在第三期达到最大，之后逐渐趋于平稳。d表示给*M2*一个正向刺激，到第二期左右对*DEAL*有一个最大的正向作用（8%），随后逐渐

减弱并趋于平稳，货币供应增长对跨国并购的影响始终是正向的，且在第二期作用最大。

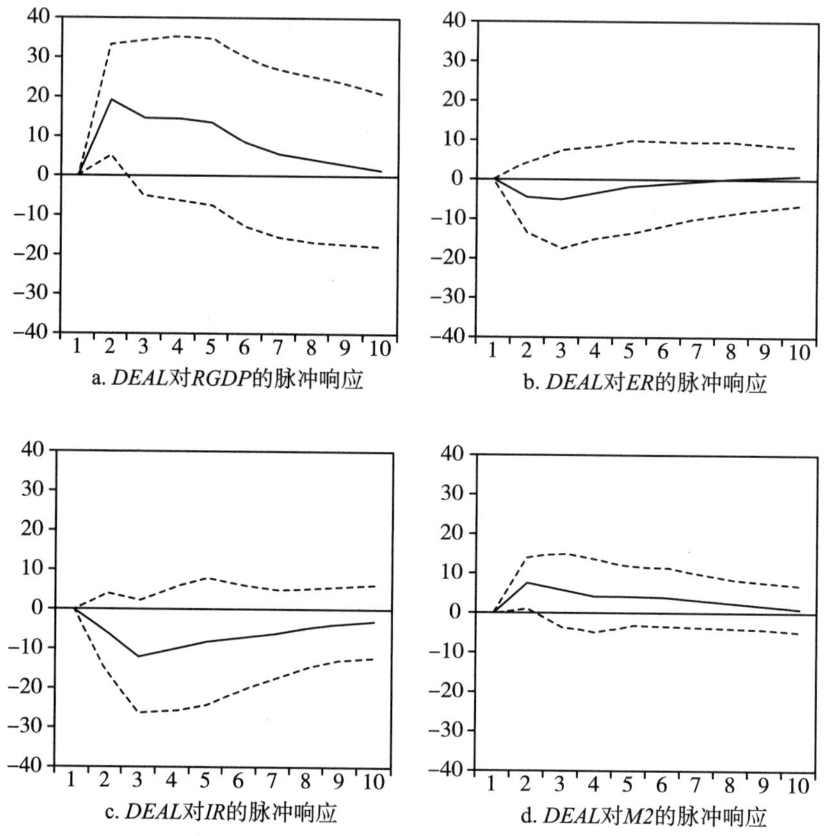

图 6 – 2　跨国并购数量对各资本市场变量一个标准差信息的脉冲响应

从图 6 – 3 可以看出，在跨国并购数量的波动中，若不考虑其自身的贡献率，国内生产总值的变动对跨国并购的影响贡献率最大，可达到 45% 左右；利率次之，对企业海外并购数量变动的贡献率在 20% 左右；汇率、货币供应增长率的贡献度分别为 6% 、10% 左右，说明国内生产总值变动是影响企业海外并购最主要的因素。

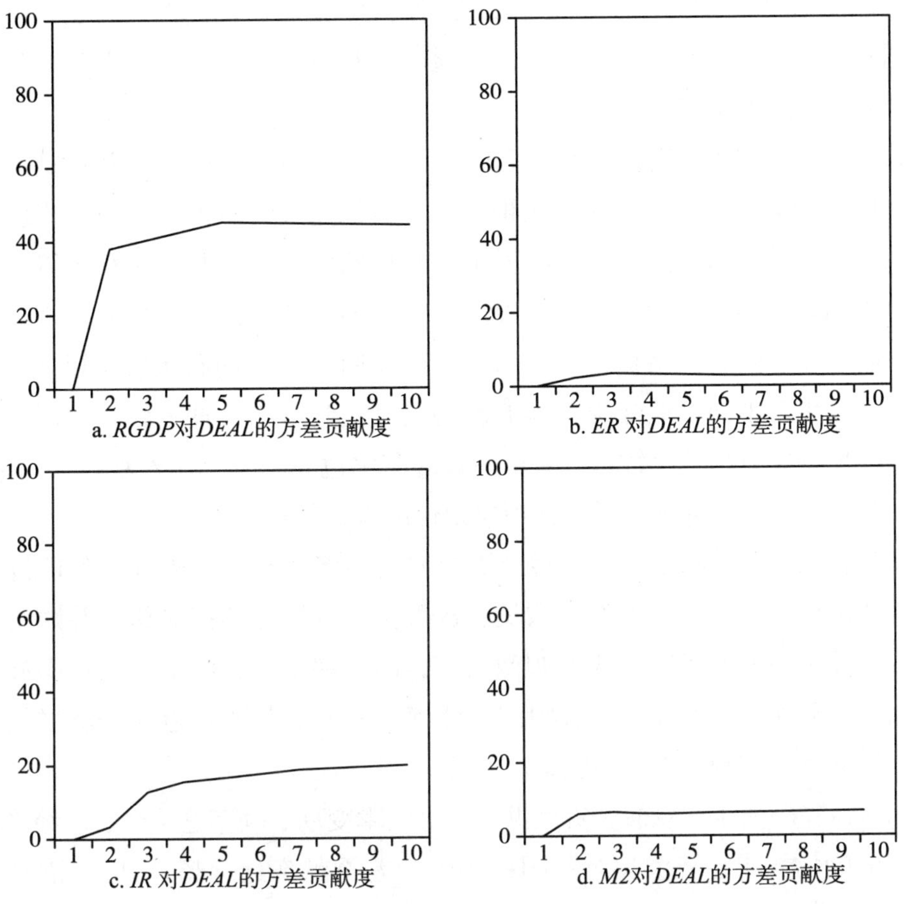

图 6－3　跨国并购数量的方差分解

第四节　本 章 小 结

本章主要研究影响中国企业海外并购的宏观因素，运用了 VAR 模型检验国内生产总值、货币供应量、汇率、利率、通货膨胀率及股价指数这 6 个宏观经济变量对中国企业海外并购交易的影响，在此基础上建立了误差修正模型，并从脉冲响应及方差分解的角度定量分析各变量对跨国并购的动态效应及作用程度，研究结果表明：

第一，从长期来看，中国企业海外并购与经济增长、货币供应量、汇率变动、利率变动间存在长期的均衡关系，而通货膨胀率和股价指数的变动不是引起跨国并购交易变化的显著影响因素，通胀率和股价指数变动的影响并不能传递到企业的海外并购交易。

第二，协整方程各变量的系数表明，长期来看中国企业海外并购交易数量与经济增长、货币供应增长率呈正相关，与美元兑人民币汇率、短期贷款利率呈负相关。短期动态的误差修正模型也说明短期内跨国并购与宏观经济因素间存在显著的动态调整机制，当系统短期波动偏离长期均衡时，滞后一期的误差修正机制会作正向修正将负偏离的跨国并购拉回至长期均衡状态。短期内，各宏观经济因素对中国企业海外并购的影响机制也基本与长期一致，而短期动态方程与长期静态方程相比较，各变量系数的变化也表明除上述宏观经济因素外，短期内中国企业海外并购还受其他不确定性因素的影响。

第三，从动态影响来看，宏观经济的波动会将自身所受外部条件的冲击传递至企业海外并购上，其中经济增长、货币供应量的变动都对跨国并购交易数量有一个滞后一期的正向积极的刺激效用，而汇率变动、利率变动正向冲击将引起跨国并购滞后的负响应。且中国企业海外并购交易的数量对经济增长的脉冲响应较之其他宏观因素更为敏感。

第四，在国内生产总值、货币供应量、汇率变动、利率这 4 个宏观经济因素中，GDP 的增加即经济增长对跨国并购的方差贡献率远远超过其他几个因素，占 45% 左右；而跨国并购受汇率、货币供应、利率的影响程度相对较小，分别为 6% 、10% 、20% 左右，也就是说经济增长比其他宏观因素对中国企业海外并购增加的影响更为显著，因此，GDP 增长率即经济增长是影响中国企业海外并购的最主要因素。

上述结论验证了本章提出的 6 个假设中的 4 个，即中国的宏观经济环境对中国企业海外并购有着重要的影响，当中国处于经济增长期、货币供应充足、人民币相对升值以及基准贷款利率较低的经济环境中时，中国企业进行海外并购的动力较为充足。但是和 Uddin 得出的影响英国海外并购因素的结论相比，通货膨胀率及股票市场对中国企业海外并购的影响并不明显，而这可能与我国政府通过政策将通胀率控制在一定范围内有关。此外中国的股票市场也并不完善，在监管不力、机制不规范、投机氛围重易引发股价暴涨暴跌的情况下，中国的股市也并不完全能反映中国的宏观经济环境。

基于上述研究结论，中国企业在进行海外并购的过程中，不仅要充分了解自身企业状况及并购目标企业所在东道国可能存在的相关风险，更要充分估计由于本国宏观经济波动所带来的各种不确定性，完善公司治理机构，谨慎地实施海外投资战略。对于国家大环境来说，配合“一带一路”倡议的实施，政府应尽力构建一个稳定快速增长的宏观经济环境，尽快完善本国资本市场的建设，提高我国企业海外并购的融资能力，积极指导、鼓励和保护有能力的中国企业进行海外并购。

第七章　资本市场对中国企业海外并购的影响

资本市场通过融资功能、金融中介功能、风险定价功能等推动企业海外并购的实施与调整，是影响跨国并购发展的一个重要因素，纵观21世纪的几次并购浪潮均伴随着资本市场的兴起与繁荣，跨国并购的演进与资本市场的发展与健全息息相关。因此，资本市场发展对促进中国企业海外并购活动有着重大的意义。

第一节　资本市场影响跨国并购的机制分析

资本市场主要是指证券市场（包括股票市场和债券市场），同时由于在跨国并购中，一国广义货币的发行量也影响着资本融通，因此，资本市场还包括调整货币供需和流通的货币市场。

资本市场对跨国并购产生影响的功能及其影响机制，包括融资功能、金融中介功能和资源配置功能（见图7－1）。

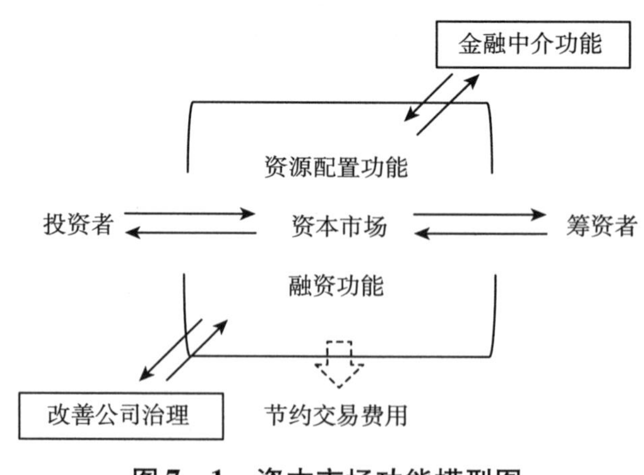

图7－1　资本市场功能模型图

一、资本市场融资功能对跨国并购的影响

（一）资本市场的融资功能

跨国并购需要巨额的资金支持，融资是企业实施跨国并购过程中最重要也是最棘手的问题之一，无论是采取何种支付方式，良好的融资环境都是进行有效跨国并购必不可少的条件。因此，资本市场的融资功能显得尤为重要。

一般来说，筹集投资所需的资金有两个途径：一是企业可以通过保留其产生的利润从内部筹集资金（主要包括留存收益和折旧）；二是从资本市场上筹集外部资金。外部融资的两个基本来源为债务和股本，即债权融资和股权融资。

债权融资可能提高企业的净资产收益率和股东盈利，却又让企业担负更大的风险。股权融资因发行新股有可能会引起股价的波动和股权的稀释，会损害股东的利益。如果企业实施跨国并购所获得的投资收益率大于（或等于）公司的资本成本，该并购从财务层面来看才是成功的。

融资风险会根据融资方式的不同而存在较大差异，相比权益性融资，债务性融资的风险相对较高，包括偿还风险和财务杠杆风险。按期偿还债券是债务性融资最基本的要求，若不能及时偿还，就会使企业面临信用风险甚至破产的风险。同时，债务性融资不仅要偿还本金，还需支付一定的利息，即使企业处于低谷，也同样需要承担一定的利息风险。债务性融资的财务杠杆具有很大的破坏能力，由于无法与投资者进行风险共担，企业需独自承担巨大的财务风险。

在跨国并购的过程中不仅会遇到国内并购的财务风险，还需防范国际税收、汇率波动等方面的风险。在国际资本市场上，融资方式不同，在税收方面所面临待遇或是负担也会有所不同，企业应根据不同国家的规定选择相应的融资方式。而无论采取何种融资方式，都会存在一定的汇率风险，这是由跨国并购的性质所决定的。由于在融资的过程中无法立即获得资金，加之期间货币的价值会不断地变化，从而会引起融资成本的增减。因此，资本市场应为企业提供识别汇率波动，规避汇率风险的金融工具。

（二）资本市场融资功能演进对跨国并购的影响

优序融资理论认为，信息不对称会使交易行为产生交易成本，内部融资使企业极小地受到交易费用的限制，而外部融资则需要支付十分昂贵的融资成本，因此企业在进行融资的时候更倾向于内部融资。然而在跨国并购的过程中，企

业内部自然形成的资金无法满足并购需求的巨额资金，企业必须通过各种外部融资渠道筹集资金，因此资本市场的成熟度对于企业在进行跨国并购过程中的融资有着重大的影响。

资本市场的融资功能能够有效的降低跨国并购的融资成本，推动跨国并购的发展，这一点可以从美国五次跨国并购浪潮过程中融资方式的演进看出。①

1. 债券融资与第一次并购浪潮

“纽约证券交易会”的成立标志着美国资本市场的初步建立，最初的资本市场仅仅交易政府债券，也就是说，企业无法通过资本市场融资以实现企业的扩张和资本积累。直到 19 世纪中期，美国资本市场的融资功能开始面向企业，从铁路行业开始，巨大的修建资金都通过资本市场以发行债券的方式募集。在资本市场的支持下，第一次并购浪潮兴起，铁路行业通过在资本市场发行债券筹集资金购买目标公司的股票，以控股的方式实现并购重组。19 世纪末期，美国的矿业和制造业在 6 年间并购事件总数达到 2795 起，随之产生一大批如美国钢铁公司、美孚石油公司等大型垄断组织。

2. 证券融资与第二次并购浪潮

第一次世界大战结束后，美国的资本市场迅速扩张和证券市场繁荣兴起，使中小型企业能够较为便利地通过资本市场募集资金，由此迎来了美国企业的第二次并购浪潮。这一时期，投资银行得到发展，创新出各种金融衍生工具，美国经济步入了历史上的“黄金时期”，在 20 世纪 20 年代，包括公用事业、制造业、银行在内的各种行业发生了近 12000 起并购事件。但该时期并购融资的投资信息不对称造成了许多恶性并购，金融垄断的不断扩张最终导致了 1929 年的经济大危机，许多巨型企业由此破产。

3. “垃圾债券”融资与第三次并购浪潮

第二次世界大战结束后，美国资本市场迎来了新的春天。资本市场的自由化新生了许多并购融资工具，员工持股计划（ESOP）就是其中一种运用十分广泛的并购融资工具。到 20 世纪 70 年代，一种无抵押、资信低、风险大、利率高的“垃圾债券”在资本市场上兴起，“杠杆收购”也由此诞生，一些毫无实力的小型企业只用较少的自由资金就能并购规模庞大的目标企业，就此引发了新一轮的跨国并购浪潮。到 1986 年底，美国资本市场上流通的“垃圾债券”达到 600 亿美元，

① 韩可卫、杨波：《美国企业并购的发展历程、特点及启示》，《管理科学》，1997 年第 6 期。

与此同时，跨国并购飞速发展，取代绿地投资成为了 FDI 的主要方式。

4. 换股并购与第四次并购浪潮

20 世纪 90 年代后，“垃圾债券”逐步退出资本市场，“换股并购”成为了全新的并购融资方式，这一融资方式的变革改变了过去并购只可以使用现金交易的局限。20 世纪 90 年代初期，全球并购活动总额中现金支付占比为 94%，而到 20 世纪 90 年代末，该占比下降到了 64%。

5. 私募融资与第五次并购浪潮

进入 21 世纪，私募性质的融资工具不断创新，资本市场上的各种金融衍生工具层出不穷，可转换债券的发明推进了一种全新的并购方式——“管理层收购”。可转换债券的定价和发行较为复杂，却十分符合管理层收购融资的特殊性。由此可以看出，随着跨国并购的发展，资本市场的融资功能在不断地演进，成为跨国并购强有力的支撑因素。

综上所述，成熟的资本市场能够有效地降低企业的融资成本，规避融资过程中的财务风险，使企业能够顺利地筹集资金进行跨国并购活动。

二、资本市场金融中介功能对跨国并购的影响

跨国并购是一种投资经济活动，其发展离不开金融中介在信息获取方面的作用。具体而言，资本市场金融中介对跨国并购有以下影响。

（一）投资银行在跨国并购中的作用

在跨国并购的市场上，企业在完成产权交易的过程中会产生许多相关的交易费用，包括资产评估费用、搜寻信息费用、合同履行费用、交易谈判费用等。在企业跨国并购中充当中介机构的投资银行，充分利用自身的专业性，解决了企业跨国并购过程中信息不对称的问题，从而降低了交易成本和跨国并购运行费用。同时，在实施跨国并购的过程中，对交易价格的确定也是投资银行的核心作用之一，由于我国资本市场的发展水平还不高，无法完全通过证券股市的价格反映企业的市场价值。因此，在对交易价格进行评估和确定时需要借助投资银行通过多种评估方式进行综合定价。

投资银行在企业实施跨国并购中的功能主要有：①对并购方而言，可以通过投资银行以最佳的投资条件和方式为企业寻找最为合适的目标公司。②对被并购方而言，投资银行的介入可以帮助企业以尽可能高的价格向并购方出售标

的公司，以实现双赢。③在面临敌意收购时，投资银行通过反收购业务帮助目标企业及其大股东以尽可能低的成本实现反收购，保证了企业自身及其股东的合法利益。④投资银行介入使大资本集中的速度加快，企业经营规模经济与协同效应得以实现。投资银行并购业务的不断发展和日益成熟，从资本市场发展和社会效益层面来看，提升了跨国并购的效率和成功率，并且节约了企业跨国并购的交易成本；从宏观角度来看，提高了资源配置的效率、加快了本国存量资产的流动和经济结构的调整。

（二）私募股权基金在跨国并购中的作用

从运行机理看，私募股权基金将筹集的资金投资于具有成长潜力的企业，将资本积累和风险分散相结合。在投资之前，私募股权基金通过尽职调查的方式规避由市场信息不对称造成的风险。投资期间，通过派驻管理层的方式对投资企业提供咨询与决策建议，从而有效提高企业的市场竞争力。退出之后，又通过转让股权或上市的途径实现企业和私募股权资金共同的资本增值。私募股权基金通过融资、投资、管理和退出的全方位运作流程弥补了跨国并购企业委托代理关系中的信息不对称的缺陷。①

金融机构对私募股权基金收购的支持源于对私募股权基金能够使被收购公司在短期内增值并成功套现的信任。私募股权基金参与企业实施跨国并购可以在债务账面上较大程度地提高被收购企业的成本，从而可以使并购方享受政府在税收上的一些优惠，降低并购成本。

三、资本市场资源配置功能对跨国并购的影响

（一）资本市场的资源配置功能

有效资本市场学说认为资本市场可以发挥资源配置功能，从而提高资本市场的运营效率。资本市场的资源配置功能主要体现在其信息以及资本流动的传导机制（见图7－2）。

首先，资本市场的资源配置功能主要体现在风险定价方面。风险定价反映了资本资产的未来收益与风险的内在关系，资本市场的信息机制有助于实现合理的风险定价。证券市场强制性的信息披露制度、会计师审计制度和强有力的

① 杨丹辉、渠慎宁：《私募基金参与跨国并购：核心动机、特定优势及其影响》，《中国工业经济》，2009年第3期。

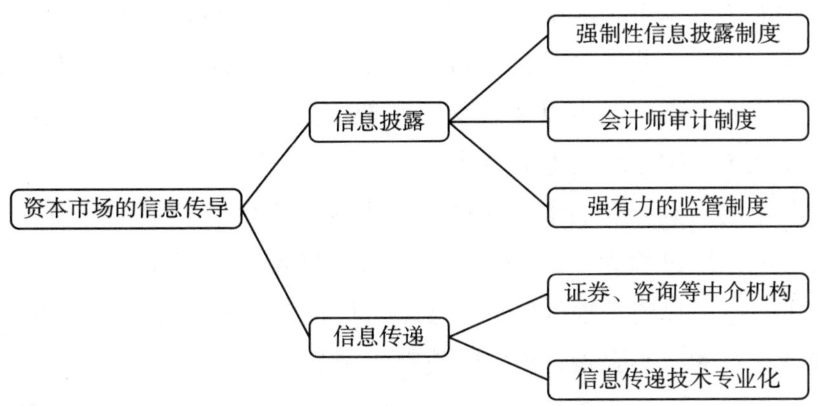

图7-2　资本市场信息传导机制

监管制度保证了市场信息的披露，而证券咨询机构、评级机构等资本市场组成机构的专业性能够实现市场信息的有效传递，减少了信息传递的“噪声”，使投资者能够根据其所获取的有效信息采取理性的投资行动。

其次，资源配置还意味着资本的流动，市场流动性的高低反映在参与者交易的即时性、交易成本以及交易过程中市场价格的波动。有效资本市场学说的主要倡导者 K. Frenck 指出：由于证券的价格可以充分反映资本市场上的各种状况，价格信号成为资本市场中资本有效配置的内在机制，因此“一个有次序的资本市场会迅速地将资本引向收益最高的企业”①。资本市场通过资本筹集的方式，有效地促进了资本市场资源的有效配置，实现社会产出的最大化。

（二）资本市场资源配置功能对跨国并购的影响机制

1. 资本市场资源配置功能影响跨国并购的过程

资本市场资源配置功能对跨国并购的影响体现在对目标企业的定价方面。从制度方面而言，若市场机制、商业规则、法律制度等方面不够成熟完善，会导致并购交易不能按照市场的规律进行定价，比如国有企业的大部分股权属于国资管理部门，并购时的定价会受到行政干预的影响。从技术操作的角度而言，如果金融中介机构不具备健全的价值评估体系，只会单一的采用固定资产评估法对目标企业进行定价，会低估一些高新技术型企业的价值，从而不能准确地确定跨国并购的交易价格，使被并购企业的价值与市场实际情况相背离。资本市场信息传导机制的有效性决定了其定价功能的外部有效性，通过竞争机制和

① K. French. Stock Returns and the Weekened Effect. Journal of Financial Economics. March, 1980.

多边议价功能，资本市场能够有效确定资本资产的价格。跨国并购在对目标企业进行价值评估时，若是上市公司可直接采用企业的股票市价作为基准对其进行定价，若是非上市公司也可通过参照类似上市公司市盈率水平进行估价，从而有效地降低了并购方的内生交易费。

以股票市场为例，股票市场通过股价机制实现资源的最佳配置。资源配置在股票市场的作用过程为：首先，企业进入股票市场前必须披露企业总体经营状况的相关信息，投资者根据信息的披露进行投资交易，进而影响股价的波动。股价是股票市场的核心因素，价格的波动受信息披露状况的影响，信息量越大，股价对股票市场状况的反映程度越高，信息效率就越高。其次，上市企业根据股票价格的波动制定相对应的投资策略，进而影响了资本市场上的资金流动，因此，企业投资决策和资金的流动方向也是股票市场信息效率的配置结果。最后，投资方在对股市状况的理智分析判断后将资金投向效益和成长性优良的企业，由此改善了企业的经营状况和业绩，进而使股市的投资者对企业进行了新一轮的评估。股票市场信息配置作用如此不断循环，从而实现了对不同生产部门、不同企业甚至不同地区的资源配置，促进了经济的发展。①

然而信息传导机制的有效程度取决于资本市场的成熟度。由于企业在将信息披露给市场时无法获得收益的内部化，因此，主观上会选择最低的信息披露限度，同时也造成了“搭便车”现象的存在。同时，公司的信息公布会直接影响企业股票的价格，为了抬高股价，企业对信息的披露也是有选择性的，甚至会受到投机者的操纵。上市公司利用“借壳上市”的方式抢占资源，获取低成本的资金，这种投机性的并购不仅无法实现并购后的协同效应，改善企业的经营状况，还降低了跨国并购的效率。因此，资本市场的信息披露政策法规的完善程度直接影响了资源配置功能的大小，同时也直接影响企业进行跨国并购收益的多少。②

2. 资本市场对跨国并购后公司治理的影响

随着资本市场功能的发展与演进，资本市场还能在促进和完善公司治理结构方面产生巨大的积极影响。资本市场对公司治理的影响机制主要有股东投票机制、并购接管机制和股权激励机制。

在股东投票机制中，股权结构对股东的监督影响至关重要，若股权高度集中，小股东的权利无法与控股股东相抗衡，因此就无法对管理层实施有效监督；

---

① 王兰军．股票市场功能演进与经济结构调整研究［M］．北京：中国金融出版社，2003.
② 韩德宗．中国股市场分割因素及消除路径［J］．经济理论与经济管理，2004（07）.

相反，若股权高度分散，中小股东参与公司治理的收益和成本不对等，也会削弱中小股东监督管理的积极性，从而影响公司的治理效果。

并购接管机制是通过公开收购股权或代理权实现对公司的控制和管理，这是一种有效的外部管理机制。当企业经营效益下降时，股票价格就会随之下跌，当股价低到一定程度时，外部投资者就会通过大规模购买公司股票得到对公司的控制权，进而对公司进行改组。企业为避免外部并购接管，管理层就必须努力提高公司效益，从而实现公司治理的不断完善。

股权激励机制是随着资本市场的发展在20世纪六七十年代兴起的一种人力资源管理理论。通过将公司的股票、期权、业绩股份等与公司业绩相挂钩的多种金融工具作为公司管理层的报酬，从而实现对管理层的一种长期激励。股权激励是目前资本市场发挥其公司治理功能的有效途径之一，由于其使得管理层的薪酬与股价直接挂钩，而用于实施股权激励的股票又是公司的新增价值，从而有效地实现了资本市场对公司管理层的激励、监督和约束。

成熟的资本市场会通过各种方式完善公司治理，对于实施跨国并购的企业同样如此，企业在实施跨国并购之后，如何实现与被并购企业的整合，实现财务创造和并购绩效的增加都与资本市场的发展息息相关。有效的资本市场能够使并购创造价值，反之则影响企业跨国并购的绩效。

第二节　资本市场影响跨国并购的国际比较分析

一、变量的设定及数据说明

（一）变量的设定

根据上文对资本市场概念的界定，选取的变量主要包括：一是股票市场成交额占GDP的比重（*Stock*）。股票市场成交额是在某特定时期内交易所市场上成交的所有股票的金额，该指标不仅可以有效衡量一国证券市场的发展程度，而且对研究跨国并购受资本市场发展程度的影响也具有重要意义。二是股票周转率（*Deal*）。股票周转率是衡量股票、基金交易活跃程度的重要指标。三是广义货币发行量占 GDP 的比重（*Money*）。货币发行量反映了货币市场的活跃程度，一定程度上也反映了一国经济的发展状况，货币市场的发展状况会影响企业产品的竞争力和跨国并购的成本，因此选取货币发行量作为反映资本市场调控能力的重要指标。

以上是反映资本市场发展状况的解释变量，但在建立跨国并购影响因素的模型时，根据其他学者对跨国并购影响因素的研究分析，汇率是一国货币转换为外币的成本，这对跨国并购成本有着重要影响；贸易总额反映国与国之间的双边关系，贸易越发达，跨国并购的动力就越大；税收是企业的重要成本，影响企业的盈利空间进而影响企业进行跨国并购的动力；人均 GDP 变动率则显示国内消费潜力，进而影响跨国并购的积极性。① 因此，选取的控制变量包括实际汇率（*Exchange*）、贸易总额占 GDP 的比重（*Trade*）、总税收收入占 GDP 的比重（*Tax*）以及人均 GDP 变动率（*AGDP*）。

（二）数据来源及处理

我们选取了中国、美国、德国、日本、印度从 1999—2011 年的相关数据，包括每一年各国的股票市场成交额、金融债券和企业债券发行额、股票周转率、货币与准货币总量、汇率、贸易总量、人均 GDP、税收和跨国并购总交易额，其中股票市场成交额以及债券发行额的数据是来源于中国债券信息网以及《中国证券期货统计年鉴》，广义货币发行量以及汇率来自中国人民银行网站数据，进出口贸易总额数据来源为海关总署网站，GDP 来自国家统计局网站公布数据，总税收数据来源于国家税务局网站。国外的相关数据来源为中国经济社会发展统计数据库中的国外相关数据。将数据进行处理，*Stock* 为证券成交额占 GDP 的比重，*Deal* 为股票周转率，*Money* 为货币与准货币占 GDP 的比重，*Trade* 为贸易总量占 GDP 的比重，*AGDP* 为人均 GDP 变动率，*Tax* 为税收占 GDP 的比重，*MA* 为跨国并购总量占 GDP 的比重。

二、模型的建立与结果分析

（一）模型的建立

借鉴安德森的引力模型（7-1），并对其进行调整得到关于跨国并购影响因素的计量模型（7-2）。

① 徐运保，陈辉民. 基于扩展引力模型的 FDI 跨国并购影响因素分析［J］. 湘潭大学学报，2011（01）.

$$FDI_i = \beta_0 + \beta_1 GDP_i + \beta_2 AGDP_i + \beta_3 DISTANCE + \varepsilon_i \tag{7-1}$$

其中 FDI_i 表示对 i 国的直接投资量；GDP_i 为 i 国的国内生产总值；$AGDP_i$ 为 i 国当期的人均国内收入；$DISTANCE$ 表示投资国与目标国的地理距离；ε_i 表示随机误差。

$$MA_{i,t} = \beta_1 + \beta_2 Stock_{i,t} + \beta_3 Deal_{i,t} + \beta_4 Money_{i,t} + \beta_5 Exchange_{i,t} + \beta_6 Trade_{i,t} + \beta_7 AGDP_{i,t} + \beta_8 Tax_{i,t} + a_i + \varepsilon_{i,t} \tag{7-2}$$

其中 $MA_{i,t}$ 为 t 年 i 国跨国并购占 GDP 的比重；$Stock_{i,t}$ 表示 t 年 i 国证券成交额占 GDP 的比重；$Deal_{i,t}$ 表示 t 年 i 国股票周转率；$Money_{i,t}$ 表示 t 年 i 国货币与准货币占 GDP 的比重；$Exchange_{i,t}$ 表示 t 年 i 国的实际汇率；$Trade_{i,t}$ 表示 t 年 i 国进出口贸易总额占 GDP 的比重；$AGDP_{i,t}$ 表示 t 年 i 国人均 GDP 变动率；$Tax_{i,t}$ 表示 t 年 i 国税收总收入占 GDP 比重；ai 表示随机或固定效应；$\varepsilon_{i,t}$ 表示随机误差项，假定其服从正态分布 $N(0,\ \sigma^2)$。

（二）模型估计

首先，对面板数据进行了单位根检验（见表 7 - 1），通过一阶差分后，所有变量的 P 值都小于 0.01，即所有变量都是一阶差分后在 1% 水平上显著，因此各个变量值是平稳的。由于各变量在同一阶次上，因此符合协整检验的前提条件。

表 7 - 1　　　　面板数据的单位根检验结果

变量 \ 检验方法		LLC 检验	IPS 检验	ADF 检验	PP 检验
Ma	水平值	-2.5540 (0.0503)	-2.3962 (0.0083)	21.0578 (0.0207)	20.9926 (0.0211)
Stock		-3.2646 (0.0505)	-2.5288 (0.0057)	22.2591 (0.0138)	20.3321 (0.0263)
Deal		-5.6534 (0.0401)	-5.0371 (0.1939)	40.3029 (0.2754)	40.0905 (0.4078)
Money		-2.8382 (0.0023)	-1.7069 (0.0439)	16.5720 (0.0844)	16.7710 (0.0796)
Exchange		-1.3159 (0.0941)	-0.1540 (0.4388)	7.7635 (0.6519)	7.6515 (0.6628)
Trade		-4.2159 (0.0000)	-2.4619 (0.0069)	22.0009 (0.0251)	19.8511 (0.0307)
Tax		-4.0427 (0.0000)	-2.0919 (0.0182)	19.4719 (0.0347)	12.4182 (0.2580)
AGDP		-1.1611 (0.1228)	-0.5278 (0.2988)	9.6856 (0.4685)	10.1846 (0.4244)

续表

变量 \ 检验方法		LLC 检验	IPS 检验	ADF 检验	PP 检验
Ma	一阶差分	-8.7545 (0.0000)	-6.7407 (0.0000)	51.6574 (0.0000)	53.0133 (0.0000)
Stock		-6.9693 (0.0000)	-5.0872 (0.0000)	40.0449 (0.0000)	41.5682 (0.0000)
Deal		-5.5852 (0.0000)	-4.0660 (0.0000)	33.2331 (0.0000)	37.9822 (0.0000)
Money		-6.8819 (0.0000)	-4.1735 (0.0000)	33.6440 (0.0000)	39.8127 (0.0000)
Exchange		-5.7823 (0.0000)	-3.1599 (0.0008)	26.6969 (0.0029)	34.1523 (0.0002)
Trade		-5.7948 (0.0000)	-4.4406 (0.0000)	35.5510 (0.0001)	46.2713 (0.0000)
Tax		-7.3330 (0.0000)	-5.3947 (0.0000)	42.7216 (0.0000)	47.0635 (0.0000)
AGDP		-4.6201 (0.0000)	-3.7235 (0.0001)	30.4329 (0.0007)	35.2063 (0.0001)

其次，平稳性检验之后，对面板数据新序列进行了协整检验，检验结果（见表7-2）表明中国、美国、德国、日本、印度5个国家从1999—2011年的面板数据之间存在协整关系。

表7-2　　　　面板数据的协整检验

检验方法	统计量名	统计量值（P值）
Pedroni 检验	Panel v - stat	2.0997 (0.0440)
	Panel ρ - stat	-3.4158 (0.0012)
	Panel PP - stat	-5.99148 (0.0000)
	Panel ADF - stat	-7.83538 (0.0000)
	Group ρ - stat	-0.83778 (0.2809)
	Group PP - stat	-6.9906 (0.0000)
	Group ADF - stat	-7.1941 (0.0000)

对面板数据进行固定效应和随机效应的检验，然后运用 Hausman 检验数据的随机性和固定性。结果（见表7-3）表明模型是具有随机效应的，以此研究跨国并购影响因素更具有合理性和可靠性。

表 7-3　　面板数据模型估计结果

Variable	Coefficient	Std. Error	t-Statistic	Prob
C	2.2692	0.3708	6.1205	0.0043
Stock	0.1359	0.0090	15.1591	0.0014
Deal	-0.0839	0.0066	-12.7396	0.0021
Money	0.0292	0.0171	1.7056	0.0065
Exchange	-0.0160	0.0053	-3.0261	0.0060
Trade	-0.0209	0.0038	-5.4392	0.0088
AGDP	0.0285	0.0123	2.3178	0.0017
Tax	0.0463	0.0144	3.2155	0.0049

具体的公式结果为：

$$MA_{i,t} = 0.1359Stock_{i,t} - 0.0839Deal_{i,t} + 0.0292Money_{i,t} - 0.0160Exchange_{i,t} - 0.0209Trade_{i,t} + 0.0285AGDP_{i,t} + 0.0463Tax_{i,t} + 2.2692 + \varepsilon_{i,t} \quad (7-3)$$

通过分析可知，证券成交额变动 1 个单位，跨国并购占 GDP 比率正方向平均变动 0.1359；股票周转率变动 1 个单位，跨国并购占 GDP 比率反向平均变动 0.0839；货币和准货币变动 1 个单位，跨国并购占 GDP 比率正向平均变动 0.0292；汇率变动 1 个单位，跨国并购占 GDP 比率反向变动 0.0160；进出口贸易总额变动 1 个单位，跨国并购占 GDP 比率反向平均变动 0.0210；人均 GDP 变动 1 个单位，跨国并购占 GDP 比率正向平均变动 0.0285；税收总收入变动 1 个单位，跨国并购占 GDP 比率正向平均变动 0.0463。

（三）实证结果分析

从实证分析的结果可知，资本市场的发展程度对一国跨国并购的影响是显著的。

第一，计量结果显示，一国证券成交额的大小与跨国并购呈正相关，并且相比于其他影响因素，证券市场发展状况对跨国并购的影响更为显著。

第二，外汇市场一直是影响跨国并购交易量的重要因素。本节中汇率这一变量采取的是美元标价法，即当汇率升高时代表本币贬值。从计量结果来看，汇率的变动与跨国并购的交易量成反比。当汇率上升时，本国货币贬值，进而企业实施跨国并购的成本就会增加，从而削弱了本国企业实施跨国并购的动力。

第三，一国的经济发展程度也决定着企业实施跨国并购的积极性。货币发行量、人均 GDP 和税收均能反映一国经济发展的状况。从计量结果来看，货币发行量、人均 GDP 以及税收的变动均与跨国并购交易量的变动呈正相关。

第四，市场的替代效应也在跨国并购的影响因素中有所体现。从计量结果来看，证券市场的股票周转率和一国贸易总量与跨国并购交易量呈反方向变动。

第三节　中国企业海外并购交易定价博弈模型

汇率作为两国间货币的比值，对于跨国并购决策具有重要影响作用，有学者认为本国货币的升值会使本国企业增加跨国并购，但是有的学者则持相反观点，认为外国货币的贬值会抑制本国的跨国并购。

汇率对跨国并购的影响机制比较复杂，主要体现在汇率影响跨国并购的三种效应，即成本效应、财富效应和风险效应。以母国货币相对于东道国货币升值为例，本币升值会导致以母国货币衡量在东道国的投资成本下降，由此形成正的成本效应；同时也会使母国企业的购买能力增强，由此形成正的财富效应；再有，汇率波动的加剧会提高投资母国货币衡量东道国收益的不确定性，从而形成风险效应。上述三种效应影响跨国并购的方式和程度不同，因而并购发起方要结合企业自身、母国和东道国的具体情况综合考虑多种效应作决策，并由此判断汇率对跨国并购的综合影响。

国内外学者较少运用博弈方法分析跨国并购定价问题。在此，我们将采用信号传递博弈模型，分析汇率影响中国企业海外并购交易定价的问题。具体而言，将中国企业海外并购交易定价看作一个不完全信息动态博弈过程，采用信号传递博弈模型的准分离均衡方法，研究汇率水平变动对海外并购定价交易谈判的影响。

一、信号传递博弈模型的构建

海外并购交易的最终结果是交易双方在多轮谈判中实现博弈均衡，博弈双方可以得到相应的先验概率，从而在谈判中得到各自的最优策略。由于买卖双方都是理性的，并以追求收益最大化为最终目标。因此，不会考虑目标企业（被并购企业）自身经营状况良好却低价卖出的可能性，即目标企业经营情况良好时，必然选择高价卖出。目标企业经营状况差时，可能选择高价或者低价卖出，这一特征与不完全信息动态博弈中信号传递博弈的准分离均衡特征是比较吻合的。

为了便于分析，将买卖双方的局中人数予以简化，形成一对一的形式，不考虑评估人等其他主体参与博弈。同时，在构建博弈模型过程中，将汇率、目标企业的估值、经营状况的好或差、博弈双方各自对其预期收益的估计、博弈双方相互的行动预测等因素予以量化，将其他因素作为非量化因子而不考虑。

（一）模型的基本假定

1. 局中人

在本模型中，博弈的局中人为并购产权的交易双方，即国外目标企业（标的方或卖方）和中国企业（并购方或买方），分别用 $i=1$、2 来表示。同时，假设博弈双方都是理性的，均以追求谈判收益最大化为目标，且双方进行交易与否皆出于自愿，不存在政府干预等外因的作用。以 N 作为虚拟局中人（“自然”）来选择卖方的状况，即国外目标企业经营状况的好或差。

2. 行动

用 $\theta(\theta \in \Theta)$ 表示“自然”的选择，$\Theta=\{\theta^1,\theta^2\}$ 表示目标企业的类型空间。其中，$\Theta=\{\theta^1,\theta^2\}=\{$差，好$\}$，表示其经营状况的差与好。用 $m(m \in M)$ 表示目标企业在观测到“自然”的选择后发出的信号，$M=\{m^1,m^2\}$ 表示信号空间。其中，$M=\{m^1,m^2\}=\{$低价,高价$\}$，表示目标企业的报价策略。用 $\alpha(\alpha \in A)$ 表示中国企业在观测到目标企业发出的信号后选择的行动，$A=\{\alpha^1,\alpha^2\}$ 表示信号空间。其中，$A=\{\alpha^1,\alpha^2\}=\{$买,不买$\}$，表示中国企业作出的买还是不买的选择。在行动的顺序上，博弈共分为三个阶段：第一阶段由“自然”N 选择目标企业经营状态的好与差；第二阶段由国外目标企业决定出高价还是出低价；第三阶段由中国企业选择买还是不买。

3. 信息

由于目标企业知道自己的经营状况（即 θ），但中国企业并不知道，只知道其属于 θ 的先验概率（分布概率）是 $\rho=\rho(\theta)$。设 $\rho(\theta^2)=\mu$，则 $\rho(\theta^1)=1-\mu$。

当中国企业观测到目标企业发出的信号 m 后，使用贝叶斯法则从先验概率 $\rho=\rho(\theta)$ 得到后验概率 $\psi=\psi(\theta|m)$ 并确定接受出价的概率函数 $\zeta_m(\alpha^i)$。同样，基于准分离均衡，可得到 $\psi(\theta^1|m^1)=1$，$\psi(\theta^1|m^2)<1-\mu$，$\psi(\theta^2|m^2)>\mu$，$\psi(\theta^2|m^1)=0$。

4. 战略

用 s_i 表示第 i 个局中人的一个特定战略，S_i 代表第 i 个局中人的所有可选择战略的集合。在本模型中，由于目标企业先行动，中国企业在得知其行动后再选择自己的行动，因此，目标企业有两个战略，即 S_1 = （高价，低价）；中国企业有4个战略，即 S_2 = ({高价，买}，{高价，不买}，{低价，买}，{低价，不买})。

5. 支付

在本模型中，目标企业近期经过产权评估的价值为 E（美元计价），中国企业估计其在经营状态好和差时的价值分别为 V_h 和 V_l（人民币计价）。在进行并购谈判时，中国企业的出价分为两种，即最高价 P_h 和最低价 P_l（美元计价）。目标企业在经营情况好时，不进行并购交易时的成本为0；而目标企业在经营状况差且不进行并购交易时的总成本为 C（美元计价），该成本包含谈判的机会成本、企业的破产成本等。只要并购没有实施，中国企业的效用都为0。

在海外并购时，国际市场通常以美元计价，包括 E、P_h、P_l、C；而中国企业估算盈亏时则是以人民币计价，包括 V_h、V_l。中国企业须将国际市场上的价格和价值转换为人民币计价，假设汇率水平 s（单位为人民币/美元）是与模型其他变量独立的外生变量。通常情况下，$V_h > s \cdot P_h$，$V_l > s \cdot P_l$，$V_l < s \cdot P_h$，即报价、汇率与估值满足上述条件时，并购双方才会参与博弈。

（二）海外并购交易双方博弈模型描述

图7－3为中国企业海外并购交易博弈的一个扩展式描述。

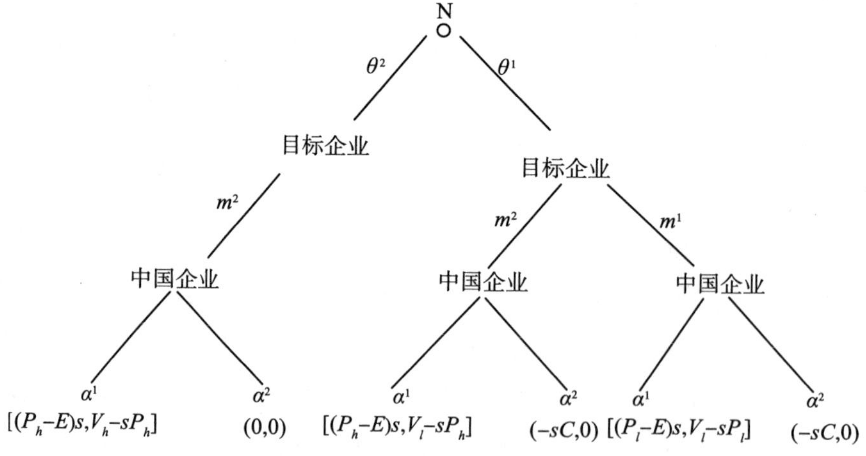

图7－3　海外并购产权交易博弈模型示意图

在图7－3中，目标企业知道自己的经营状况是“好”还是“差”；中国企业能观测到其价格选择“高价”或“低价”，但不能有效观测到其实际经营状况，经营状况好或差的目标企业都有可能选择出高价。因此，中国企业不能轻易根据目标企业的报价作出正确的定价决策。在支付方面，假定买卖双方在全面考虑所有可能的影响因素（如目标企业的市场评价、产权的流动性、议价能力的强弱、未来市场环境的变化等）的基础上理性地作出报价以及评估目标企业近期的产权。在图7－3中的最后一行是根据买卖双方可能选择的行动，得出了各自可能的收益，括号中的左边表示目标企业的收益，右边表示中国企业的收益。例如，在目标企业经营状况较好时报出高价，中国企业选择“买”时，双方的收益分别是（$P_h - E$）s 和（$V_h - sP_h$）；而中国企业选择“不买”时，海外并购双方的收益均为0。依此类推。

二、海外并购博弈双方定价分析

（一）对中国企业（买方）的分析

1. 出高价时的分析

在目标企业出高价时，中国企业有两种选择：$A = \{\alpha^1, \alpha^2\} = \{$买,不买$\}$，而其最终的选择将会根据两种策略的收益大小而定。用 Q_i 表示中国企业选择 α^i 时的收益，即为 $Q_1 = \psi(\theta^2 | m^2)(V_h - sP_h) + \psi(\theta^1 | m^2)(V_l - sP_h)$，$Q_2 = 0$。

分两种情况：

第一，如果中国企业选择并购，其充分必要条件是 $Q_1 > Q_2 = 0$，即 $\psi(\theta^2 | m^2)(V_h - sP_h) + \psi(\theta^1 | m^2)(V_l - sP_h) > 0$，

则 $\dfrac{\psi(\theta^2 | m^2)}{\psi(\theta^1 | m^2)} > \dfrac{sP_h - V_l}{V_h - sP_h}$。

第二，如果中国企业选择不并购，则是因为 $Q_1 < Q_2 = 0$，

即 $\psi(\theta^2 | m^2)(V_h - sP_h) + \psi(\theta^1 | m^2)(V_l - sP_h) < 0$，

则 $\dfrac{\psi(\theta^2 | m^2)}{\psi(\theta^1 | m^2)} < \dfrac{sP_h - V_l}{V_h - sP_h}$。

由上述推导可得，目标企业出高价时，中国企业选择并购的条件是 $\dfrac{\psi(\theta^2 | m^2)}{\psi(\theta^1 | m^2)} > \dfrac{sP_h - V_l}{V_h - sP_h}$，选择不并购的条件是 $\dfrac{\psi(\theta^2 | m^2)}{\psi(\theta^1 | m^2)} < \dfrac{sP_h - V_l}{V_h - sP_h}$。此时，如果人

民币升值，即汇率水平 s 降低，那么 $\frac{sP_h - V_l}{V_h - sP_h}$ 的值也会随之减小，则 $\frac{\psi(\theta^2 \mid m^2)}{\psi(\theta^1 \mid m^2)} > \frac{sP_h - V_l}{V_h - sP_h}$ 的可能性将变大，也就是说中国企业更倾向于选择海外并购。

同理可得，倘若人民币贬值，那么中国企业更倾向于选择不进行海外并购。

2. 出低价时的分析

在目标企业出低价时，中国企业仍然存在两种不同选择：$A = \{\alpha^1, \alpha^2\} =$ {买，不买}，同理，根据各自收益的大小进行决策。用 G_i 表示中国企业选择 α^i 时的收益，则：

$$G_1 = \psi(\theta^1 \mid m^1)(V_l - sP_l)$$

$$G_2 = 0$$

在准分离均衡下，$\psi(\theta^1 \mid m^1) = 1$，则 $G_1 = (V_l - sP_l) > 0 = G_2$。因此，在被并购方出低价时，中国企业的选择是进行并购，即汇率水平对中国企业的并购决策没有什么影响。

（二）对目标企业（卖方）的分析

1. 概率分析

目标企业存在两种出价方式：高价或低价。这是目标企业对自身实力、影响力、谈判能力以及中国企业在谈判中的反应等的充分预计。被并购方可否取得收益取决于中国企业的行动（买或不买），即能否出售的基础上。

根据前文的分析，在汇率波动、目标企业出高价的情况下中国企业选择并购的条件是 $\frac{\psi(\theta^2 \mid m^2)}{\psi(\theta^1 \mid m^2)} > \frac{sP_h - V_l}{V_h - sP_h}$，不并购的条件是 $\frac{\psi(\theta^2 \mid m^2)}{\psi(\theta^1 \mid m^2)} < \frac{sP_h - V_l}{V_h - sP_h}$。

在目标企业出低价时，中国企业的选择都是进行海外并购。则：

$$\zeta_1(\alpha^1) = 1,\ \zeta_1(\alpha^2) = 0$$

目标企业出高价，中国企业选择海外并购的概率为：

$$\zeta_2(\alpha^1) = P\left(\frac{\psi(\theta^2 \mid m^2)}{\psi(\theta^1 \mid m^2)} > \frac{sP_h - V_l}{V_h - sP_h}\right),$$

目标企业出高价，而中国企业不进行海外并购的概率为：

$$\zeta_2(\alpha^2) = P\left(\frac{\psi(\theta^2 \mid m^2)}{\psi(\theta^1 \mid m^2)} < \frac{sP_h - V_l}{V_h - sP_h}\right)。$$

令 $\omega = P\left(\frac{\psi(\theta^2 \mid m^2)}{\psi(\theta^1 \mid m^2)} > \frac{sP_h - V_l}{V_h - sP_h}\right)$，则 $\zeta_2(\alpha^1) = \omega$，$\zeta_2(\alpha^2) = 1 - \omega$。

2. 经营状况良好时的分析

在经营状况好时，目标企业作为理性经济人，必然会选择以高价出售。此时目标企业收益为：$\omega(P_h-E)\cdot s+0=\omega(P_h-E)\cdot s$。

3. 经营情况较差时的分析

在经营状况较差时，目标企业有两种选择：$M=\{m^1, m^2\}=\{$低价,高价$\}$，而其最终选择将会根据各自的收益来确定。用 U_i 表示目标企业选择 m^i 时的收益。则，

出低价时目标企业的收益：

$U_1=\zeta_1(\alpha^1)\cdot(P_l-E)\cdot s-\zeta_1(\alpha^2)\cdot C\cdot s=(P_l-E)\cdot s$,

出高价时目标企业的收益：

$U_2=\zeta_2(\alpha^1)\cdot(P_h-E)\cdot s-\zeta_2(\alpha^2)\cdot C\cdot s=\omega(P_h-E)\cdot s-(1-\omega)\cdot sC$。

同样分两种情况进行讨论。

第一，如果被并购时选择出低价，则 $U_1>U_2$，

即 $(P_l-E)\cdot s>\omega(P_h-E)\cdot s-(1-\omega)\cdot sC$,

解得：$\omega<\frac{P_l-E+C}{P_h-E+C}$。

即在经营情况差时，被并购时出低价行为的条件为：$\omega<\frac{P_l-E+C}{P_h-E+C}$，即中国企业在目标企业出高价时买的概率要小于 $\frac{P_l-E+C}{P_h-E+C}$。

第二，如果目标企业选择出高价，则 $U_1<U_2$，

即 $(P_l-E)\cdot s>\omega(P_h-E)\cdot s-(1-\omega)\cdot sC$,

解得：$\omega<\frac{P_l-E+C}{P_h-E+C}$。

即在经营情况差时，被并购时出高价行为的条件为：$\omega>\frac{P_l-E+C}{P_h-E+C}$，即中国企业在目标企业出高价时买的概率要大于 $\frac{P_l-E+C}{P_h-E+C}$。

此时，结合上文的分析，当人民币升值时，即汇率水平 s 减小，那么 ω 增大，则目标企业更倾向于采取报高价的策略。同理，当人民币贬值时，目标企业更倾向于采取报低价的策略。

三、中国企业海外并购定价博弈模型的求解

根据对博弈双方的分析，可得到在准分离均衡下双方的博弈结果：

第一，中国企业在目标企业出高价时，会以 $\omega = P\left(\frac{\psi(\theta^2 | m^2)}{\psi(\theta^1 | m^2)} > \frac{sP_h - V_l}{V_h - sP_h}\right)$ 的概率选择购买，以 $1-\omega$ 的概率选择不买。

第二，在不完全信息动态博弈下，目标企业在经营状况好或差的情况下都可能会出高价：在其经营状况好时，只会出高价，汇率水平的变动没有影响；而在其经营情况差时，其利用信息不对称，在 $\omega > \frac{P_l - E + C}{P_h - E + C}$ 时出高价，反之则出低价。

第三，目标企业在其经营状况差时，出低价的前提是中国企业高价买的概率为 $\omega < \frac{P_l - E + C}{P_h - E + C}$。这意味着在准分离均衡下，目标企业出低价时，博弈双方可以轻松达成交易，不受到汇率水平影响。

第四，双方博弈的重点在于目标企业对中国企业在其出高价时购买的概率估计和汇率变动水平。如果人民币升值，中国企业更倾向于买，此时目标企业更倾向于采取高价策略；如果人民币贬值，中国企业更倾向于不买，此时目标企业更倾向于采取低价策略。

总之，在海外并购过程中，目标企业在经营状况好时，不会受人民币汇率变动的影响，始终选择报出高价。而当经营情况较差时，目标企业会根据不完全信息动态博弈的原理，当人民币升值时更倾向于采取报高价策略，而人民币贬值时更倾向于采取报低价策略。与此同时，目标企业报高价时，如果人民币升值，中国企业倾向于采取购买的策略，因此进一步促使目标企业采取报高价的策略。如果人民币贬值，中国企业更倾向于不购买策略，此时目标企业在经营情况差时更倾向于采取报低价的策略。此外，在目标企业出低价时，中国企业均选择买的策略，汇率水平变动没有明显影响。

第四节　本章小结

本章就资本市场对企业跨国并购影响进行实证分析，并构建中国企业海外并购交易博弈模型，分析汇率变动对跨国并购交易定价的影响。其主要研究结果如下：

第一，通胀率及股价指数的变动并不能显著引起企业跨国并购的变化，而汇率、货币供给及利率能明显影响企业的跨国并购，且影响力排序依次递减。即母国企业的跨国并购交易数量随着母国货币升值、基准贷款利率降低而增加。

第二，一国证券成交额的大小与跨国并购呈正相关，并且相对于其他影响因素，证券市场发展状况对跨国并购的影响更为显著。证券市场的的发展为跨国并购扩宽了融资渠道，跨国并购需要巨额的资金支持，一国证券市场发展越成熟，融资功能就越强，跨国并购的交易成本就越低；反之，如果资本市场的发展程度无法提供跨国并购所需的融资渠道就会使得企业在完成并购的同时背负着沉重的偿债负担，从而大大地增加了企业进行跨国并购的交易风险。

第三，市场的替代效应也在跨国并购的影响因素中有所体现。证券市场的股票周转率和一国贸易总量与跨国并购交易量呈反方向变动。股票周转率越高，表示一国股票市场上的交易越活跃，因此，投资者将资金投向境外的动力就越小，进而影响了企业通过跨国并购的方式进行投资的积极性。此外，一国贸易总量越高代表进出口贸易越频繁，这就降低了企业通过跨国并购的方式开拓海外市场的必要性，从而跨国并购的交易量也就越少。

第四，一国的经济发展程度也决定着企业实施跨国并购的积极性。货币发行量、人均 GDP 和税收均能反映一国经济发展的状况。从计量结果来看，货币发行量、人均 GDP 以及税收的变动均与跨国并购交易量的变动呈正相关。货币市场越活跃，企业融资就相对更为容易，进而对外投资的积极性也就越高；一国的人均 GDP 和税收总量也同样反映了经济的发展状况，人均 GDP 和税收总量越高，表示一国的经济越景气，因此，企业进行对外投资的动力也就越大，跨国并购的交易量也会相对随之攀升。

第五，外汇市场一直是影响跨国并购交易量的重要因素。汇率的变动与跨国并购的交易量成反比。当汇率上升时，本国货币贬值，进而企业实施跨国并购的成本就会增加，从而削弱了本国企业实施跨国并购的动力。汇率的波动会引起一系列交易、经济、折算等方面的风险，在跨国并购的过程中，汇率波动会使企业并购融资过程中的现金流出量价值有所波动，因此，企业在进行跨国并购融资时要权衡本国和外国有价证券的风险厌恶程度，采取风险资产多样化的方式进行资产组合以回避投资风险。

第六，中国企业海外并购定价是一个不完全信息动态博弈过程，信号传递博弈模型分析结果显示，在并购交易定价时，目标企业可能在经营情况不好时虚报价格。当目标企业报高价时，如果母国货币升值，母国企业倾向于采取购买的策略，并进一步促使目标企业采取报高价的策略。如果母国货币贬值，母国企业更倾向于不买，此时目标企业更倾向于采取报低价的策略。

总之，在中国资本市场环境中，当存在较低的基准贷款利率，充裕货币供应量以及相对较高人民币价格时，中国企业海外并购的动力较强。对于中国企业来说，海外并购受到通货膨胀率变化和股票市场波动的影响不明显，可能的原因是中国政府的政策目标之一是将通货膨胀率维持在一定的水平上。因此，相关政府部门应为中国企业海外并购提供相对稳定健康的资本市场环境，包括股票市场和货币市场等。尤其是汇率方面，在推进人民币国际化的进程时，应采取切实有效的措施，保持人民币币值总体稳定，并维持双向的小幅波动，为企业理性决策提供良好的外部环境。同时，我国企业在海外并购过程中，需要综合考虑目标企业经营状况、报价高低、汇率水平变动等因素决定并购策略，避免盲目抄底或过分乐观导致的决策失误。

第八章　异质性视角下的中国企业海外并购决策

21 世纪以来，中国企业对外投资无论是在数量还是在金额方面都增长迅猛，但部分企业由于投资策略不当，在对外投资过程中出现了许多问题，如中海油收购尼克森出现亏损，部分绿地投资项目也出现较大亏损。可见现阶段值得研究的一个重要现实问题是，对于财务状况、生产率水平、所有制性质等方面存在差异的中国企业而言，进入外国市场究竟应该选择绿地投资模式还是选择海外并购模式。为此，通过构建对外投资模式选择模型分析在进入国际市场前企业如何进行决策，实证研究企业异质性如何影响中国企业对外直接投资模式的选择，以及企业所有制性质的不同对海外并购成功率的影响。

第一节　对外投资模式选择的数理模型

由 Helpman（2004）的一般均衡模型得知企业往往面临三种行为选择，即针对国内市场生产、与国外进行贸易以及对外直接投资，之后的学者对模型进行进一步延伸，模型被扩展为三种模式，包括出口、绿地投资以及跨国并购。然而这些理论几乎都是以发达国家为研究主体，由于国情存在差异对中国来说适用性可能会大打折扣。此外，中国的总体工资水平在已经发生的投资案例中大多低于东道国，所以我们在研究中借鉴上述模型中各国相同工资水平的假设并进一步修正这一前提，即假设存在差异并据此分析相关的直接投资模式选择问题。

一、模型构建

（一）基本假设

假定中国和东道国工资水平存在差异，且企业生产率不同，并决定选择对外直接投资。企业绿地投资与海外并购对应的固定成本分别为 F_G 和 F_M，而其出口所对应的成本为 F_E，且 $F_E < F_M < F_G$（绿地投资包括额外的固定生产投资，通常认为成本大于海外并购），但出口面临着一个"冰山"型的贸易成本 τ，$\tau > 1$。

（二）消费者行为

假定消费者对差别产品的偏好满足如下 CES 效用函数形式：

$$U_i = \left[\int_0^n x(\lambda)^{\alpha_i} d\lambda\right]^{1/\alpha_i},\ \alpha_i = \frac{\varepsilon_i - 1}{\varepsilon_i},\ \varepsilon_i > 1 \tag{8-1}$$

其中，n 表示一国生产的产品的总数，$x(\lambda)$ 表示对该产品消费需求函数，α_i 表示多样性偏好，$0 < \alpha_i < 1$，这些商品间的替代弹性为 ε_i，$\varepsilon_i > 1$。

在预算约束条件下根据消费效用最大化原则可以得到一国任一类产品的需求函数为：

$$x(\lambda) = \frac{p(\lambda)^{-\varepsilon_i}}{P^{1-\varepsilon_i}} c \tag{8-2}$$

其中，$p(\lambda)$ 是一国 λ 类产品的价格水平，c 是个人支出，P 表示该国产品 i 的总价格指数：

$$P = \left[\int_0^n p(\lambda)^{1-\varepsilon_i} d\lambda\right]^{1/1-\varepsilon_i} \tag{8-3}$$

（三）生产者行为

假定企业进入该部门生产每单位的产出所需的劳动成本为 b，给定生产差异性产品 λ 所对应的边际成本函数为 $b(\lambda)$，因此企业在本地市场上的销售利润为：

$$\pi_L = \max[p_L(\lambda) - b(\lambda)] \times x_L(\lambda) \tag{8-4}$$

其中，$p_L(\lambda)$ 和 $x_L(\lambda)$ 分别是产品在本地市场上的定价和需求量，通过式（8-2）和总支出 $C = c \times L$ 可以得到垄断竞争企业的最优定价为 $pL(\lambda) = \frac{\varepsilon_i}{\varepsilon_i - 1} b(\lambda)$，因此国内销售的利润为：

$$\pi_L = \zeta\left(\frac{b(\lambda)}{P}\right)^{1-\varepsilon_i}C \tag{8-5}$$

其中，$\zeta = \varepsilon_i^{-\tau i}(\varepsilon_i - 1)^{\varepsilon_i - 1}$

同样的，出口市场上的利润函数为：

$$\pi_E = \max(p_E(\lambda) - \tau b(\lambda)) \times x_E(\lambda) \tag{8-6}$$

从最优解可以得到，

$$p_E(\lambda) = \frac{\varepsilon_i}{\varepsilon_i - 1}\tau b(\lambda),\ \pi_E = \zeta\left(\frac{\tau b(\lambda)}{P}\right)^{1-\varepsilon_i}C \tag{8-7}$$

（四）企业价值

假定只在国内生产销售的企业价值为 $V_L(b)$；在国内生产销售并出口国外的企业价值为 $V_L(b)+V_E(b)$，其中 $V_E(b)$ 表示企业出口部分的价值；在国内生产销售并兼并了海外企业的企业价值为 $V_L(b)+V_L(b')$，其中 b'表示国外经跨国并购重组企业的边际生产成本；在国内生产并在国外拥有子公司的企业价值为 $2V_L(b)$。

假定每个企业都面临一个外生的退出市场的可能性 γ，则国内销售并出口国外的企业价值可以分别表示为：

$$V_L(b) = \frac{\pi_L(b)}{\gamma},\ V_E(b) = \frac{\pi_E(b)}{\gamma} \tag{8-8}$$

从式（8－6）和（8－7）可以得到 $\pi_E = \theta\pi_L$，令 $\theta = \tau^{1-\varepsilon_i}$，因此，从式(8－8)可知，$V_E(b) = \theta V_L(b)$。

二、一般均衡分析

假定企业海外并购后在东道国重组企业的边际成本为 b'，$b' = \beta b_h$，b_h 为中国企业并购前在国内的边际成本，若东道国的工资水平比中国高，则 $\beta > 1$，反之，则 $\beta < 1$。并购交易完成后，中国企业会从目标企业中获得 ψ 比例的收益（$0 < \psi \leqslant 1$），则海外并购行为对应的收益函数如下：

$$W_M(b) = \psi V_L(b') - F_M \tag{8-9}$$

由前面分析，可得企业出口和绿地投资行为对应的收益分别为：

$$W_E(b) = V_E(b) - F_E = \theta V_L(b) - F_E,\ W_G(b) = V_G(b) - F_G = V_L(b) - F_G \tag{8-10}$$

观察式（8－6）和式（8－8）可以发现，V_L与$b^{1-\varepsilon_i}$成对应的比例，因此W_E、W_M、W_G都可以表示成$b^{1-\varepsilon_i}$的线性函数：

$$W_E=\frac{\theta\xi}{\gamma}\times\left[\frac{b(\lambda)}{P}\right]^{1-\varepsilon_i}\times C-F_E,\ W_G=\frac{\xi}{\gamma}\times\left[\frac{b(\lambda)}{P}\right]^{1-\varepsilon_i}\times C-F_G,W_M$$
$$=\psi\frac{\xi}{\gamma}\times\left[\frac{b'(\lambda)}{P}\right]^{1-\varepsilon_i}\times C-F_M \tag{8-11}$$

令$E_i=\xi\left(\frac{1}{P}\right)^{1-\varepsilon_i}\times C=\xi\left\{\left[\int_0^n p(\lambda)^{1-\varepsilon_i}d\lambda\right]^{1/1-\varepsilon_i}\right\}^{\varepsilon_i-1}\times C$，式（8－11）可以转换成：

$$W_E=\frac{E_i\theta}{\gamma}\times[b(\lambda)]^{1-\varepsilon_i}-F_E,\ W_G=\frac{E_i}{\gamma}\times[b(\lambda)]^{1-\varepsilon_i}-F_G,$$
$$W_M=\frac{E_i\psi}{\gamma}\times[b'(\lambda)]^{1-\varepsilon_i}-F_M=\frac{E_i\psi\beta^{1-\varepsilon_i}}{\gamma}\times[b(\lambda)]^{1-\varepsilon_i}-F_M \tag{8-12}$$

由于$\varepsilon_i>1$，$0<\psi\leqslant1$，$F_E<F_M<F_G$，因此当$\beta>1$时，$\psi\beta^{1-\varepsilon_i}<1$始终成立，绿地投资行为收益线的斜率将始终大于海外并购行为收益线的斜率，则出口、绿地投资及海外并购的收益曲线可表示为图8－1B（$b_G<b_M<b_E$）；当$0<\beta<1$，出口、绿地投资及海外并购的收益曲线有可能表示为图8－1A，也可能表示为图8－1B，由于$0<\psi\leqslant1$，只有当β远小于1时，$\psi\beta^{1-\varepsilon_i}>1$才会成立，而事实上，中国的人均工资水平低于世界平均水平，且对低收入国家的投资占全部类型对外投资总量的比重微乎其微，几乎可以忽略不计①。因此，中国的对外投资现状更符合图8－1B的情形。

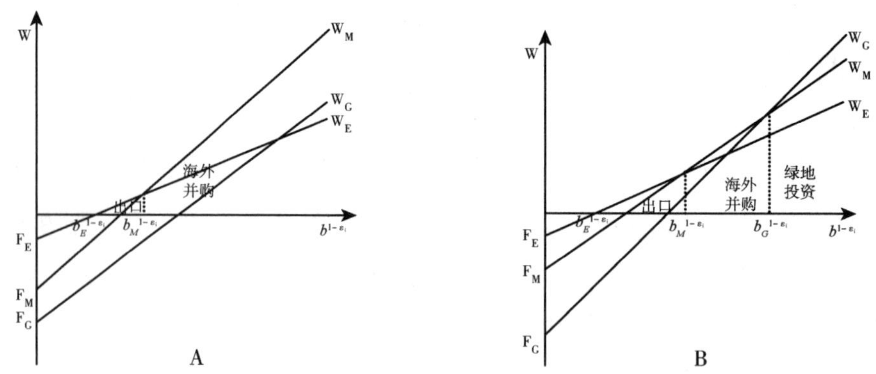

图8－1　企业选择出口、绿地投资与海外并购的收益曲线图

① 经数据整理发现，在1912个中国对外投资案例中，对低收入国家的对外投资案例仅有56个，其中海外并购交易为0。

在图 8 - 1B 中，当 $b_M^{1-\varepsilon_i} < b^{1-\varepsilon_i} < b_G^{1-\varepsilon_i}$ 即边际成本 $b \in (b_G, b_M)$ 时，企业选择海外并购的方式进行对外投资比较有利可图；当 $b^{1-\varepsilon_i} > b_G^{1-\varepsilon_i}$ 即 $b < b_G$ 时，企业选择绿地投资的方式进入东道国获得的收益将最大。也就是说，为使企业收益最大化，生产率最高的企业会选择绿地投资，生产率较低的企业会选择海外并购，生产率最低的企业只能选择出口。

第二节　对外投资模式选择的实证设计

从均衡模型分析可以发现，影响企业选择 FDI 模式的主要因素是企业的生产率水平，此外，根据前期文献整理发现，除生产率水平外，其他企业异质特征如所有权性质、企业规模等也可能会影响企业的对外投资模式选择。

一、对外直接投资模式选择的影响因素

（一）影响对外直接投资模式选择的企业异质性因素

第一，生产率异质是决定企业对外投资选择决策的主要因素，低生产率的企业倾向选择海外并购，高生产率的企业倾向选择绿地投资。

第二，企业所有权性质异质。国企受到的政策支持往往高于民营企业，融资能力较强，海外并购可以淡化对当地企业的冲击力，国有企业相对会更倾向海外并购。

第三，企业规模异质。为实现进一步的规模经济和范围经济，规模较大的企业会倾向于海外并购。

第四，财务状况异质。低资产负债率的企业更多地进行海外并购，而对于财务良好的企业通常融资会更加偏向于发行股票或债券等。

第五，资本密集度异质。资本密集度高的企业进入国际市场往往是为了先进的技术以及管理经验，因此这类企业会更加青睐于跨国并购。

（二）影响对外直接投资模式的其他因素

第一，东道国的经济发展程度。对于现阶段的中国企业来说，先进技术及管理经验是进入海外市场的重要原因，因此往往会直接并购海外企业从而获取

资源；而考虑到就业率及当地产出水平，发展中国家政府在吸引对外投资时则更倾向于新建的方式。

第二，东道国的工资水平。由于东道国的工资水平越高，对于绿地投资来说运营成本就会不断提高，此时企业通常会选择进行并购从而避免高额的组建成本。

第三，文化距离。通过海外并购进入外国市场，可以帮助企业绕开较大的文化距离所带来的摩擦和壁垒，而对于东道国与母国之间的文化差距小则可以进行绿地投资等方式。

第四，企业国际化经验。国际化经验对于海外并购更为重要，在之前许多海外并购失败的案例中都能发现母公司并购时经常会由于经验不足而对子公司资产高估最终导致并购失败。

二、样本及变量选取

（一）样本选取

样本和数据来源于 Thomson 全球并购数据库、商务部《境外投资企业机构目录》以及 CSMAR 国泰安数据库。具体处理步骤为：

第一，从 Thomson 全球并购数据库筛选 1993—2015 年中国 A 股上市企业发生的包括目的地为中国香港、中国台湾在内所有已完成的海外并购交易。

第二，从商务部网站《境外投资企业机构名录》中整理出 1993—2015 年境内投资主体为沪深 A 股上市企业的交易。

第三，将上述两步骤得到的样本进行整理合并，删除重复记录以及并购地区为开曼、维京群岛的交易，得到 955 家上市企业发起的 2341 起对外投资案例，从 CSMAR 国泰安数据库中找出上述企业的微观数据，包括财务信息、企业雇员数等。删除统计有缺失的案例，最终得到 1912 起对外投资案例，包括 567 起海外并购和 1345 起绿地投资。

（二）变量说明及数据处理

被解释变量：以企业是否选择海外并购的模式进入东道国作为被解释变量 *MA*，将该变量设定为二分变量，若企业选择了海外并购的模式则赋值为 1，若选择绿地投资方式则赋值为 0。

解释变量：*LP* 表示企业生产率，参照包群（2014）的方法，采用劳动生产率作为替代指标，用企业营业收入与雇员数之比的对数表示；*Own* 表示企业所有权性质，若企业为国有企业，则该变量取值为 1，若不是，则取值为 0[①]；*Scale* 表示并购企业的企业规模，用企业资产总额对数表示；*Debt* 表示企业资产负债率，用企业的负债总额与资产总额之比表示；*K* 表示企业的资本密集度，用企业固定资产净值与企业雇员数之比的对数表示。

控制变量：*Culture* 表示与东道国的文化距离，用 Hofstede 文化差异指数表示，数值越大表示与东道国之间的文化距离越大；*Develop* 表示东道国经济发展程度；*Income* 表示东道国收入水平；*Exp* 表示并购企业的国际化经验。

全部变量解释与定义如表 8－1 所示。

表 8－1　　变量的解释与定义

类型	变量		变量定义	数据来源	预期结果
被解释变量 *MA*	是否采取海外并购的模式 *MA*		二分变量 采取海外并购模式取值 1 采取绿地投资模式取值 0	Thomson 全球并购数据库《境外投资企业机构名录》	—
解释变量	生产率异质	企业生产率 *LP*	企业营业收入与企业雇员数之比的对数	CSMAR 国泰安数据库	负相关
	其他企业异质性	企业所有权性质 *Own*	二分变量 国有企业为 1 非国有企业为 0	CSMAR 国泰安数据库	正相关
		企业规模 *Scale*	企业资产总额的对数	CSMAR 国泰安数据库	正相关
		企业资产负债率 *Debt*	企业的负债总额与资产总额之比	CSMAR 国泰安数据库	负相关
		企业的资本密集度 *K*	企业固定资产净值与企业雇员数之比的对数	CSMAR 国泰安数据库	正相关
控制变量	与东道国的文化距离 *Culture*		*Hofstede* 文化差异指数	*Hofstede* 官网	正相关
	东道国的经济发展程度 *Develop*		二分变量 发达国家取值 1 发展中国家取值 0	联合国开发计划署	正相关

① 将 CSMAR 国泰安数据库上市企业的实际控制人性质代码为“国有企业 1100”及“国有机构 2100”的企业视为国有企业。

续表

类型	变量	变量定义	数据来源	预期结果
控制变量	东道国的相对收入水平 *Income*	二分变量 人均收入高于中国取值 1 人均收入水平低于取值 0	世界银行	正相关
	并购企业的国际化经验 *Exp*	二分变量 有国际化经验取值 1 无国际化经验取值 0	Thomson 全球并购数据库 《境外投资企业机构名录》	正相关

三、模型设计

以企业是否选择海外并购作为被解释变量，该被解释变量并不能连续取值，是个二分变量，解释变量和控制变量中也有多个变量是二分变量，故选择二元离散 Logit 对被解释变量建立概率模型，回归模型方程为：

$$Logit[P(MA_{ikt}=1)] = \beta_0 + \lambda_i + \gamma_t + \beta_1 LP_{ik(t-1)} + \beta_2 Own + \beta_3 Scale_{ik(t-1)} + \beta_4 Debt_{ik(t-1)} + \beta_5 K_{ik(t-1)} + \sum \varphi_n \chi_{ikt}^n + \xi_{ikt} \quad (8-13)$$

其中，$P(MA_{ikt}=1)$ 表示企业以海外并购的方式进入东道国的概率。i，k，t 分别表示企业区位、对应企业和投资行为发生时间，λ_i、γ_t 分别表示地区和时间的固定效应。X_{ikt} 为控制变量集合，包括与东道国的文化距离、东道国经济发展水平和相对收入水平、企业国际化经验等变量，ξ_{ikt} 为模型的误差项。为避免内生性，将企业异质性因素变量都滞后一期。

第三节　对外投资模式选择的实证结果

一、初始回归结果分析

为检验模型是否存在多重共线性问题，对各变量进行方差膨胀因子检验，结果发现所有企业异质性因素变量的膨胀因子都在1—2之间，小于5的临界值，证明该回归模型不会出现多重共线性的问题，可以进行回归分析（见表8-2）。回归结果如下所示：

表8-2 影响因素的估计结果

		回归1	回归2	回归3	回归4
解释变量	企业生产率 *LP*	-0.129*** (9.522)	-0.097** (5.093)	-0.090** (4.378)	-0.089** (4.252)
	企业所有权性质 *Own*	0.299** (6.033)	0.249** (3.738)	0.282** (4.699)	0.286** (4.801)
	企业规模 *Scale*	0.254*** (66.240)	0.326*** (86.707)	0.341*** (89.460)	0.343*** (89.030)
	资产负债率 *Debt*	-0.406*** (30.553)	-0.260*** (11.476)	-0.282*** (13.197)	-0.284*** (13.347)
	资本密集度 *K*	0.187*** (25.273)	0.137*** (13.318)	0.134*** (12.750)	0.134*** (12.689)
控制变量	东道国经济发展程度		0.990*** (31.732)	0.999*** (32.306)	1.009*** (32.371)
	文化距离		0.297*** (56.196)	0.295*** (55.242)	0.295*** (55.178)
	东道国的收入水平		0.590*** (7.129)	0.605*** (7.478)	0.603*** (7.445)
	国际化经验		0.466*** (16.076)	0.464*** (15.910)	0.466*** (16.004)
常数	常数项	-7.396*** (84.441)	-9.694*** (113.438)	-9.897*** (116.037)	-9.872*** (114.974)
	地区固定效应	否	否	是	是
	时间固定效应	否	否	否	是
	Nagelkerke R^2	0.076	0.195	0.197	0.197
	正确预测比率	73.54%	74.16%	74.06%	74.27%

注：***、** 分别表示通过了1%、5%的显著水平的显著性检验。括号内的数值为Wald卡方值，值越大表示P值越小，可信度越高。

回归1只考虑了企业异质性的影响，估计结果显示：企业生产率、所有权性质、企业规模、资产负债率和资本密集度都通过了5%显著水平的检验，说明这5个企业异质性因素都显著影响企业海外并购的决策选择，且影响符号与理论分析一致，生产率较低、企业规模越大、资产负债率较低、资本密集度较高的国企会选择海外并购方式进行对外投资。

加入控制变量后得到回归2，企业异质性的影响仍很显著，且R方变大说明模型解释力度也提高了。回归3和回归4显示的是在逐步控制地区和时间固定效应后的估计结果，生产率和企业所有制及其他异质因素的影响依旧显著、作用方向与预期相同，同时控制变量对海外并购的影响也很显著，东道国的经济发展程度高、市场较大且收入水平较高时，海外并购可能性越大，与前文分析的结果基本一致；企业的国际化经验也能显著提高企业进行海外并购的意愿；而当与东道国文化距离越大时，企业海外并购可能性也越大。

为进一步分析对于不同区位、不同投资时间、不同类型的企业，生产率、所有制等企业异质因素对投资模式的影响，将整体样本分组进行进一步讨论。

二、按公司地区和投资时间分组

按公司地区和投资时间分组的情况如表8-3所示。

表8-3　　按公司地区和投资时间分组

	按公司地区分组			按时间分组（以2008年12月31日为金融危机时点）	
	东部	中部	西部	危机前	危机后
企业生产率 *LP*	-0.100** (4.048)	0.129 (8.217)	-0.226 (1.092)	-0.234*** (8.287)	0.019 (0.111)
企业所有权性质 *Own*	0.240* (2.471)	-0.239 (0.000)	-0.166 (0.149)	0.138 (0.291)	0.503*** (10.112)
企业规模 *Scale*	0.386*** (91.123)	0.097 (51.851)	0.104 (0.367)	0.569*** (44.596)	0.259*** (39.630)
资产负债率 *Debt*	-0.345*** (15.085)	-0.189 (2.220)	-0.128 (0.456)	-0.304 (2.379)	-0.209*** (6.002)

续表

	按公司地区分组			按时间分组（以2008年12月31日为金融危机时点）	
	东部	中部	西部	危机前	危机后
资本密集度 *K*	0.120*** (8.030)	0.193* (8.302)	0.159 (1.404)	0.252*** (8.849)	0.081*** (3.681)
常数项	-11.189*** (108.888)	-7.635 (55.266)	1.804 (0.368)	-15.485*** (55.266)	-8.928*** (64.120)
控制变量	是	是	是	是	是
控制固定效应	是	是	是	是	是
Nagelkerke R^2	0.216	0.325	0.198	0.366	0.185
正确预测比率	75.31%	75.70%	75.88%	78.26%	74.96%
样本数 N	1458	284	170	506	1406

按企业区位分组研究显示，企业异质性对东部企业对外投资模式选择的影响与初始检验一致，生产率、所有制等异质因素都能显著影响企业决策，但对中西部地区企业决策的影响都不显著。我国东中西部区位条件差异大，东部沿海城市，生产要素充沛，交通便利，企业市场化程度高，企业对外投资受市场调节明显；而中西部地区因其深处内陆腹地，基础设施和商业环境相对较差，同时根据西部大开发战略的政策导向，通常中西部企业会享受更多政策优惠，企业对外投资决策受政府导向的影响较大。

按投资时间分组研究显示，金融危机蔓延前，生产率、企业规模和资本密集度能显著影响企业海外并购的决策，但由于国有企业在改革开放初期的市场化程度不高，受政府政策等其他因素影响较大，因此企业所有制性质的影响没有得到显著验证。

在金融危机发生后，所有权性质等其他异质性因素对海外并购影响显著，但生产率异质的影响不显著，原因可能是在金融危机爆发后国外企业估值下降，从而有利于中国企业以较低的价格收购对方企业。

三、按投资动机和产业要素密集类型分组

按投资动机和产业要素密集类型分组的情况如表8－4所示。

表 8-4　　按投资动机和产业要素密集类型分组

	按投资动机分组			按产业要素密集类型分组		
	市场获取型	资源获取型	技术获取型	劳动密集型	资本密集型	技术密集型
企业生产率 *LP*	-0.092** (3.846)	-0.191 (2.013)	0.510** (3.382)	-0.142** (3.286)	-0.145*** (5.843)	0.033 (0.051)
企业所有权性质 *Own*	0.294** (3.827)	0.707** (4.707)	0.438 (0.545)	0.082 (0.069)	0.518*** (8.398)	0.129 (0.237)
企业规模 *Scale*	0.318*** (64.415)	0.493*** (23.223)	0.266 (0.646)	0.078 (0.336)	0.414*** (90.115)	0.010 (0.008)
资产负债率 *Debt*	-0.194*** (4.539)	-0.267* (2.505)	-0.560 (1.624)	-0.072 (0.166)	-0.310*** (8.746)	-0.161 (1.036)
资本密集度 *K*	0.128*** (8.383)	0.070 (0.742)	0.128 (0.289)	0.404*** (13.372)	0.135*** (8.441)	0.026 (0.079)
常数项	-9.518*** (81.621)	-10.144 (22.077)	-34.317 (0.000)	-6.123 (3.659)	-10.791*** (87.642)	-3.547 (1.703)
控制变量	是	是	是	是	是	是
控制固定效应	是	是	是	是	是	是
Nagelkerke R^2	0.193	0.251	0.185	0.194	0.245	0.155
正确预测比率	77.64%	73.40%	67.84	74.74%	75.82%	74.41%
样本数 N	1503	317	92	285	1158	469

按企业投资动机分组研究显示①，现阶段中国对外直接投资的目的往往是打开对方国家市场，以此为主要目的的企业对海外并购模式的选择方面与总体基本一致，低生产率的国有企业通常采取海外并购模式。而对于资源获取型的国企，海外并购的发生往往受到企业本身国有性质影响较大，相对来说生产率的影响不够显著，因此可以看出该类企业在进行海外投资决策时，可能考虑的最主要因素是资源可获取性。技术获取型的企业生产率影响显著为正，且其系数先后对其他类型企业偏大，可以看出该类企业的产销量越高则越倾向由海外并购而获取先进技术，提高企业生产率。

① 学术界将企业对外投资的动机大致分为三类：获取海外市场、寻求东道国资源、获得先进技术。参考杜群阳（2013）将矿产、能源类行业的企业并购划为资源获取型，参考陈菲琼（2015）将计算机设备、化学制品、通信设备及软件、电子、航空航天、仪器制造业这7大行业发生的并购划分为技术获取型并购，其他行业视为市场获取型海外并购。

根据企业所在的产业要素密集度分组研究显示①，资本密集型产业在我国海外并购中占主导地位，企业异质性对海外并购模式选择的影响与总体完全一致。对照分组检验结果来看，劳动密集型和资本密集型产业的企业生产率都显著影响企业的对外投资决策，生产率相对较低，且企业的国有性质背景会加大选择海外并购的可能性。但是各异质性因素对技术密集型企业的对外投资决策影响不明显，由于我国技术密集型企业不仅生产率普遍较高，在技术方面更具优势，与此同时更加关注人才、技术的积累，因此高生产率的技术型企业为获取东道国的先进技术更青睐于海外并购。

四、按行业类型分组

将企业按工业、地产、金融等分为 6 大类进行分组检验，结果（见表 8－5）显示企业异质性对企业对外投资策略的影响仅有工业企业与理论预测一致，而其他行业并不显著，导致这一现象的原因是工业行业整体样本量大且市场化程度高，与全样本检验结果基本一致。而金融业、地产业等部门不仅受政府管制相对较多且统计样本较小，企业异质因素对海外投资选择的影响并不显著。

表 8－5　　按行业类型分组

	工业	地产业	金融业	商业	公共事业	综合
企业生产率 *LP*	－0.120*** (5.744)	0.170 (0.582)	－0.240 (0.184)	0.246 (1.038)	0.171 (0.844)	0.808 (1.232)
企业所有权性质 *Own*	0.062 (0.171)	－1.174* (3.116)	－5.604** (3.569)	－0.898 (0.239)	－0.031 (0.004)	0.379 (0.074)
企业规模 *Scale*	0.282*** (36.894)	0.179 (0.919)	1.364** (5.752)	0.078 (0.776)	0.343** (5.283)	－0.748 (0.614)
资产负债率 *Debt*	－0.252*** (8.402)	－0.326 (0.303)	－0.544 (0.101)	－0.330 (0.507)	－0.033* (0.013)	－0.517 (0.196)

① 参考韩燕（2008）对我国 34 个工业部门的分类，按企业所在的产业要素密集度大致将企业分为劳动密集型、资本密集型和技术密集型三大类。劳动密集型行业包括纺织业、造纸业、橡胶制品业、黑色金属矿采选业等 11 个行业；资源密集型行业包括煤炭开采和洗选业、农副食品加工业等 9 个行业；技术密集型行业包含医药制造业、专用设备制造业等 14 个行业。

续表

	工业	地产业	金融业	商业	公共事业	综合
资本密集度 K	0.163*** (11.063)	0.021 (0.017)	0.750 (1.952)	0.148 (0.465)	-0.261** (4.213)	0.346 (0.297)
常数项	-8.549*** (60.573)	-10.224 (3.565)	-44.132 (5.386)	-7.223 (1.325)	-9.449 (6.299)	-20.838 (0.000)
控制变量	是	是	是	是	是	是
控制固定效应	是	是	是	是	是	是
Nagelkerke R^2	0.167	0.535	0.786	0.140	0.175	0.526
正确预测比率	73.09%	94.42%	93.02%	72.88%	71.97%	68.00%
样本数 N	1391	215	55	59	157	35

五、实证研究结论

通过整理1993—2015年间955家中国上市公司1912起对外直接投资数据，其中包含567起海外并购交易，1345起绿地投资案例，实证检验了企业异质性对中国企业对外直接投资模式选择的影响，实证结论与数理模型分析结论基本一致，可以归纳为以下几点：

第一，中国企业对外直接投资模式的具体选择会受到企业异质性因素的影响。其中，生产率相对较低的企业更偏向选择海外并购模式获取外国企业的技术和资源，生产率相对较高的企业具有更强的竞争优势，会选择绿地投资模式拓展市场。此外，企业规模较大、资产负债率较低、资本密集度较高的国有企业，选择海外并购的可能性也越大，反之则会选择绿地投资。

第二，实证研究也表明，东道国经济发展程度、文化距离等指标也会影响中国企业对外投资决策。一般来说，中国企业在经济发展程度越高的东道国发起海外并购的意愿越高，因为这些国家其法律相对规范、相对收入水平较高，并且市场需求以及居民消费能力都明显高于其他国家。同时，国企在文化距离较大时为了获取资源技术等往往更偏向海外并购，而对文化距离相对较小的国家投资时则更倾向于采取绿地投资等方式。

第三，在实证研究中，按区位、要素密集类型、时间、投资动机、行业类型等进行分类，最终结果显示生产率、所有权等异质性因素会影响企业对外投资模式选择，但同时也会受投资时间、企业区位、所在行业等因素的影响。例如，市场化程度高的地区企业异质性影响企业海外并购决策的程度越高；受到金融危机的冲击，中国企业海外并购动机由于外企估值下降而明显增强；与金融、地产等类型上市公司相比，工业类上市公司市场化程度更高，企业异质性对企业海外并购决策的影响更为显著。

第四节　企业所有制与海外并购成功率

前文分析了以企业生产率为代表的各种异质性因素对中国企业对外投资模式选择的影响，研究结果表明企业所有制会显著影响企业对引投资决策，我们将进一步分析企业所有制不同对中国企业海外并购成功率的影响。

一、模型设计

（一）理论依据

Peng（2009）提出企业战略管理三支柱理论，认为企业在选择其战略时应主要考虑三方面，即制度因素、产业竞争和企业资源能力，其中制度因素通过各种不同的制度限制对战略选择直接产生影响，也会间接通过影响产业竞争和企业资源而进一步影响企业的战略选择。因此，企业在选择海外并购战略时同样应考虑到制度、企业及产业层面因素的影响，其中企业所有制是企业选择并购战略面临的最大制度约束，进一步选取其他层面较具代表性的可能影响因素，并构建如下中国企业海外并购影响因素模型（见图8－2）。

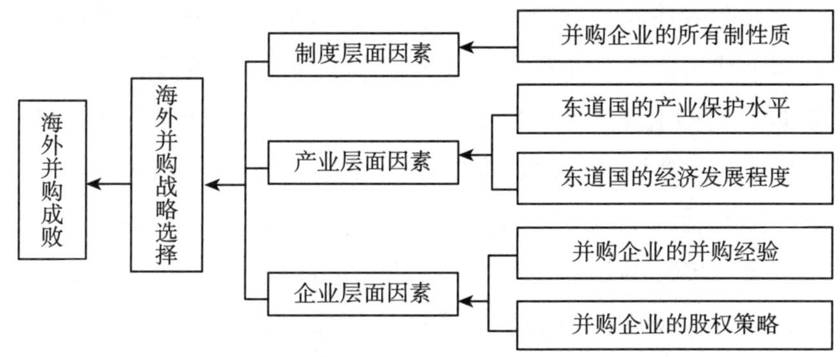

图8－2　影响企业海外并购成败的因素

（二）研究假设

分别赋予制度因素、产业因素、企业因素以具体的衡量指标，即并购企业的所有制性质、东道国的产业保护水平及经济发展水平、并购企业的海外并购经验及股权策略，并提出以下理论假设。其中，制度因素中的企业所有制因素是该研究的核心影响因素。

1. 制度层面的企业所有制因素

企业所有制对国有企业收购成败的影响主要体现在三个方面：①国企面临更多东道国的政治阻碍，这一情况在并购发达国家能源资源类产业时尤为明显。②国企并购会拥有中国政府更多的政策和资金支持，因此在并购中能较多规避国内政策和资金阻碍。③国企由于所有权和经营权的分离，面临较多的政府干预，企业管理层可能基于自身利益进行决策，因此投资决策市场化程度相对较低。与此同时，虽然非国有企业具有自身规模小、融资成本大、缺乏国际知名度与跨国并购经验等问题，但其受东道国制度阻碍少、机制灵活，因此适应性更强。由此认为企业所有制对企业海外并购的成败有重要影响，并提出假设：

假设 1：企业的国有性质会对海外并购产生负面影响，国企在海外并购中的成功率低于非国有企业。

2. 产业层面的东道国产业保护水平及经济发展水平

不同产业海外并购的战略存在明显差异。中国企业海外并购的产业大体分为两类：一类为战略资源类，并购直接目的是为获取石油、天然气、铜、铁等能源资源；另一类则是非战略资源类，并购主要是为获取东道国国家的先进技术、知名品牌以及开拓国际市场。数据显示，国有企业更倾向于并购战略资源类企业，而非国有企业则是制造业等产业的并购主力。但无论是发达国家还是发展中国家，对战略资源行业均较为敏感，对中国企业设置了更为严格的准入和审批制度。对此，选取并购目标企业的产业保护水平作为一个影响因素，将被收购企业是否属于战略资源行业视为产业保护水平高低的判断标准，并提出假设：

假设 2（a）：东道国对产业的保护水平会对海外并购产生负面影响，当被收购企业所属产业为战略资源类时，中国企业海外并购的成功率更低。

东道国经济发展水平高低不仅决定着该国市场规模的大小，也决定着该国的产业结构，会直接影响企业海外并购成败。虽然发达国家在金融和法律监管方面更成熟，能够为收购公司提供完备的法律保障，完善的现代企业制度也有利于企业并购后的整合与发展，但由于发达国家对于引进外资的需求并不高，为满足本国工会等各利益团体的利益，政府通常会设置障碍。此外，发达国家产业发展成熟，金融监管、法律监管体系更为复杂，使中国企业海外并购失败的可能性提升。而发展中国家有产业结构升级的需要，但缺乏技术、资金及管理经验，相对更容易接受跨国并购的投资方式，中国企业海外并购成功的可能性也更大。因此，认为东道国是否为发达国家对中国企业海外并购的成败有影响，并提出假设：

假设2（b）：东道国的经济发展水平会负面影响中国企业海外并购的成功率，当并购东道国为发达国家时，海外并购成功的可能性更低。

3. 企业层面的并购企业海外并购经验及股权策略

按照传统的学习曲线效应原理，当生产经验不断积累时，投入产出比将不断提高，即边际产出递增。将这原理推广于海外并购，过去的并购经历能为新的收购积累经验并降低交易成本，而交易成本的下降将会为海外并购带来更高的成功率。相对于发达国家，中国企业海外并购起步较晚，目前正处于通过增加经验能提高并购成功率的阶段，因此提出假设：

假设3（a）：并购经验会对海外并购产生积极影响，当企业有成功的海外并购经验时，并购的成功率将会提高。

控股比例所带来的风险和成本具有不确定性。控股比例越高，目标企业原股东的控制权和分红权受损从而产生自我保护，尤其在被并购企业涉及国家产业安全与国内就业问题时，东道国政府可能会采取政治手段阻碍交易的完成，致使审批部门以国家安全或保护当地企业为由拒绝收购申请。由此认为低控股比例的海外并购更容易成功，故提出假设：

假设3（b）：高控股比例会对海外并购产生负面影响，中国企业的控股比例越高，海外并购交易的成功率将越低。

（三）变量说明与计量模型选取

1. 变量说明

研究企业所有制是否会影响企业海外并购的成功率，且认为在并购中东道国产业保护水平和经济发展水平、并购企业的海外并购经验和股权策略也会对并购结果产生影响，基于上述理论分析，选取并定义以下变量。

因变量 Y：该因变量被设定为一个二分变量。当中国企业海外并购交易完成时 Y 为1，交易没有完成则设为0。

自变量 X：

（1）企业的所有制性质 X_1：哑变量，收购企业为国有企业则取值 1，其余为 0。

（2）东道国的产业保护水平 X_2：哑变量，涉及能源、矿产、土地等战略资源产业作为产业保护水平高的产业，取值为 1，其余取值为 0。

（3）东道国的经济水平 X_3：哑变量，“0”表示发展中国家和地区，“1”表示发达国家，以联合国开发计划署在并购当年发布的《世界人文发展报告》作为经济发展水平的评判依据。

（4）并购企业的收购经验 X_4：哑变量，将并购公司聘请国际投行等金融机构的行为也视作具有并购经验，若并购之前并购方有过成功的并购经验或聘请了专门金融机构则取值为 1，其余都取 0。

（5）并购企业对被并购公司的控股比例 X_5：采取收购百分比作为度量单位，剔除控股权 50% 及以下的并购交易。

全部变量解释如表 8－6 所示。

表 8－6　变量的解释与定义

<table>
<tr><th>类型</th><th colspan="2">变量</th><th>变量定义</th><th>数据来源</th><th>假设</th><th>预期结果</th></tr>
<tr><td>被解释变量 Y</td><td colspan="2">企业海外并购的成败 Y</td><td>二分变量
并购成功为 1
并购失败为 0</td><td>Zephyr
数据库</td><td>—</td><td>—</td></tr>
<tr><td rowspan="5">解释变量 X</td><td>制度因素 X_1</td><td>企业所有制性质 X_1</td><td>哑变量
国有企业为 1
非国有企业为 0</td><td>Zephyr
数据库</td><td>负相关</td><td>负相关</td></tr>
<tr><td rowspan="2">产业竞争因素 X_2、X_3</td><td>产业保护水平 X_2</td><td>哑变量
战略资源产业为 1
非战略资源产业为 0</td><td>Zephyr
数据库</td><td>负相关</td><td>负相关</td></tr>
<tr><td>东道国经济水平 X_3</td><td>哑变量
东道国为发展中国家取 0
发达国家取 1</td><td>联合国
开发计划署</td><td>负相关</td><td>负相关</td></tr>
<tr><td rowspan="2">企业因素 X_4、X_5</td><td>收购经验 X_4</td><td>哑变量
过去有收购成功的经验为 1
其余为 0</td><td>Zephyr
数据库</td><td>正相关</td><td>正相关</td></tr>
<tr><td>控股比例 X_5</td><td>控股目标公司的股份比例，百分比衡量</td><td>Zephyr
数据库</td><td>负相关</td><td>负相关</td></tr>
</table>

数据均来源于 Zephyr 数据库中 1997 年 1 月—2014 年 12 月中国企业发起的海外收购案例，涉及的并购目标国或地区共有 101 个，剔除公司注册地为 Cayman Islands、Virgin Islands（U. S.）以及 Virgin Islands（British）的外国公司（其中多数为中国公司在海外的注册公司）及中国企业控股比例在 50% 及以下的交易案例后，共计 2844 起，其中交易完成 2097 起。经过数据分析剔除缺失值，剩余样本案例总计 2790 起。

2. 计量模型选取

由于因变量为二分变量，多个解释变量也涉及二分变量，因此使用 Logit 模型进行研究，对因变量建立概率模型，采用极大似然估计的迭代方法找到系数的最可能估计。则 Logit 回归模型可表示为：

$$\text{Logit}(P) = \beta_0 + \beta_1 X_1 + \beta_2 X_2 + \cdots + \beta_m X_m \tag{8-14}$$

其中，$P(Y=1)$ 为 $Y=1$ 的总体概率，表示企业海外并购成功发生的概率，令 Y 服从二项分布，其二项分类的取值为 0、1，X_m 是能够影响并购成功率的解释变量，观察各解释变量对概率取值的影响。

二、实证检验结果

在此着重研究的是企业所有制因素与企业海外并购成败的关系，但考虑到海外并购成败还受企业层面、产业层面等因素的影响，且这些因素与所有制因素某种程度上相互影响。因此，在所有制单因素分析基础上，再引入其他变量进行多元回归分析，以验证前文提出的关于海外并购的 5 个假设，此外再逐步加入其他变量与企业所有制性质的交互项，探讨其他因素对企业所有制与并购成功率之间关系的调节效应。

（一）企业所有制因素的影响分析

构建仅包含企业所有制单变量的 Logit 回归模型 1，如式（8 - 15）。

$$Y = \beta_0 + \beta_1 X_1 + \varepsilon \tag{8-15}$$

对模型 1 进行回归分析，结果如表 8 - 7 所示。

表 8 - 7 只考虑所有制因素的模型 1 回归估计结果

	回归系数	标准误差	Wald 统计量	Sig 概率
所有制性质 X_1	-0.851	0.091	86.904	0.000
常数项	1.544	0.073	448.030	0.000

由表 8－7 可知，在模型 1 中仅分析企业的所有制因素时，变量的参数检验值为 0.000，系数符号为负，可以认为在不考虑其他因素情况下，企业的所有制性质会显著影响中国企业海外并购交易，且这种影响是负面的，说明国有企业比非国有企业的海外并购成功率更低，符合假设 1。

（二）多因素的影响分析

为检验其他因素对海外并购成败的影响，在模型 1 中加入东道国经济水平、产业保护水平、收购经验、控股比例 4 个自变量构建模型 2，如式（8－16）。

$$Y=\beta_0+\beta_1X_1+\beta_2X_2+\beta_3X_3+\beta_4X_4+\beta_5X_5+\varepsilon \tag{8-16}$$

1. 多重共线性检验

为检验变量间是否存在相关性，进行双变量相关性检验，结果显示都能通过 10% 显著水平的检验，即说明变量相互间在 10% 的显著性水平下没有明显相关性。为检验模型是否存在多重共线性，又进一步进行方差膨胀因子检验，结果显示模型 2 中所有变量的膨胀因子 VIF 值都在 1—2 的范围内，小于 5 的临界值，证明该模型不存在多重共线性的问题，可以将所有自变量引入同一个模型中进行回归分析。

2. 回归结果分析

表 8－8 给出了模型 2 的 logit 回归结果，可以看出，企业所有制、东道国的产业保护水平、经济发展水平以及并购企业的并购经验、并购控股比例都能显著影响中国企业的海外并购成功率。若企业所有制为国有性质、过去没有海外并购经验、控股比例较高，且东道国对该产业的保护水平较高、并购东道国为发达国家时，海外并购的成功率会更低，这与假设条件都相符合。

表 8－8　考虑多因素的模型 2 回归估计结果

	回归系数	标准误差	Wald 统计量	Sig 概率
所有制性质 X_1	－0.644	0.098	43.328	0.000
产业保护水平 X_2	－1.235	0.093	177.400	0.000
东道国经济发展程度 X_3	－0.422	0.097	19.145	0.000
并购经验 X_4	0.282	0.110	6.538	0.011
控股比例 X_5	－0.933	0.449	4.307	0.038
常数项	3.300	0.452	53.192	0.000

（三）其他因素对企业所有制影响并购的调节效应

为了检验东道国的产业保护水平、经济发展水平、并购经验和控股比例对企业所有制与并购成败间关系的调节效应，在模型 2 基础上加入这些因素与企业所有制的交互项，分别构建模型 3、模型 4、模型 5、模型 6，如式（8－17）。

$$Y=\beta_0+\beta_1X_1+\beta_2X_2+\beta_3X_3+\beta_4X_4+\beta_5X_5+\beta_6X_1X_i+\varepsilon i=2,\ 3,\ 4,\ 5 \quad (8-17)$$

所有模型回归估计结果如表 8－9 所示：

表 8－9　所有模型回归估计结果

变量	模型 1	模型 2	模型 3	模型 4	模型 5	模型 6
所有制性质 X_1	−0.851*** (0.091)	−0.644*** (0.098)	−0.149 (0.129)	−0.406*** (0.147)	−0.602*** (0.192)	−3.999*** (1.030)
产业保护水平 X_2		−1.235*** (0.093)	−0.541*** (0.154)	−1.241*** (0.093)	−1.293*** (0.094)	−1.251*** (0.093)
东道国经济发展程度 X_3		−0.422*** (0.097)	−0.431*** (0.097)	−0.164 (0.154)	−0.472*** (0.098)	−0.372*** (0.098)
并购经验 X_4		0.282** (0.110)	0.329*** (0.113)	0.293*** (0.111)	0.782*** 0.174	0.301*** (0.111)
控股比例 X_5		−0.933** (0.449)	−0.905*** (0.447)	−1.073** (0.458)	−0.832* (0.451)	−3.242*** (0.899)
$X_1\times X_2$			−1.112*** (0.196)			
$X_1\times X_3$				−0.429** (0.199)		
$X_1\times X_4$					1.618*** (0.221)	
$X_1\times X_5$						3.485*** (1.060)
常数项	1.544	3.300	3.039	3.323	2.428	5.513
−2 对数似然值	3107.597	2890.336	2857.339	2885.641	2837.856	2878.260
Cox&Snell R^2	0.032	0.105	0.115	0.106	0.121	0.109
Nagelkerke R^2	0.047	0.153	0.169	0.156	0.178	0.159

注：***、**、* 分别表示通过了 1%、5%、10% 显著水平的检验；括号内的数值表示标准误差。

各个模型的实证中，企业所有制对海外并购成败的影响始终显示为负。观察模型3至模型6中其他因素与企业所有制的交互项，检验其对企业所有制与海外并购成败间关系的调节效应。如表8－9所示，模型3至模型6的拟合优度R方值均大于模型2的R方值，说明加入交互项都提高了模型的解释力，表明产业保护水平、东道国经济发展程度、并购经验及控股比例与企业所有制对海外并购成败的影响都存在交互作用，即这4个因素都会对企业所有制与并购成败间的关系产生调节效应。

其中，东道国产业保护水平、经济发展程度和所有制交互项系数为负，说明东道国的产业保护水平及经济发展程度对企业所有制性质和海外并购成败之间的关系有显著的负向调节效应，增强了主效应的负效应；即东道国是发达国家且产业保护水平较高时，企业所有制对并购成败的影响更大，国企的并购成功率更低。类似地，并购经验、控股比例和企业所有制交互项的系数为正，说明企业的经验及高控股比例会正向调节企业所有制对并购成败的影响，减弱主效应的负效应，即当并购企业具有并购经验及控股比例较高时，企业所有制对并购成功率的负面影响会减小。

三、简要研究结论

将Zephyr数据库中1997—2014年中所有类型的中国企业（包括上市公司和非上市公司，国有企业和非国有企业，但剔除并购控股比例在50%及以下的交易）海外并购的2790起案例作为样本，将国有企业及国有控股企业视为国企，已宣布完成的交易视为并购成功，实证检验企业的所有制是否会直接影响中国企业海外并购的完成情况，并探讨其他因素是否会调节企业所有制对海外并购的影响。通过实证分析得出如下结论：

第一，企业所有制性质会对海外并购成败产生直接负面影响，降低国有企业成功率。说明国有企业相较非国有企业在海外并购过程中决策水平较低、经验不足、市场认同度较低。

第二，在影响中国企业海外并购成功率的诸多因素中，随着东道国产业保护水平的提高，中国企业海外并购成功率会不断降低，因此一旦国有企业的并购项目涉及资源、矿产等敏感类资源往往会遭到东道国的更大阻力，失败率会相对更高。

第三，中国企业海外并购的成功与否会受到东道国的经济发展水平的影响，东道国经济越发达则并购的失败率越高，是因为发达国家对本国国家安全重视程度较高，对外资及技术的需求较低，这就导致中国国有企业并购项目涉及欠发达国家时，往往成功率比发达国家更高。

第四，中国企业的并购经验有利于提高海外并购成功率，且其对企业所有制与并购成败间的关系会产生正向调节效应，减弱了企业所有制的负效应。这表明企业并购经验的积累会缓解企业所有制因素对海外并购产生的负面影响。

第五，中国企业的并购控股比例不利于提升海外并购成功率，且其对企业所有制与并购成败间的关系会产生显著正向调节效应。一方面由于内部阻力会随着控股比例的提高而增加并降低并购的成功率；另一方面此类阻力会激励企业以雄厚的资本背景提高溢价水平，增加对目标企业的控制能力从而提高并购的成功率。

第五节　本章小结

从异质性视角出发，实证分析了以企业生产率为代表的各种异质性因素对中国企业海外并购选择的影响，在此基础上，重点研究了企业所有制差异对中国企业海外并购成功率的影响。结论表明中国企业对外直接投资模式的具体选择会受到企业异质性因素的影响，并且企业所有制性质会负面影响海外并购，国有企业海外并购成功率相对于非国有企业偏低。

第一，通过研究可以发现，包括企业所有制、企业生产率在内的各种异质性因素都会显著影响企业海外并购决策。对中国企业而言，生产率较高的企业可以选择绿地投资的方式进入国际市场；而规模较大、资产负债率较低、资本密集度较高、国际化经验较为丰富的企业可以选择海外并购方式进行对外投资。同时，中国企业在实施海外并购时应关注东道国的人均收入水平、经济发展程度等因素，在法制健全、经济发展水平较高的发达国家实施海外并购的绩效相对会更好。中国企业在海外并购过程中应充分考虑企业异质性因素，结合我国“一带一路”倡议的政策背景，以及企业自身的客观情况，作出理性的海外并购决策，避免企业在海外并购过程中出现资产损失，从而实现海外投资在国际市场上保值增值。

第二，国有企业海外并购成功率相对于非国有企业偏低，在每次通过公告发出海外并购邀约，但是最终并购却不能完成的事项中，都需要付出大量的经济成本，还会有潜在的机会成本损失。为了提高国有企业海外并购成功率，政府应加强双边政府部门的合作，尤其是在能源资源行业上与发达经济体的合作，通过各类措施营造良好的国际环境供国有企业进行海外并购活动，在资金、法律、信息、政策等方面为国有企业的海外并购项目提供支持。

第三，政府应注重对拥有跨国并购经验及国际化经营能力的人才培养及引入，同时不断提高国有企业的市场化程度，在制定合理的并购决策基础之上提高决策效率并完善监管评价体制。国有企业在海外并购过程中要注重对自身市场价值的强调，减少政治因素对并购的不利影响，凭借资金筹措、规模等方面的优势与当地政府及相关机构建立良好关系。

第四，中国企业在诸多海外投资战略中，立足于全球发展角度，积极邀请专业的咨询机构协助完成并购项目，不断汲取海外并购成功企业的并购经验，不断提升公司决策水平，不断提高企业管理能力以及技术创新能力，加强抵御风险能力，从而增强国有企业在国际经济市场上的竞争力。

第九章　海外并购过程中的国有资产流失路径研究

在全球经济一体化、人民币升值、实施“走出去”战略以及推进“一带一路”建设等多方面因素的共同作用下，我国企业海外并购无论是交易数量还是交易金额都呈现快速增加趋势。但是，在海外并购过程中我国国有企业受到层层阻碍，在“走出去”过程中遇到较多困难，由此导致海外国有资产损失较大。

第一节　国有企业海外并购面临的困境

尽管目前中国企业海外并购增长迅猛，但是在这个过程中也遭遇了各种形式的困难和挫折，其中的原因值得我们深思。

一、国有企业海外并购的发展现状

（一）国企是战略资源类行业并购的主力军

据中华人民共和国商务部统计，国有企业海外并购较多集中在诸如铁矿、天然气等资源类、能源类行业。例如，2014 年意大利存贷款能源网公司超过 1/3 的股权以 25 亿美元被我国国家电网收购。在第一产业领域，新加坡来宝农业公司以 15 亿美元的价格被我国最大的粮油食品企业——中粮集团收购。

（二）国企海外并购倾向较高股权比例控股

2014 年，中国企业收购目标公司股份达到 4/5 以上的海外并购交易达 274 起，从交易数量上看，占全年中国企业海外并购总交易量的 59%；控制目标国公司全部股份的交易达到122起，从交易金额来看，占全年中国企业海外并购总金交易额的77%。2014年，在收购方控股比例达到4/5以上的274起海外并购交易事件中，其中有171起交易事件的收购方是国企，占比达到62%①。可见，我国国企海外并购倾向较高股权比例控股。

（三）国企交易规模较大但成功率偏低

中国政府于21世纪初提出了“走出去”战略，此战略激励了中国企业进行对外直接投资。在战略的引领下，无论是中国国有企业还是非国有企业海外并购，其交易金额及交易数量总体均呈波动式上升态势。

如图9-1、图9-2所示，中国企业海外并购仍以国有企业为主，非国有企业在并购交易额和并购交易量上均小于国有企业，只有2014年，国有企业并购交易量小于非国有企业并购交易量。如图9-3所示，相较国有企业，非国有企业海外并购成功率一般超过60%，并购的成功率较高且稳定。而国有企业并购成果并不理想，尤其在2013年和2014年成功率大幅度地下降，可见国企的并购成功率相对较低且起伏较大。

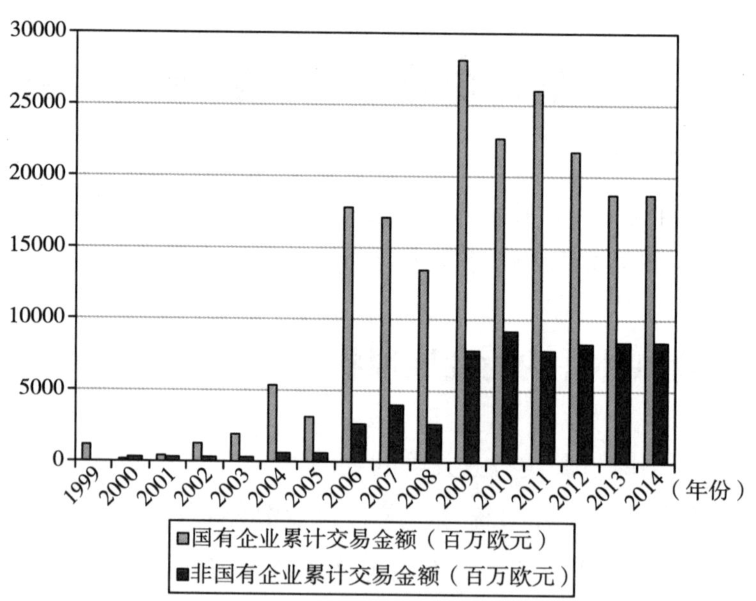

图9-1　中国企业海外并购交易金额

① 根据BVD-ZEPHYR数据库资料整理而得。

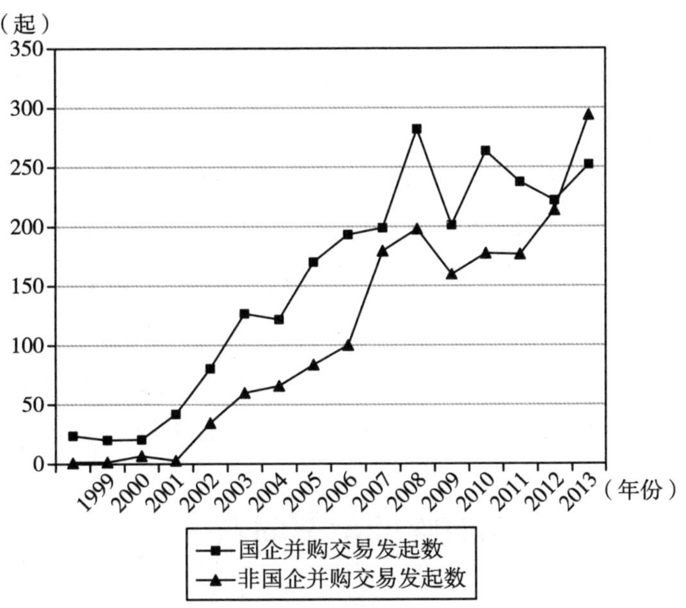

图 9－2　中国企业海外并购交易数量

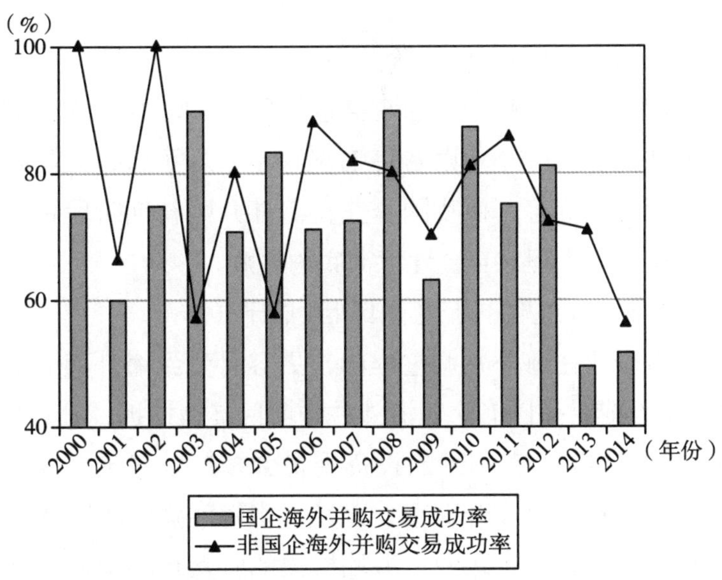

图 9－3　中国国有企业、非国有企业海外并购交易成功率

资料来源：根据 Thomson One 数据库数据整理而得。

二、国有企业海外并购快速增长的原因

国有企业海外并购实现快速增长的原因主要体现在以下三个方面：

第一，随着中国经济的快速发展，国内石油、矿产等自然资源的储备量已难以满足经济发展的需求，资源短缺问题凸显，部分国有企业通过海外并购获取国外的自然资源。

第二，国有企业进行海外并购的外部政策环境日益宽松。例如，我国政府积极支持企业推行海外并购战略；实行人民币汇率改革，人民币升值相当于降低了国有企业海外并购的实际成本；在一定程度上进一步放松外汇管制。

第三，发达国家持续性产业升级给国有企业海外并购带来了机遇。部分国有企业通过海外并购，获取发达国家因产业升级而闲置的技术、品牌、销售网络等资源，实现进入国外市场、扩大全球市场份额的战略目标。

三、国有企业海外并购面临的主要问题

国有企业在海外并购中过程中所暴露的问题，其原因主要体现在以下几个方面：

（一）国有企业缺少海外并购经验

国有企业在海外并购过程中，通常会选择国际知名投行作为顾问，但是企业本身对于国外法律、目标企业财务等情况缺少基本了解，尤其是目标企业的债务情况、法律诉讼状况等，使我国企业在海外并购初期阶段可能就会处于不利地位，延缓并购谈判进程甚至会导致彻底的失败。

（二）国有企业海外并购不断遭遇国外政府干预

中国大型国有企业在海外并购过程中，更容易受到海外舆论的影响，加之“中国威胁论”的蔓延，使国有企业海外并购项目屡遭挫折，尤其是对发达国家资源类企业的并购。例如，美国外国投资委员会多次以“国家安全”为由，对中国国有企业海外并购交易展开调查；尤其在中海油竞购美国优尼科石油公司项目中，与其他收购方相比，即使中海油提出的收购价格更高，但在政治因素的干预下，中海油还是以失败告终。

（三）国有企业缺乏对国际资本市场的深入了解

国有企业海外并购主要以现金收购为主，较少使用资本市场杠杆。此外，大部分国有企业缺少对国外多层次市场的认识和了解，例如美国场外柜台交易系统（OTCBB）。在这样的背景下，盲目耗费巨额资金到海外的场外交易市场进行“股票上市”，很容易带来法律、财务上的诸多麻烦。比如，在美国 OTCBB

市场上交易的300多家中国企业，其中90%以上都沦为垃圾股，甚至部分已经被摘牌或面临诉讼的困境。

（四）国有企业海外并购后的整合绩效不佳

一方面，中国国有企业缺少精通国内外法律和熟悉经营管理的综合性人才，加之在海外进行整合管理的过程中，通常以国内的管理经验作为参考，这就容易产生种族、宗教等多方面矛盾，从而导致企业经营绩效不佳、陷入整合困境；另一方面，欧美等发达国家工会的社会影响力十分强大，其在减薪、裁员等变动中发挥重要作用。但是，中国国有企业比较缺乏与工会谈判的经验，在海外并购整合重组阶段，往往会面临巨大的法律障碍和现实阻力，造成企业收购成本的增加，导致企业整合绩效不佳甚至直接导致整合失败。

（五）中国政府对海外并购缺乏有效管理和服务

目前，国有企业在海外并购活动中所涉及的相关服务机构和法律法规并不完善。一方面，国有企业实施海外并购会涉及包括外管局、发改委、国资委在内的众多政府部门，审批程序或者政府的直接干预在某种程度上可能会使企业错过最佳的并购时机，从而不利于提高海外并购的效率；另一方面，由于多头管理、监管不到位可能导致外汇管理、国有资产管理方面出现重大问题。

第二节　国有企业海外并购资产损失的典型案例

为了深入分析国有企业海外并购资产流失的相关路径与原因，我们选取了2013年度中国国有企业最大的海外并购案例——中海油并购尼克森项目进行案例分析。

一、中海油并购加拿大尼克森过程

（一）收购背景

中国海洋石油有限公司（以下简称中海油）是特大型国有企业中国海洋石油集团有限公司的控股子公司，1999年8月在香港注册成立，并于2001年2月分别在香港联合交易所（股票代码：00883）和纽约证券交易所（股票代码：CEO）挂牌上市。

2012 年 1 月，中海油向加拿大尼克森公司（Nexen Energy）发出收购要约。尼克森石油公司是一家位于加拿大的全球性能源公司，当时是加拿大第十四大石油公司，其股票分别在多伦多和纽约两个交易所上市，其主要业务是加拿大西部的油砂、页岩气，以及主要位于北海、西非海上、墨西哥湾等区域的常规油气勘探与开发①。

2012 年 7 月 23 日，中海油发布公告宣布以每股 27.50 美元的价格现金收购尼克森公司所有流通股，该收购价比尼克森公司在纽约证券交易所上一交易日的股票收盘价溢价 61%。当年 9 月 20 日尼克森公司宣布，99% 的普通股股东和 87% 的优先股股东表决支持该项收购议案，从而在公司层面通过了这个并购交易总额达 151 亿美元的收购协议②。该项收购也成为有史以来最大的中国国有企业跨国并购案例，受到世界各国媒体、企业和政府部门的广泛关注。

（二）曲折的收购过程

由于该项交易涉及跨国公司的并购，需要获得中国、加拿大、美国等相关国家政府部门的批准。该交易虽然得到尼克森公司股东的批准，但是遭到加拿大部分政客的反对，反对理由包括怀疑中海油的环境管理能力、担心裁减尼克森的员工、以及中海油与中国政府的密切关系可能危害加拿大国家安全等。美国民主党参议员舒默也公开表态，希望美国政府阻止中海油收购加拿大尼克森公司，除非中国政府确保美国对华投资享有互惠国待遇③。

因此，在种种压力下，中海油收购尼克森事项的监管审批不得不两次延期。第一次审批延期从 2012 年 10 月 11 日至 2012 年 11 月 10 日，第二次又将审批延期至 2012 年 12 月 10 日。期间，中海油为了获得加拿大政府的审批许可，在人员管理、资金投入、发展规划等多个方面向加拿大政府和尼克森公司作出承诺，以争取获得审批通过。

直至 2012 年 12 月 7 日，加拿大联邦政府根据相关规定，决定批准中海油收

---

① 金焱．中海油大交易［J］．财经，2012（20）．

② 李澎．中海油收购加拿大尼克森公司获得批准．新华 08 网，2012－9－21，http：//stock. xinhua08. com/a/20120921/1027469. shtml。

③ 中海油 151 亿美元成功收购尼克森 中企完成海外最大并购［N］．法制晚报，2013－02－26．

购加拿大尼克森公司的申请[①]。至 2013 年 2 月 12 日，该项交易也获得美国外国投资委员会的批准，从而获得了交易完成所需的全部行政许可[②]。

2013 年 2 月 26 日，中海油宣布并购交易已经获得全部的行政审批，收购正式完成，交易总对价约为 151 亿美元[③]，该项交易成为当时中国乃至亚洲国家最大规模的海外并购项目。

（三）海外并购时的良好愿景

该项目作为中国大型国有企业实施“走出去”战略的经典案例，获得国内许多媒体和专家的一片好评，国内舆论普遍认为，中海油收购尼克森完成之后，其产量大约增长 20%，探明储量增长 30%，成功收购尼克森既体现了国有企业资金实力雄厚、国际并购经验丰富的特点，还能在全球范围内储备矿产资源、进一步提升中国的能源安全保障水平。

中海油公司认为，尼克森的主要资产均位于法治健全、制度完善的 OECD 国家地区，收购尼克森将使中海油的油气资产遍布全球，增长前景广阔，并购符合公司长远战略。此外，中海油可以学习借鉴尼克森公司的油气深海开采技术，更为重要的是，还可以在尼克森的管理团队和高素质员工基础上，在加拿大建立一个国际水平的发展平台，进一步拓展公司的海外业务[④]。在具体管理上，尼克森作为中海油全资子公司，新董事会由加拿大籍独立董事、中海油、尼克森管理团队成员组成，中海油副总李凡荣担任该公司董事长，在尼克森公司有 18 年工作经验的原首席执行官 Kevin Reinhart 继续负责日常运营管理。

二、并购后出现的系列问题

这个有史以来中国企业金额最大的海外并购项目，当时受到舆论普遍好评，认为这是中海油收购美国优尼科公司失败后，国有企业在国际市场并购上的重大胜利。但是，该项目在并购完成之后陆续传出各种负面消息。

---

① 袁喆．加拿大政府批准中海油收购尼克森公司申请．中央政府门户网站，2012－12－08，http：//www. gov. cn/jrzg/2012－12/08/content_2285591. htm.

② 中海油收购尼克森获美国许可．天和网，2013－02－16，http：//accounting. tianhenet. com. cn/2013/0216/421363. shtml.

③ 康丽琳．中海油 151 亿美元成功收购尼克森．中央政府门户网站，2013－02－26，http：//www. gov. cn/jrzg/2013－02/26/content_2340047. htm.

④ 金焱．中海油大交易［J］．财经，2012（20）．

（一）并购刚完成就暴露经营困难的问题

尼克森公司作为中海油的子公司，在收购第一年就暴露各种问题。中海油2011年平均日产90.9万桶，并购前预期尼克森平均日产20.7万桶，并购可以使中海油产量提高20%，储量提升30%。但是在并购第一年，中海油2013年年报显示，当年中海油平均开采成本达到每桶油45.02美元，而不包括尼克森的其他部分生产每桶油成本仅为40.55美元，因此尼克森提高了中海油的单位生产成本。同时，尼克森的油气产量仅占当年中海油总产量的14.6%，利润仅占中海油总利润的2%，产量和利润均低于并购前的预期。

2013年，中海油并购尼克森时国际油价高位运行，价格大约在100美元/桶。到了2014年下半年，原油价格逐步下跌至60美元/桶左右。到了2015年国际油价不但没有反弹，反而持续下跌，最低时甚至跌到35美元/桶的水平。这种油价节节下跌的局面，让开采成本较高的尼克森公司运营面临严重困难。

（二）严重事故频频发生

2015年7月，在北阿尔伯塔地区临近长湖（Long Lake）的尼克森能源公司油砂矿场出现漏油事故，公司2014年度安装的一条连接矿井和炼油厂的管道破裂，泄漏了大约31500桶原油原料，这是大约30年期间北美地区陆地上最为严重的一次漏油事件。由于加拿大环保法规严格、民众环保意识很强，此次漏油事件使公司面临民众和各种机构强烈质疑。阿尔伯塔省能源监管机构为此发出环境通报，督促改正并恢复环境，并认定尼克森公司没有遵守相关管道维护和监控条例，公司整个项目关停整改至当年9月。

雪上加霜的是，长湖油砂项目于2016年元月又发生氢化裂解器爆炸事故，导致1名工人死亡和1名工人严重烧伤。其后，中海油加拿大子公司尼克森宣布暂停该项目，关闭日产72000桶的催化裂化装置，同时油砂生产井也暂停生产①。

（三）并购后不断裁员

中海油当时为了获得并购审批通过，曾经在收购尼克森公司时承诺，将要保留公司原管理层和员工的所有职位和待遇不变。但是到2015年3月份，由于油价持续下跌，中海油尼克森公司无奈削减开支，尼克森公司宣布裁减员工400人，占当时全部3000多名员工总数的13%。

① 中海油尼克森噩梦不断．彭博社，2016－01－18．

至2016年3月，尼克森公司再次对外宣布裁掉120个职位[①]。紧接着在2016年7月，尼克森公司决定关闭一座生产设施并裁员350人。在一年多的时间内，尼克森公司连续3次裁员，累计涉及员工870人。在地广人稀、法制健全、工会力量强大的加拿大，一次裁员百人以上就是大新闻，连续多次大规模裁员为中资公司带来巨大的负面影响。

（四）并购整合期间后亏损严重

事实上，收购发生在国际油价最高的2013年，从2014年开始国际油价萎靡不振，尼克森项目也开始严重影响中海油业绩。公司连续发布资产减值损失公告，其中2015年宣布减值损失7亿美元，原因是“受北美和北海业务影响”；2016年宣布的资产减值损失更为巨大，为108亿元人民币，原因包括“加拿大油砂资产经营计划调整”，2017年资产减值损失为86亿元人民币，减值原因是“预期估计油气价格修正以及储量修正”[②]。

从利润上看，中海油2015年实现净利润202.5亿元人民币，同比下降66.4%[③]。到2016年年初，油价自2003年以来首次低于30美元，油砂生产商亏损更为严重。2016年半年报，中海油宣布对尼克森油砂项目进行了大幅资产减值，金额为104亿元人民币，资产减值导致中海油半年亏损77.4亿元人民币，净利润同比下降达152.5%。2016年中海油全年盈利仅为7亿元人民币，2017年中海油净利润虽然有所上升，但也仅为141亿元人民币，远远低于2012年的636.91亿元人民币。

（五）并购整合道路漫长曲折

长湖油砂项目是尼克森公司最重要的项目，直到2017年5月，长湖油砂项目首次实现经营现金流转正。作为中海油业绩下滑的主要来源，尼克森长湖项目在4年之后才开始出现好转的迹象。

2017年年度报告显示，北美洲是中海油海外油气储量和产量最大的地区，其在北美地区（包括美国、加拿大等多家子公司合计）全年产量为13.3万桶，占公司总产量的10.3%，而当年预期尼克森公司一家就可以占到其产量的20%。其中，最大的项目是美国的5.3万桶/天的Eagle Ford项目，此外才是加拿大长湖项目4万桶/天。年报没有披露尼克森项目的总产量，据此推算尼克森公司所

---

① 王心馨．深陷油砂开采泥潭的中海油尼克森公司宣布再裁120个职位［N］．澎湃新闻，2016-03-02，https：//www.thepaper.cn/newsDetail_forward_1438121.

② 资料来源于《中海油2017年年度报告》。

③ 中海油花千亿买来麻烦［N］．华尔街日报，2015-07.

有项目加起来最多不超过 8 万桶/天，远不及当年并购时的预期 20 万桶/天。

（六）未能实现石油安全的战略目标

当年中海油收购尼克森的主要动机是希望通过并购学习借鉴国外先进技术和国际化管理经验，并获取国际储备资源加强中国能源安全保障。客观上看，从国际化布局、获取全球油气资产以及弥补自身短板等方面来看，不能完全用短期的经济利益来进行衡量，但是事实却证明中海油并未在国家角度实现石油安全战略目标。

根据加拿大能源部门统计，加拿大原油出口到美国占出口总额的 99.2%，这意味着美国几乎是加拿大唯一的原油出口目的地。中海油 2017 年年度报告也承认，“公司全资子公司尼克森生产的原油和合成油由其自行在国际市场上销售”，“由于北美运输以及出口基础设施限制，会影响公司的石油和天然气产量。此外，公司出售到北美市场产品售价要低于其他市场价格，这将对公司的财务业绩带来重大不利影响”①。总之，用千亿元人民币收购的项目，2013 年初—2017 年底的 5 年里几乎没有向中国运回原油，而是以低于市场的价格销往美国，并没有真正解决国内的石油安全保障问题。

三、中海油跨国并购问题产生的主要原因

（一）收购该项目前期论证和调研不充分

中海油并购尼克森项目前期论证和调研不够充分，是导致该项目陷入困境的重要原因。中海油当初认为尼克森公司的资源丰富而且分布广泛，通过收购能够提升中海油在国际原油市场上的定价能力。然而，蒙特利尔银行子公司 BMO Capital Markets 指出，尼克森项目其实是阿尔伯塔省北部油砂集中区域产量最低的油砂项目之一。事实上，尼克森公司主要资产集中于加拿大西部的油砂、页岩气开发等非常规油气开采业务中，其中 64% 的资源集中在油砂储存方面，但是油砂的开采难度和成本相比一般油气要高很多。包括油砂在内的非常规油气资源开采，对油价波动有着超乎寻常的敏感，因此，在 2012—2013 年度这个油价居于历史高位年份收购的尼克森项目，随着油价的大幅下跌而迅速陷入困境。

① 资料来源于《中海油 2017 年年度报告》。

（二）对并购后的成本收益缺乏理性预期

由于中海油对成本价格等一系列方面的乐观估计导致后续经营困难。从公告上看，中海油以151亿美元的价格现金收购了尼克森，实际上中海油还需承担尼克森原有43亿美元债务，这意味着该项目直接并购成本达194亿美元。此外，北美石油公司之间并购的溢价一般情况下为30%，而尼克森项目并购定价比上一个交易日有61%的股票溢价，差不多高出1倍。当时作出这样的高定价决策时基于比较乐观的估计，原因是2013年国际油价处于历史高位，平均价格在100美元左右。但是，伴随着全球经济低迷，2014年开始石油、天然气价格明显下降，由此导致尼克森项目迅速陷入困境。

即便在油价高企的2013年，尼克森当年油气产量为6080万桶当量，仅占当年中海油总产量的14.6%，仅仅贡献了总利润的2%。但同时成本开支十分巨大，2013年中海油的资本支出大增，其资本支出从2012年的599亿元人民币激增至905亿元人民币，其中尼克森资本支出约为165亿元人民币，占18.2%。到2014年上半年，尼克森资本支出进一步上升到89.7亿元人民币，占总支出比重升为19%。可见，由于对国际油价、成本开支、利润预测等一系列错误估计导致中海油尼克森项目并购后运行艰难。

（三）投资冲动下忽视内部不同意见

中海油曾一度将并购尼克森视为战略投资，即通过海外并购使油气储量增加约30%，油气产量增加20%以上，同时此举可以弥补2005年中海油并购优尼科失利的缺憾。但是中海油内部仍然有人对此持不同意见，例如时任中海油能源经济研究院首席能源研究员、原中海石油物探公司总经理陈卫东坚持认为，能源需求会大幅下降，高油价很难维持，花如此高昂代价去收购一个高成本开采项目，不是一笔合算的生意①。

陈卫东的反对意见集中在这几个方面：一是全球能源正在经历第三次转型，气体能源时代即将到来，石油消费量处于下降趋势；二是在新一轮全球能源并购过程中，国际能源公司都是采用在能源资源处于高价时出售、处于低价时回购的资产调整手段，中国公司不应在高价时接盘。数据表明，2009—2013年，中国三大石油公司海外并购共支出1097亿美元，出售资产56亿美元，净支出1041亿美元；埃克森等三家美国石油公司共购入资产560亿美元，出售470亿

① 吴清. 巨亏漏油接踵而至 中海油的尼克森噩梦［N］. 中国经营报，2015-08-03.

美元，净支出90亿美元；而欧洲的BP、壳牌、道达尔等公司共出售资产900多亿美元，购入资产400亿美元，回收现金500亿美元。但是非常可惜的是，这些理性的反对意见在当时被忽略了①。

（四）海外并购整合出现重大问题

中海油公告收购尼克森时，外界就担心并购后可能出现整合方面的问题，例如企业文化、员工管理、业务流程、勘探开发、财务管理、计划销售等多个方面。从中海油发展历史看，其初期发展主要依靠拥有垄断性质的海上油气对外合作专营权。从油气勘探到建设油田，主要资金由合作伙伴承担，但是通过拥有专营权分享51%的收益。从1999—2009年，中海油的主要利润都来自合作油田，由此逐步积累成为一家油气巨头，并开始大量在国际市场收购各种油气资源，在印度尼西亚、澳大利亚、加拿大、美国、阿根廷等地购买能源公司或者油气资源，其中此前成功并购规模最大的项目是出资22.7亿美元收购尼日利亚海上石油开采项目。但是，跨国界、跨文化对外国公司进行整合依然是对中海油的考验，尤其是尼克森公司这样一个资源分散、员工众多的大项目。

在漏油、裁员、爆炸等事件发生后，加拿大当地员工与中方管理团队之间不信任感进一步加剧。中海油收购尼克森前，中方管理层原本将尼克森当作拥有先进管理理念和勘探技术的国际化大公司，收购后却发现这是一个不断亏损的烂摊子。而在加方员工看来，一般石油公司裁员时会裁掉管理人员而尽量保留一线的工程师和技术人员，中海油从财大气粗的投资者变成了一个管理混乱和频繁裁员的外国公司。可见，在海外收购整合过程中，国有企业在企业文化、管理模式方面的巨大差异与国外公司可能发生许多重大冲突。

（五）海外并购后企业管理不善

由于并购整合不利，进一步导致企业管理不善出现各种严重事故。2015年7月尼克森公司漏油事件十分严重，合计漏油5000立方米（合计约31500桶），是过去30年来北美地区陆上最严重的一次漏油事件，显示中海油管理下的尼克森存在巨大管理漏洞。实际上，出事油管有双层内壁，可以加热到摄氏100度的高温，2014年刚刚铺设完成，按常理不应出现破损的问题，很大程度是管道铺设的施工过程中质量不达标所致。

此外，由于管理流程对接、监测预警系统、危机管理系统都出现问题，管

① 陈卫东．资源战略“判”当先［N］．中国海洋石油报，2014-07-18.

网泄露事故没有得到及时发现，而是一名路过的供应商发现这个事故并报告尼克森[①]。漏油和爆炸事故原因分别为违反监控条例和操作规定，类似事件在并购前的七八年中都未曾出现过，显示中海油全资子公司尼克森士气低落、运营管理水平低下。

（六）用战略意义替代经济意义对海外并购进行价值判断

事实上，中海油并购尼克森公司有为国家能源安全储备更多资源的目的，但是这个宏大的战略目标忽略了海外并购所需要重点考虑的经济意义。尽管中海油可以从尼克森公司学习非常规油气资源开采经验，但更大的受益者是加拿大，他们通过出售亏损资产换来了巨额资金，还通过协议约束绑定了中海油以卡尔加里为大本营，进一步要求中海油加大对该地区油气产业的投入，全部原油最终也是以低价销往近邻美国。到目前为止，尼克森项目并购并未为中国能源供应作出实际贡献。实施这个海外并购项目既没有实现国家能源安全的战略意义，也没有实现扩大产能的经济意义。

（七）国有企业委托代理机制依然存在问题

国有企业由于所有权与经营权分离导致的代理机制问题，在海外并购决策、实施、整合等长链条上依然明显存在。中国三大石油央企需要完成政府“保障供应”与“走出去”的战略任务，同时三大公司之间需要比拼资产规模，防止自己被国资委整合进更大的央企，这导致他们收购资产的决心往往比所有国际石油公司更大，收购的资产规模也很大。此外，当发现项目并购买亏了或油价开始走低时，剥离资产的止损措施却比国际石油公司缓慢得多，也不敢轻易作出类似决策，因为难以向上级解释，甚至要承担“国有资产流失”的责任。可见，国有企业由于委托代理机制依然存在问题，并可能在海外并购过程中体现出来。

第三节　国有企业海外并购资产损失的原因分析

加入 WTO 以后，中国企业海外并购发展十分迅速，在现有海外并购案例的基础上，关于金融制度、法律规范以及政府管制模式等方面存在的问题十分值

① 叶毓蔚. 中海油海外子公司发生严重漏油事件 中资背景招抨击. 新浪财经，2015 - 07 - 21，http：//finance. sina. com. cn/zl/international/20150721/094422748038. shtml。

得反思。因此，在推进中国企业海外并购进一步发展的过程中，为了维护国家经济安全，确保国有资产保值增值，研究中国企业海外并购过程中国有资产流失的规模以及原因就显得十分重要。应在此基础上，探索符合国际市场惯例，并且适合我国国有企业发展的海外并购路径和模式。

一、国有企业海外并购价值损失的严峻形势

与中国民营企业相比，大型国有企业或者国有控股公司在海外并购中仍然占据主体地位。分析近年来海外并购活动中我国国有企业暴露的问题，归纳得出国有资本的海外流失表现形式主要有以下四点。

（一）对海外上市公司收购普遍高溢价

在并购海外上市公司的过程中，看似市场价格公允。实际上，如果收购方试图在目标企业中获得大股东地位或者控股地位，通常会采取溢价要约收购的方式，然而溢价幅度却很难科学地度量。根据已披露的海外并购案例，在国际市场上，中国国有企业经常进行高溢价收购活动。比如，在 2013 年 3 月中海油最终以 151 亿美元的价格完成对加拿大尼克森公司的收购，并且承担了该公司的债务约 43 亿美元，成交价格比 7 月 20 日止 20 个交易日期间的成交量加权平均价溢价达到 66%。

（二）对海外非上市公司收购信息很不透明

在并购海外非上市公司的过程中，考虑到地理距离、文化、语言和法律法规等多方面的原因，我国银行和相关监管部门难以对被收购企业的资产和经营状况进行实地考察，信息非对称性加大了对国有企业海外并购估值监管的难度，从而容易产生资产价格高估的问题。例如，中竹纸业计划以约 900 万加元并购 New Skeena 公司，并试图通过虚报估值的方式，获取由国内两家银行出具的超过 2 亿加元的贷款意向书。该项目如果运作成功，给国内银行带来的经济损失将难以估计。

（三）企业海外并购亏损数额巨大

已经被披露的海外并购数据显示，国有企业海外并购的亏损情况比较严重。例如，中国平安虽然成功并购荷兰—比利时富通集团，并且成为该集团的第一大股东，但在不到 1 年的时间内却亏损高达 200 亿元人民币；TCL 在并购汤姆逊后的 3 年时间内亏损约为 40 亿元人民币。与此同时，国有企业在海外并购活动

中遭受的损失，却几乎没有相关人员为之负责，通常以初入海外市场“交学费”、全球战略布局等为由进行解释。

（四）未来海外并购损失难以预料

进入21世纪以来，部分国有企业海外并购意愿强烈，例如四大银行、三大石油集团等，其不断呼吁政府对海外并购活动提供强有力的政策支持。此外，国家外汇储备管理局成立了专门负责创新外汇储备运用工作的部门，即外储委托贷款办公室，计划同商务部、发改委等政府部门一起支持中国企业在海外的并购活动。但是，考虑到我国海外并购起步较晚，目前只有部分问题被暴露出来，大多数海外并购项目的成败还难以准确有效地判断。

我国国有企业虽然积极参与海外并购，但是存在巨额亏损的情况。国有企业海外并购同样会面临海外并购活动中的一般共性问题，例如文化距离、法律体系的差异、国际资本市场的复杂性等。此外，考虑到国有企业市场化程度还不是很高、治理结构有待完善等现实情况，在海外并购活动中，应进一步加强对国有资产的监督和管理，减少未来可能出现的损失。

二、国有企业海外并购资产流失原因复杂

由于国有企业治理结构尚不完善、市场化程度还不高，面对国外法律体系、国外工会、文化差异、跨国财务管理、海外并购后整合等诸多问题，导致在过去时间段内国有企业海外并购损失较大，未来还可能会暴露更多的国有资产流失。国有企业海外并购资产流失的主要原因如下：

（一）海外并购的管理方面

由于中国企业海外并购起步时间较晚，现有的服务机构和政策法规不能适应现实发展的需要。此外，海外并购项目的审批周期较长，涉及国资委、发改委、商务部等多个行政部门，增加了信息泄露的风险，从而降低了企业并购的效率，甚至还可能使企业错过最佳的收购时机。同时，由于政出多门、多头管理等问题的存在，对国有资产海外经营管理的监管无法有效落实到位，国有资产流失问题时有发生。

（二）企业市场化程度方面

考虑到国有企业较低的市场化程度及复合型海外并购人才的短缺，企业在海外并购过程中，往往没有经过仔细分析和研究便直接参考本国国内之前的管

理经验，由此产生了大量并购失败或者资产流失的案例。具体体现在不切实际的高溢价并购、对东道国法律及工会信息的掌握不足、对目标企业整体经营状况的了解不充分等方面。

（三）国有体系监管方面

由于海外隐蔽性更高，国内纪检监察部门对国有企业海外并购活动缺乏有效的监管，存在监管空白，国有体系的海外腐败问题开始突显出来。例如：企业从国有银行套取资金高价并购国外的廉价资产，造成的损失最终由国有银行承担；或者企业在海外并购过程中进行违规操作，以“贵买贱卖”的方式将海外资产转移给海外关联人；或者通过安排子女、亲属在海外工作等形式来进行利益输送。

（四）海外国有资产追责方面

当海外并购活动中出现国有资产流失问题，按照我国现行的管理体制，对相关负责人的追责缺少制度层面的依据，增加了对国有资产海外流失问题的追责难度。例如，以获取战略性资源为由解释高溢价收购问题；或者以中国企业初入国际市场，未适应国际市场规则为由推卸责任；或者以长期性战略目标为由掩盖企业已经存在的严重亏损。

（五）国有企业的背景方面

国有企业进行海外并购时，由于意识形态的差异，或者部分国家对于中国崛起的警惕，以及基于冷战思维下的“中国威胁论”和“遏制中国”策略，国外各级政府、媒体、右翼团体会从“国家安全”的角度质疑中国国有企业的海外并购背景，为我国国有企业海外并购设置了很多障碍，由此导致许多国有企业海外并购未能如愿，或者损失惨重，这些情况在发达国家资源类项目的并购中表现较为突出。比如，中海油竞购美国优尼科石油公司、中铝公司收购力拓集团的项目均在政治干预下失败。这些客观存在的障碍不仅增加了国有企业进行海外并购的难度，同时也加大了并购后整合重组的难度。

第四节　国有企业海外并购资产流失的主要路径

海外并购过程中国有资产流失的原因相互交织，路径也较为复杂。从并购交易前期、并购交易期间、并购整合阶段三个时间阶段上划分，可以进一步分析中国企业海外并购过程中的国有资产流失路径（见图9－4）。

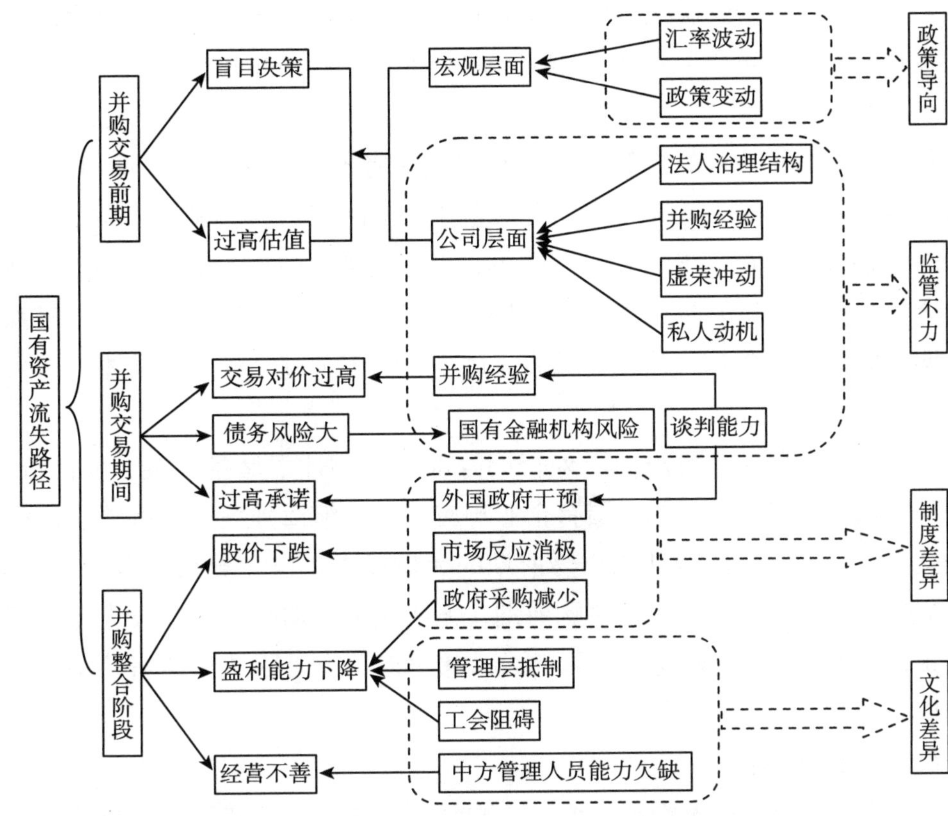

图9－4　海外并购过程中国有资产流失路径图

一、并购交易前期

在并购交易前期，主要是盲目决策和过高估值这两个问题导致国有资产流失。盲目决策主要是部分企业在并购交易前期作出了错误判断，而过高估值主要是企业决策层对目标企业的估值严重高估。具体而言，导致这两种判断错误的主要原因有两个方面，即宏观层面和公司层面。

（一）宏观层面

在宏观层面上，汇率波动和政府政策导向都会影响海外并购交易前期的决策和估值。

1. 汇率波动

在汇率波动方面，人民币升值或是东道国货币贬值都会使以人民币计价的海外公司估价变低，从而使中国企业海外并购的成本降低。由于国际市场的汇率频繁波动，国有企业缺乏对汇率波动的理性认识和充分准备，在进行海外并购决策时容易产生误判，从而导致盲目决策和过高估值的问题。

2. 政府政策导向

我国关于海外并购的政策在不同时间段或者不同部门会采取不同的导向，而且差异明显，这些政策导向波动会对企业并购决策产生影响。比如，在“一带一路”倡议下或者“走出去”战略下，部分政策采取积极的鼓励措施，部分国有企业积极响应政策而忽略并购交易的经济利益，导致盲目决策；同时强烈的并购愿望使国有企业对并购交易估值过高，付出了过高的并购成本，有可能造成了国有资产的流失。

与此相反，在某些阶段由于外管局等部门担心外汇储备建设、外汇流失，出台相关政策限制海外并购，国有企业响应政策收缩海外投资，有些洽谈中的并购交易半途放弃，浪费并购交易前期的大量成本，也会导致国有资产流失。过多的政策指引使国有企业在并购前期，无法完全根据经济利益最大化进行并购决策，而需要考虑并购行为是否符合政策导向，有时因此产生盲目决策和过高估值的问题。

（二）公司层面

在公司层面上，法人治理结构、并购经验、虚荣冲动和私人动机等方面也会影响并购交易前期的决策和估值。

1. 法人治理结构

在法人治理结构方面，国有企业的法人治理结构表现为经营权和所有权分离，即企业所有权属于国家，而经营权属于企业经理层。这种特殊性使得国有企业作并购决策时，更多考虑的是短期利益、领导意愿和绩效考核，而忽视目标企业长期的经营问题。因此，在并购交易前期，由于国有企业的法人治理结构不完善可能导致出现盲目决策和估值过高。

2. 并购经验匮乏

在并购经验方面，中国在加入 WTO 组织以后才开始大规模进行海外并购，国有企业普遍缺乏并购经验，在评估国外企业的运营状况、市场价值、发展前景、政策环境等方面经验欠缺，因此在选择并购行业、并购企业时容易盲目决策或者过高估值，从而屡次出现“交学费”的现象，导致国有资产流失。

3. 虚荣冲动

部分国有企业所处的行业或发展阶段并不适合进行海外并购，但是由于管理者虚荣冲动，盲目追求名义上的“国际化”或是“面子工程”，盲目开拓海外市场，或者盲目扩大公司海外知名度，或者急于进行海外并购以融入国际市场，在国有企业资金软约束的背景下，会出现盲目决策和过高估值的现象，造成国有资产流失。

4. 私人动机

部分国有企业管理层作出海外并购决策时，并不完全是从企业的角度出发进行决策，有时候出于私人动机，即为了满足管理者私人利益而进行并购。比如有些国有企业管理者进行海外并购，是为了在海外公司给其亲属朋友谋求管理职位，或是出于私人利益而与指定的公司进行并购交易，不考虑并购成本与经济收益，这可能会使国有企业进行海外并购前期存在盲目决策和过高估值的问题，国有资产随之流失。

综上所述，宏观层面上政策导向和汇率波动，以及公司层面上法人治理结构、并购经验、虚荣冲动和私人动机等因素，都会导致在并购交易前期出现盲目决策和过高估值的问题，使国有资产在并购交易前期流失。

二、并购交易期间

在国有企业海外并购交易期间，交易对价过高、债务风险和过高承诺这三个因素可能导致国有资产流失。

（一）交易对价过高

在国有企业海外并购交易期间，收购方与被收购方需要进行多轮协商和谈判，以确定交易对价。由于部分国有企业海外并购经验不足，或者缺乏国际商务谈判能力，在谈判过程中无法占据主动地位，加上其他国际买家的竞争，导致并购交易对价的主导权通常掌握在被并购方手中，从而使得并购交易对价高于国际市场一般行情，国有企业被迫高成本进行海外并购，由此在海外并购交易期间导致国有资产流失。

（二）债务风险

国有企业在海外并购交易期间通常会面临较大债务风险，这些债务风险有可能传导到国内金融机构形成系统性的金融风险。由于国有企业海外并购交易涉及金额巨大，部分交易金额甚至达到百亿美元以上。在并购交易期间，国有企业自有资金通常不足以支付并购总金额，会选择向金融机构（大多数情况下都是国有金融机构）举债的方式进行杠杆并购。国有企业规模相对较大，且更容易享受贷款的优惠政策，因此相对民营企业更有便利获得高额贷款，其海外并购失败导致的债务风险和外汇风险随之传导到国有金融机构中。若海外并购后的企业经营状况不佳或者破产，可能导致无法如约偿还贷款，国有企业和国有金融机构都将遭受巨大损失，从而导致国有资产大量流失。

（三）过高承诺

国有企业的国有属性使其在海外并购时，外国新闻机构或者民间组织经常怀疑其并购动机带有政治目的，从而招致外国政府对并购进行干预，由此使国有企业海外并购遇到比民营企业更大的政治阻力。国外政府或者民间组织基于保护当地的就业、环境或产业发展的目的，有时候会提出许多不合理的要求；而国有企业谈判能力不足或者不熟悉当地法律法规，在遇到外国政府干预时，无法通过谈判打消外国政府的疑虑，为了促使并购顺利完成，会对外国政府作出过高承诺。这些承诺包括员工雇佣、薪酬水平、续聘管理层、环境保护、税收缴纳、后续投资、公共福利等多个方面，有些承诺对促进并购交易实现是有利的，但是如果超出了企业未来的承受能力，将对并购后企业发展带来诸多限制和巨大成本，为并购整合失败埋下伏笔。

总之，谈判能力不足和并购经验缺失有可能导致交易对价过高，并购交易期间出现的债务风险和外汇风险也有可能传导到国有金融机构中，以及谈判能力不足和外国政府干预可能导致对并购企业作出过高承诺，这些都会使国有企业海外并购交易期间出现国有资产流失的状况。

三、并购整合阶段

并购整合阶段对并购后企业经营状况至关重要，也是决定海外并购成败的关键阶段。在并购整合阶段，股价下跌、盈利能力下降和经营不善这三个因素可能导致海外国有资产损失。

（一）股价下跌

由于文化差异、管理磨合等多方面的原因，国外诸多投资机构普遍不看好中国企业海外并购的前景，尤其是国有企业的海外并购。由于国外宣传机构的长期负面报道，国际投资机构或者个人根据习惯判定国有企业的管理效率低下，对国有企业海外并购整合阶段预期比较悲观，整合初期就大量减持并购企业的股票，如有风吹草动更会大幅减持，从而导致并购标的股票价格下跌，使持有该股票的中国母公司权益直接受损。可见，由于国外投资机构对中国国有企业海外并购反应消极，可能导致并购后的公司股价下跌，这意味着海外资产缩水，国有资产随之流失。

（二）盈利能力下降

国有企业在海外并购整合阶段，还可能受到来自东道国的各种障碍，包括取消政府采购、管理层抵制和工会障碍等问题。例如，即便是民营企业的联想集团收购 IBM 的 PC 业务，美国联邦政府就宣布由于担忧信息安全的问题，所有政府采购将不再面向 IBM 品牌，使联想收购不久就丢失了传统的大量政府订单。此外，国外被并购公司部分管理人员坚持固有想法，认为中国企业管理能力低下，不愿意接受被收购的结果，要么离职表示不满，要么对现有工作敷衍应付，导致管理效率低下。同时，国外工会体系非常庞大，并具有很强的动员和议价能力，常常对新进入的中国股东提出非分要求，而中国企业不具备和国外工会周旋的经验和能力，导致较大的财产损失，当年 TCL 收购汤姆逊公司失败很大程度上都是由于工会阻扰导致的。

（三）经营不善

在海外并购整合阶段，由于中方人员综合管理能力方面的相关问题也可能导致国有资产流失。一方面，由于国有企业海外并购经验欠缺，尤其缺乏精通国外法律法规、熟悉国外企业管理模式、具备较高外语水平的管理人才；另一方面，被并购公司与中国公司存在巨大差异，包括文化差异、组织结构差异、管理模式差异、激励手段差异等。部分中方管理人员由于能力欠缺和经验不足，不能针对海外公司的特点及时调整管理方法，而是照搬国内的管理模式和方法，会导致被并购企业经营不善、管理混乱，从而使并购整合失败，最终造成海外国有资产流失。

总之，国外资本市场反应消极有可能导致股价下跌，而政府采购、管理层抵制和工会阻碍可能导致企业盈利能力下降，此外中方管理人员能力欠缺也可能导致经营不善，这些因素交织在一起可能导致国有企业在海外并购整合阶段的国有资产流失。

第五节　本 章 小 结

尽管21世纪以来中国的海外并购发展迅猛，然而这背后却隐藏着较多隐患，所以对国有资产流失规模和路径研究迫在眉睫。

国有企业由于自身的特殊性而导致决策体系效率低下以及东道国对其市场认可度不足等方面往往会导致并购活动的失败。除此之外，国有企业相对民营企业来说会面临更多阻力，尤其是以资源获取为目的进行海外并购时这类阻力会更加突出。在海外并购过程中国有资产流失问题主要表现为四大特征：一是并购前期损失巨大，二是信息不透明，三是高溢价并购，四是未来并购损失难以预料。

国有资产海外损失路径主要有五个方面：一是对于海外并购的管理力度不足，国有资产流失问题日益突出；二是由于市场化程度不足且相关人才稀缺，国有企业很大一部分失败的并购案例因为虚荣冲动而导致的；三是国有体系监管方面存在漏洞造成腐败问题隐藏在海外并购案件中；四是在海外国有资产损失之后追责制度不够完善，有关人员会因此降低对海外并购整个过程中的谨慎程度；五是面临来自国外舆论、政府机构、内部管理层、其他股东、工会组织等各种阻力，尤其是涉及战略性资源获取时国有企业自身国有性质的背景会被他国严重质疑。

第十章　促进中国企业海外并购的对策建议

在“一带一路”倡议下，我国企业积极响应国家号召，加快了“走出去”步伐，在全球跨国并购市场上中国企业的作用和地位日益突出。但是，中国的国有企业具有不同特征，与不同东道国企业间存在较大差异，二者间可能存在一定的摩擦效应，这种摩擦效应带来的副作用有可能超过海外并购的协同效应。为了促进中国企业在海外并购时降低风险、创造价值，一要营造健康的企业海外并购宏观环境；二要规范国有企业海外并购的监督管理机制；三要推动企业建立科学的海外并购微观决策体系。

第一节　营造健康的企业海外并购宏观环境

跨国并购行为不能单纯地视为企业间的微观经济活动，因为跨国并购关系着两国间资产、科技、资源、战略、经济等多方面要素健康、稳定、持续发展的一种重要的经济活动。但是，由于国有企业对国际会计准则、跨国企业管理、国外工会组织、国际资本市场等方面的了解不够深入，国有企业在海外并购过程中出现了很多问题，而这些已显现的问题以及潜藏的问题可能会导致国有资产大量流失。因此，相关部门应高度重视相关问题，通过完善政策法规体系、加强人民币汇率管理、与东道国进行协调等多个方面，为中国企业海外并购提供良好的宏观环境。

一、完善海外并购相关的政策法规体系

中国企业在“一带一路”倡议指引下，通过海外并购进一步实现全球资源优化配置将是一个较为长期的发展方向，也是实现国有企业做大做强的重要手段之一，从多个角度加强中国企业对外投资和海外并购的法制建设势在必行。

（一）健全我国现有关于海外并购的法律法规

虽然在经济全球化的推动下，中国企业的贸易和投资的触角已经延伸到海外市场中了，但是由于经验不足，以及海外市场、政治制度、文化、法律、行业、企业、产品、劳动力等方面的差异，存在许多不确定因素和潜在风险。因此，迫切需要国家政策法规的规范，以便更安全、更具竞争力、更加顺利地开展海外并购业务。

完善我国跨国并购法律法规、管理体制以及服务体系，借鉴发达国家用立法形式规范中国企业海外并购，是响应“一带一路”倡议的重要保障。国家发改委 2017 年 12 月颁布《企业境外投资管理办法》，于 2018 年 3 月开始正式实施；2018 年 1 月商务部发布《对外投资备案（核准）报告暂行办法》。在此之前，主要依照商务部 2014 年《境外投资管理办法》（2009 年版和 2014 年修订版）进行企业备案、核准等方面管理，以及商务部发布的《对外投资合作国别（地区）指南》和《对外投资国别产业导向目录》等指引性文件。

通过法律法规进行有效的监管，结合国际经济发展的趋势，逐步放宽在外汇等方面的限制，逐步完善我国对外投资服务体系；通过建立投资信息数据库，构建有效的信息渠道使企业能够充分了解国内外的投资环境，为投资者搭建信息交流良性互动平台，并且做好跟踪管理服务工作；在股权结构、上市机制、投资壁垒、所有权限制等法律法规方面适度放宽，尽量减少对国内企业实施海外并购的一系列不必要的审批环节和法律障碍；加强对中介机构和金融机构的建设，完善金融与财政等相关政策，建立透明的海外并购融资杠杆要求；不断深化资本市场改革，建立健全透明高效、功能完善和运行安全的交易市场，完善金融支持政策体系，解决我国企业在跨国并购中的集融资难问题，让资本在一个法治完备的环境中运行，创造更有利于海外并购的投资政策，为我国企业的海外并购提供良好的运作环境，为并购多样化创造条件。

（二）完善与海外并购相关的税收机制

政府应完善与实施海外并购企业相关的税收机制，通过减免、抵免相关税务的方式支持本国企业实施海外并购。相关税务机关应强化服务职能，完善企业海外并购税收服务指南，在跨国企业和税务部门之间建立有效的沟通渠道，将更有针对性的税收政策指引提供给相关企业，还要及时为海外并购企业解决税务问题。通过一些税收优惠政策和税收协调机制，减免、抵免相关税收，降低本国企业实施跨国并购的税收成本；与国际税收规则相协调，避免国际双重征税，当企业在并购目标企业所在国已缴纳税收可以在政策范围内实施税收抵免，避免重复缴税。

（三）建立适应市场环境和国际准则的行政管理体系

政府相关部门应在借鉴吸收国外先进经验的基础上，完善本国行政管理方面的制度。首先，相关部门可以放宽行政审批制度从而促进中国企业海外并购，对企业实施海外并购的管制应体现在对总量和方向的把控，在实施有效监督管理的同时精简相关的行政审批流程，帮助企业抓住最佳投资时机并降低其并购的时间成本、行政成本。在此基础之上，政府应完善监督管理制度，使中国企业海外并购行为更加规范化。

国家外汇管理局、商务部等相关部门要充分协调，确定各自的职责范围，分工明确，避免重复审核或者职责互推等低效的情况发生。同时，在外汇管理、金融政策方面也要适当放宽，为企业通过自身评估分析，在风险承受能力范围之内自主实施海外并购创造良好的政策环境。

二、加强人民币汇率管理的政策建议

（一）继续推进人民币国际化进程

人民币国际化能够降低企业投资和筹资成本、降低外汇风险、提高融资效率，从而促进中国海外并购的发展，因此，推进人民币国际化进程，对我国企业“走出去”战略的实现十分有利。通常在互为主要贸易伙伴的国家中，区域内的结算货币很可能是大国货币。我国与东南亚等国家的来往十分密切，已经实现对部分周边国家的人民币局部输出。对这些国家和地区进行投资和贸易的过程中，双边货币的互换协定大大提升了人民币在区域内的使用频率，人民币在我国与周边国家的经贸活动中体现了“区域结算货币”的职能。目前，可以采取分步骤实施的策略，比如可以先在周边国家构建人民币交易国际化区域，再进一步在亚洲乃至全球实现人民币全面可自由兑换，从而真正实现人民币国际化。

尽管目前我国经济规模居全球第二位，但是人民币尚未成为世界主要结算货币。我国需要在“一带一路”倡议指引下，建立健全我国的市场经济体制，逐步建立高度发达、具有世界影响力的金融交易中心，并出台相关政策鼓励人民币实现国际化，从而助推中国企业海外并购。

（二）利用人民币升值的大好时机继续推进海外并购

改革开放以来中国经济发展十分迅速，我国企业积极走出国门，在经济全球化过程中扮演着非常重要的角色。国家政策鼓励具有比较优势的各类企业在“一带一路”倡议下积极进行海外并购，从而促进相关商品和劳务的出口，推动中国企业实现产业升级，这是中国企业参与经济全球化的一个非常好的机遇。

从前文可知，人民币汇率会显著地影响我国企业海外并购，人民币汇率波动和人民币升值有可能给中国企业海外并购带来极佳的机遇。事实上，我国在2005年汇率改革之后，人民币汇率总体呈现升值的趋势，而人民币升值会带来投融资成本下降和相对财富增加，相关部门应鼓励中国企业抓住机遇、迎接挑战，增强对汇率变动的敏感性，充分利用汇率变动来进一步开展海外并购。

（三）保持人民币汇率水平长期相对稳定和短期弹性

事实上，自2005年7月起，人民币基本上是相对美元单边升值，较少有贬值或回调的时机，中国企业海外并购也持续增加。从前文分析也可以看出，人民币升值有利于我国企业进行海外并购。此外，合理的汇率浮动范围可以增加汇率的灵活性，有助于企业抵消外部冲击，从而降低海外并购的不确定性。此外，一国经济稳定和发展需要汇率保持相对稳定，如果汇率较快上升可能导致热钱在短时期内迅速流入，汇率下降则相反，这可能带来对宏观经济的巨大冲击。因此，长期来看，人民币的汇率在整体保持稳定的基础上略有升值，并保持一定的短期汇率弹性，会更有利于我国企业海外并购的发展。

三、与东道国方面进行协调的建议

由于实施海外并购的部分企业是国有企业或者有国有资本参与，使文化差异、制度差异、管理差异等方面的鸿沟更为明显，导致我国企业并购他国企业的摩擦效应加大。如果能在国家层面加强与东道国的沟通，可以大幅降低企业的交易费用，从而有利于实现中国企业海外并购的协同效应、规模效应、范围效应等。因此，从国家层面来看，可以采取以下几个方面的策略。

（一）加强与东道国政府层面的合作

东道国对中国企业海外并购的态度会受到两国间外交关系的影响。若两国间较少存在政治、经济利益冲突，建立了合作共赢的伙伴关系，那么东道国政府会积极支持中国企业的海外并购，从而减少了中国企业海外并购的交易风险和交易成本。如果两国没有建立良好的政治经济关系，很可能出现东道国政府阻碍我国企业跨国并购的现象。

因此，政府部门应充分发挥外交手段和政治手段，加强与东道国政府的合作，从而为中国企业海外并购创造良好的国际环境。中国政府既需要与东道国政府保持和谐融洽的外交关系，也有必要加强与东道国在经贸关系、资源能源等方面的战略合作，促进对东道国提供技术、经济援助以及资源共同开发等，这些都有利于提高中国企业在能源资源类行业的并购成功率，并提高并购绩效。

（二）为中国企业海外并购提供东道国相关信息

驻外使领馆和商务部门等部门应该给中国企业海外并购提供充足的服务，包括与东道国相关的法律保障、金融支持、决策咨询和信息服务。由于企业资源有限，对东道国信息掌握不充分、认识不足，从而导致企业跨国并购决策失误。单个企业可能无法实现对东道国全面信息的掌握，那么商务部等相关部门应积极充当信息中介，借助驻外使领馆、国际多边组织等多方面资源，尽可能掌握的东道国信息并通过网站等多种渠道披露给有关企业，以减少甚至避免国有资产无故损失。

首先，政府有关部门应当客观陈述收集的差异化信息，以便提供给海外并购的企业参考。其次，可以通过新闻、报纸等传统媒体进行报道，也可以专门建立他国信息网络平台，从制度、政治、文化、法律、经济等分门别类地进行阐述，让我国企业能够及时、全面、准确地掌握东道国的信息。最后，宣传需要及时落实到企业，尤其是国有大型企业，将有关媒体的专栏、网址、发布时间等及时通知到位，避免信息发布后，相关企业并不知晓或事后知晓。

四、为中国企业海外并购提供规范的金融环境

应充分认识到稳定、规范、繁荣的金融环境对中国企业海外并购的重要影

响，因此应大力发展我国资本市场，发挥资本市场融资功能、金融中介和资源配置等方面的作用，帮助企业实现融资渠道多样化从而提高海外并购的成功率，具体表现在以下几个方面。

（一）为中国企业海外并购提供相对宽松的金融环境

首先，对于符合“一带一路”倡议目标、符合国家产业政策的项目，相关部门应进一步放宽外汇管理制度，鼓励符合条件的中国企业进行海外并购，简化单证审核手续，避免企业因外汇管制问题错过并购时机。其次，鼓励中国企业不仅要面向国内的资本市场获取资金实施海外并购，还要加强与国外资本市场的合作，拓宽融资渠道。还可以在国际金融市场上成立对外投资担保机构，为资质良好的中国企业提供融资担保，为企业海外融资提供便利。

（二）鼓励银行业务创新为海外并购服务

鼓励银行等金融机构不断进行业务创新，为企业实施海外并购提供资金支持，在传统的信贷模式上大胆创新，开发并购贷款、国内保理、银团贷款等新型融资方式，同时要逐渐与国际接轨，提供全球化的统一授信，可以利用海外资产进行抵押贷款，在服务种类上要不断创新，同时在具体实施操作过程中，要根据不同企业的实际情况提供差异化的有针对性的有效服务。国家开发银行等政策性银行可以为中国企业海外并购提供专项资金支持，并以较低的贷款利率发放贷款。

（三）鼓励通过证券市场为企业海外并购提供融资服务

证券、基金、信托等相关金融机构应积极开辟证券融资的新途径，鼓励企业通过不同的融资渠道获取资金，如发行股票、债券等，拓展场外交易的市场规模，增加债券的发行，在条件成熟时设立专门的并购基金，针对专门的投资或相关企业提供投融资服务，在现有的现金支付的方式上，拓宽股权支付、抵押票据支付以及融资租赁支付等方式，这样不仅能够拓宽企业进行跨国并购的融资渠道，还能促进资本市场多元化的发展。

第二节　规范国有企业海外并购的监督管理机制

首先，中国政府应积极构建健康的宏观经济与法治环境，为国有企业海外并购提供良好的运行空间；其次，国有资产管理部门等相关政府部门也应制定相应措施，防范海外并购过程中由于盲目决策、管理不善、疏于考核等各种因素导致的国有资产流失问题。具体对策建议包括以下几个部分。

一、完善国有企业海外并购管理机制

（一）健全海外国有资产管理的相关法规

关于海外国有资产管理问题，国家国资委 2017 年发布了《中央企业境外投资监督管理办法》，对之进行规范，在此之前主要依照国资委《中央企业境外投资监督管理暂行办法》（2012 年）进行监督管理。可见，时至今日，我国还没有出台关于中国企业对外投资和海外并购的法律规定，这就迫切要求我国政府加快对境外投资立法，从而保障我国企业在海外并购过程中有法可依，有章可循，并设立专门机构来对跨国并购活动进行领导、组织、协调和监督，规范地引导国有企业跨国并购行为。

相关部门还应积极建立健全关于税收管理、金融监管、国内外资本市场接轨、国有资产管理、国际会计准则协调等多个方面的法规文件，充分发挥市场机制的作用、健全法治管理、完善信息服务、规范和协调海外国有资产的管理，还要积极推动国有企业海外并购顺利进行，探索遵循国际市场惯例、符合国内外法律体系的跨国并购模式和路径。

（二）构建新型国有企业海外并购审核监督机制

建议在国务院下设“对外投资（含海外并购）协调与监管小组”，由商务部、国资委、外交部、发改委、银监局、人民银行、证监会、审计署等多个部门的人员组成，召开不定期联席会议讨论国有资本参与海外并购的重大项目，对并购项目是市场化收购还是战略性收购或者其他类型收购进行区分。通过细化收购类型使审批程序“扁平化”，提高海外并购决策效率，减少审批成本，包括时间成本、资金成本、人力成本等，同时可以减少因为时间滞后而导致错失良机；还可以从政策方面对企业海外并购提供用汇、贷款的支持，减少监管部门前期审批和后期监管的漏洞。此外，可借助大数据进行科学分析，建立适合国有企业海外并购的系列审批制度，精准审批不同所有权企业的海外并购行为，科学管理海外国有资产，避免海外国有资产流失。

在具体管理上，应综合考量外汇使用状况、国资管理规定、资本市场发展等方面因素的基础之上，出台管理中国企业海外并购监督管理机制的相关规定，从审批初期就区分国有企业战略性和市场化等不同方向的海外并购。对于少数极为特殊的战略性收购项目，要增加发改委、能源部门或军队等部门的审批环节；对于多数一般经营性项目，要严格考核项目的短期业绩和长期业绩，原则上按照市场化收购进行管理，不能把长期战略布局作为并购损失的理由。

二、为国有企业海外并购提供政策指引和便利措施

由于部分国有企业在海外并购过程中，可能存在经验不足、虚荣冲动、盲目决策等问题，相关政府部门应对国有企业海外并购出台政策指引和相关便利措施，引导国有企业响应国家“一带一路”倡议，引导国有企业利用海外并购实现产业升级和全球布局，引导国有企业高效率实施海外并购，并提供相应的保障措施。

（一）引导国有企业进行产业升级和全球布局

政府相关部门应借助“一带一路”倡议指引，鼓励我国国有企业利用海外并购，实现产业结构的优化升级，并实现全球市场的资源配置。在发展我国海外并购之时，可以将边际产业转移至他国并将这些产业的闲置资源用于获取和发展战略性资源。同时，优化我国国有企业海外并购的产业结构，积极推动技术密集型及资源获取型企业的海外并购。此外，在并购产业上，也应优先鼓励收购先进制造、高科技产业、现代农业、资源能源等方面的企业，严格控制对海外娱乐业、体育俱乐部、地产项目等方面的项目并购，通过优化资源配置，提高产品核心竞争力，进一步推动国有企业海外并购的发展。

（二）引导国有企业实施高效率的海外并购

加快国有企业的市场化改革，引进具有国际视野的管理人才，在保证海外并购决策科学化前提下实现决策程序的简化，并建立海外并购项目跟踪评估体系。在海外并购过程中，国有企业要发挥企业规模大、融资能力强等优势，淡化政治背景而强调并购本身的商业价值，与东道国政府部门、新闻媒体及工会组织等机构建立良好关系。

（三）减少外国政府对国有企业海外并购的阻力

虽然国有企业海外并购在融资能力、资本实力、国际经验方面有较大的优势，但由于国有企业海外并购金额巨大，且具有先天的政府背景，容易使东道

国产生警惕，进行政治化诘问。为了使国有企业能够自由进行海外并购，我们应当给予他国企业对我国企业海外并购足够自由和平等，不以双重标准对待国外跨国并购企业，尽可能对进入中国的外资并购企业提供公平、稳定的法制环境。此外，还可以与经贸投资往来密切的国家，签订“区域一体化”或“投资便利化”等方面的双边协定，以适当的优惠政策向投资来往密切的国家企业倾斜，促进与他国的经贸投资往来，尤其注重国有企业的跨国并购的相关协定，为国有企业海外并购顺利开展做好铺垫。

（四）发挥中介机构在国有企业海外并购中的支撑作用

优秀的中介机构可以帮助中国国有企业提升海外并购能力，其原因是海外并购策略和资本重组方案设计需要具备专业性和技巧性。中介机构在为国有企业提供跨国战略咨询、并购计划和财务分析的同时，还要具备专业的评估并购交易价格的能力和机制，最终促进国有企业海外并购的顺利完成，但是国内中介机构仍处于起步阶段，这就要求相关部门积极制定政策和法规促进整个中介体系的发展，发挥中介机构对国有企业实施海外并购的支撑作用；要提高金融、法律、会计、投行等相关中介机构的专业水准，积极引导国内中介机构参与海外并购。国内金融中介机构需要建立与国际接轨的业务能力，才能为国有企业海外并购提供高水准的咨询服务，为海外国有资产保值增值提供保障。

三、完善国有企业海外并购监督机制

（一）健全国有企业海外并购的约束监督机制

健全国有企业海外并购的约束监督机制是很有必要的。国有企业海外腐败是纪检监察部门必须要重点关注的问题，要从约束机制上加强对严重渎职、人员违规任用、利益输送等方面的惩罚，将纪检监察范围延伸到海外国有资产方面。此外，对于不涉及国家机密的可公开信息，尤其是涉及国有企业的海外并购信息，应尽可能及时、透明地向全社会公开，让第三方或者群众进行监督。

（二）改进国有企业海外并购的绩效考核机制

将国资监管部门和审计部门等单位组织起来，共同制订考核企业海外并购绩效的办法，考核对象是含有国有资产的所有企业。同时，对民营企业以海外收购为目的从国有银行取得大额信贷或从国有企业获得担保的相关项目进行严格审批。完成区分战略性收购和市场化收购之后，以项目特性为基础考核长期或短期企业经营绩效，定期披露被收购公司的福利待遇、员工管理状况，并编制海外并购国有资产平衡表，提供给决策部门参考。同时，创新监督管理方法，可以采取加权评分法评价海外并购绩效，也可以利用大数据跟踪进行监督考核。

（三）完善海外并购项目人员派出管理机制

在海外并购实施前后，应保证一定比例国有资产管理部门成员参与；在此基础之上应尽可能聘请了解当地实际状况的华人财务及法律人士参与项目组，并积极采纳相关建议。同时要采取回避原则，即整个项目进行过程中原则上所有相关部门领导及其直系亲属都不得直接参与该项目。

（四）建立海外投资保险制度提供海外并购保障

由于东道国制度环境或者经济环境发生重大变化，有可能对中国海外企业带来重大损失，从而增加中国海外并购的风险，因此，中国应考虑建立企业海外并购保险制度。中国企业跨国并购的保险机制有很大的改善空间，应健全国内企业的海外投资保险制度，或是借鉴部分国家的经验，推出“并购保证”或者“补偿保险”制度，分担本国企业在跨国并购中遭遇到的风险，鼓励中国企业积极实施海外并购。通过海外投资保险制度的建立，为中国企业的海外并购提供必要的支持和服务，并管理和审批海外投资保险，明确海外投资保险的承保范围，从而尽量补偿中国海外企业因政局变动或战争冲突等风险遭受的损失。通过海外并购保险制度的实施，可以为国有企业海外并购提供保障，避免国有企业海外并购局部失败导致无法挽回的重大损失。

第三节　推动企业建立科学的海外并购微观决策体系

针对中国企业海外并购成功率相对较低、并购后绩效不佳的状况，我国企业海外并购应做好充分的准备，兼顾并购决策前、并购交易期间以及并购整合期这三个阶段的工作，以提高我国企业海外并购的成功率和绩效，防止海外并购过程中的资产损失。

一、并购前的对策建议

（一）应抓住关键时机积极开展海外并购

1. 抓住经济全球化的政策机遇

近年来中国经济快速发展，已经成为世界上最大的贸易国，以及世界上第二大经济体，在全球经济体系中占据重要地位，这要求我国企业在改革开放政策和在“一带一路”倡议指引下，必须更为主动地走向海外、迎接全球的机遇和挑战。拥有比较优势的各类企业应积极实施海外并购，推动相关产品和服务的出口，在全球范围内整合资源，这将是中国企业参与经济全球化的一个非常好的政策机遇。

2. 抓住人民币升值的大好时机

人民币汇率对我国企业海外并购有显著影响，即人民币升值和人民币汇率的变动有助于我国企业进行海外并购，尤其是在 2005 年 7 月人民币汇率改革之后，我国企业面临人民币汇率升值的现实环境。因此，我国企业应充分利用人民币升值的机遇，综合考虑包括汇率水平、汇率波动程度以及汇率制度等在内的人民币汇率因素，加强自身对汇率变动的敏感性。充分利用人民币汇率升值所带来的投融资成本下降、出口规模扩大以及相对财富增加等优势来进一步开展海外并购。

3. 绕开贸易壁垒向外进行产业转移

受贸易保护主义的影响，我国企业遭受越来越多的贸易限制，不利于我国企业拓展海外市场。在此背景下，跨国并购可以在一定程度上替代国际贸易，从而缓解贸易摩擦给我国企业带来的冲击。中国企业可以通过跨国并购，利用原产地规则，有效地规避贸易壁垒；此外，并购可以减少市场竞争压力，给中国企业提供更好的生存发展环境。因此，跨国并购可以有效地解决与贸易限制较多的国家之间的贸易纠纷。

而发达国家制造业跨国并购所占比重最大，这是由于发达国家向外进行产业转移造成的，将成熟、标准化的技术向外转移，既能优化国内产业结构，又能扩大国际市场占有率，保护核心技术。我国纺织、家电、轻工业和重化工等传统的、具有比较优势的行业生产能力相对过剩，国内市场接近饱和，利润空间被压缩，将闲置的设备技术通过对外直接投资方式，与国外更加廉价的劳动力或自然资源以及市场相结合，可以提高企业的收益率，以此获得更加广阔的国际市场。

（二）应提前做好海外并购的准备工作

1. 充分认清企业自身的属性和情况

在海外并购前，企业应根据自身实际确定并购目标，在充分获取东道国政治、经济、文化、法律等方面信息的基础上，全方位评估目标企业并得出调查分析报告，做好海外并购前的准备工作。具体而言，企业要充分利用资本市场提供的有利条件提高自身实施跨国并购的竞争实力和风险防范力，在实施并购前，应充分了解被并购方的类型是否与自身发展战略相对应，并且要进行充分全面的评估和调研工作。

2. 重视人才引进和人才培养

中国企业海外并购相对于国内并购而言，难度更大、风险系数更高，国际化的高素质专业人才对企业海外并购效率以及整合的成功率有着重要的影响。就总体而言，我国企业海外并购方面的专业人才仍然相当匮乏。因此，我国企业必须为海外并购进行人才储备，培养现有的员工，选拔熟练掌握外语、业务能力强、熟悉国际规则的高素质人才，积极培养他们在财务、法律或融资等方面技能，有针对性地进行企业海外并购业务方面的培训，并为之组建专业的并购团队，建立具备不同海外特质的人才库，派遣他们到国外优秀跨国企业进行学习交流，使他们成长为具有海外经营管理经验的高素质人才。此外，积极吸引外部优秀人才，通过面向海外高薪聘请具有跨国公司、跨文化管理能力的企业经营人才，充实中国企业海外并购的管理团队。

（三）应选择适当的地域和并购对象

1. 适当考虑东道国的经济自由度因素

经济自由度指标包含着商业自由、劳动力自由、资本自由、投资自由和金融自由等方面，而这些方面又与海外并购的过程和绩效紧密相关。通常只有在商业和投资相对自由的国家，海外并购才有可能顺利实施。此外，劳动力自由流动为跨国并购企业提供了劳动力保障，而资本自由和金融自由又为跨国并购提供了灵活的资金融通渠道。一般而言，跨国并购成功率与东道国的经济自由度正相关。因此，我国企业在跨国并购时要考虑到东道国的经济自由度，在同等条件下选择经济自由度较高的国家和地区的企业。

2. 充分考虑东道国的国家安全因素

东道国考虑到中国政治制度的特殊性，往往会对中国企业进行严格的政治审查。因而东道国的国家安全因素在进行海外并购活动时不可忽略，要收集不同东道国诸多行业的相关管理政策，以及可能涉及的政治或国家安全方面的规定，加强对东道国政治稳定性等方面问题的研究。中国企业应聘请国际知名的公关机构协助完成对矿产、能源类敏感行业的并购项目，用良好的的舆论氛围减轻东道国对本国经济发展和国家安全的担忧。

3. 选择符合自己发展战略和具有发展潜力的企业

并购之前应当对目标企业及其所在行业进行全面的估值及风险评测，有利于充分了解标的方信息，从而控制潜在风险以及顺利完成并购。在挑选并购对象时，不仅要考虑到自身的发展规划及发展战略，同时对于目标企业的整体状况及发展潜力也要进行具体深入分析。应当根据不同的并购策略选择合适的对象，既可以选择业务差异较大的并购标的实现企业多元化经营，也可以选择与自身业务相似的企业作为并购标的保证较高的整合成功率。同时，我国海外并购较多集中在发达国家，而随着新兴市场的发展和“一带一路”倡议的实施，为中国企业海外扩张提供了历史机遇。因此，快速增长的新兴市场和“一带一路”沿线国家应当在并购过程中被重点关注，人工智能、大数据、机器人等新兴行业也应被重点关注。

4. 比较东道国与本国的制度差异

中国企业海外并购之前，应认真思考本国与东道国之间的制度差异，这个制度差异主要指的是制度环境差异。不同于文化的是，制度环境是有优劣之分的，即低质量制度环境和与高质量制度环境，进而在包括腐败控制、政府效率、政治稳定性、法治水平和监管水平等方面都有显著差别。我国企业在进行跨国并购时要注重东道国的制度环境，要尽可能地在制度环境相对较好的国家进行跨国并购。

5. 比较东道国与本国的文化差异

不同的国家和企业在其漫长的发展过程中形成了其独有的特定文化，因而国家间和企业间就不可避免地存在着文化差异。文化本身并无优劣之分，但文化上的差异可能会导致海外并购后的企业在战略制定和实施上发生分歧等问题，加剧并购后企业的不确定性，增大了其风险。因此，在并购交易之前，中国企业应认真了解和分析两国之间的文化差异，比较并购双方的企业文化差异，包括并购双方所在国家的宗教信仰、性别差异、价值观、忠诚度等各方面的文化距离，以及原有企业管理模式与决策机制方面与中国企业的异同，降低由于文化差异带来的并购失败风险。因此，我国企业在海外并购时，应该结合文化差异因素选择适合的投资区域和标的企业，初期目标企业可从与我国文化传统相似的国家地区起步，如中国香港及临近的其他亚洲国家地区，通过前期的经验以及资本的积累，逐渐扩张至欧美、非洲等文化差异较大国家进行并购。

二、并购交易期间的对策建议

中国企业应提高并购交易交易期的管理能力和决策水平，谨慎进行海外并购决策。在进行海外并购交易期间，应结合企业自身的发展战略，制订科学合理的海外并购策略，同时处理好与东道国媒体、政党、工会以及政府等各种组织的关系，严格执行东道国跨国并购方面的相关规定，减少海外并购政策风险和经济风险，从而顺利实现国际化经营的目标。

（一）尽可能聘请海外专业机构协助并购

中国企业在海外并购方面经验不足、人才短缺，因此，中国企业应当学习国内外跨国并购经典案例，吸取相关的经验教训，积极寻求国际专业咨询公司或者国际大型投资银行的帮助，聘请财务、法律等方面的国际机构提供专业的并购建议。同时，企业还应重视对跨国企业管理人才的引进，让企业储备海外并购经验丰富、国际化经营能力突出、且熟知外部环境的复合型人才，并为他们提供相应的人才激励机制，通过培训等方式提高员工关于海外并购方面的专业技能。

（二）认真评估海外并购过程中的风险问题

首先，在跨国并购初期，中国企业应认真研究并购前评估问题，既要积极借助国际中介机构的帮助，自己也要审慎研究，避免头脑冲动导致盲目投资；其次，海外并购过程中应高度重视外国企业的工会力量，必须正视国外工会力量曾经对跨国并购的中国企业产生巨大阻力；最后，相关企业应认真评估跨国并购后的整合问题，要正视国际市场规则、国外文化、法律环境等因素对跨国并购整合带来的巨大风险。

（三）积极拓展海外并购融资渠道

由于海外并购通常涉及的金额较高，中国企业海外并购应积极拓展股权融资、债权融资等各种融资渠道，从而减少对现有经营性活动所需资金的占用，避免因交易过程中资金链断裂而导致的并购风险。企业不仅要充分享受国内资本市场带来的各种便利，还要学会与国际接轨，利用国际资本市场的机遇促进自我发展，为实施海外并购拓宽更多的融资渠道。例如，在国内可通过银行借款或发行债券筹集资金，也可以通过增发股票等方式筹集资本；在海外市场既可以发行混合币种债券获取资金，也可以通过换股并购加现金等多种方式实现并购交易。期间，还可以联系国内外知名的投资银行，为该项并购交易提供交易信贷或联合投资。

（四）合理选择海外并购方式

中国企业在进行海外并购交易时，应合理选择并购方式。中国企业通常偏好于全资并购国外标的企业，有时候会引起过多舆论关注以及东道国政府的干预，甚至引发对方以国家安全为由中止该项交易。因此，中国企业可采取少量多次的方式，逐步收购目标企业的股份，最终实现对目标企业的控股权；也可以与国际知名的投资银行合作，通过联合收购的方式，降低东道国对中国企业的过分警惕，从而顺利完成该项海外并购交易。在并购的途径上，中国企业可以尝试使用一些新的并购方式，例如采用间接持股的方法，集合国内市场上的各种金融机构筹措资金，然后通过离岸的私募股权基金进行具体的并购操作，这样中国企业就可以通过实际上的离岸私募股权公司，间接实现完成对目标企业的跨国并购。

（五）充分利用金融中介了解目标企业的信息

在并购的过程中，要充分利用金融中介机构了解目标企业的经营信息，对目标企业有准确的分析和了解之后，结合自身情况制定并购战略。国内的一些企业在实施跨国并购时通常较为盲目，不能结合自身状况进行有针对性、有目的性的并购，因此，在寻求目标企业时，企业应充分研究自身状况和目标企业能为本企业带来的效益，从品牌、技术、市场等不同的角度制定并购战略，不要奢求通过一次并购就能实现全方位的整合，要分析最主要的并购动因，从而在能力控制范围之内实现优势的互补。

三、并购后的对策建议

（一）应高度重视中国企业海外并购后的整合工作

在完成海外并购之后，要进一步实施对并购企业的整合与经营，充分利用资本市场的公司治理机制，对被并购的境外企业进行制度和经营过程中各种利益冲突的整合，降低企业对新市场适应过程的成本，提高融合的效率。然而，我国企业海外并购存在一个较普遍的问题是重视并购过程，而忽视了并购后业务重组、人员调整等问题，影响了海外并购效果。

中国企业海外并购，不能仅仅认为是企业规模的扩张，更应看重的是通过有效整合实现全球资源配置，提升中国企业的绩效以及在全球价值链中的位置。因此，海外并购后的全面资源整合，应争取得到当地政府、企业管理层、工会组织、当地媒体、原有消费者等各方面的信任和支持，并妥善维护目标企业供应商和客户的良好关系，保持企业原有组织机构和人才队伍的基本稳定，并进一步吸引优秀人才、研发先进技术、强化企业品牌，确保海外并购后的企业持续健康发展。

（二）中国企业海外并购整合的主要内容

中国企业海外并购后整合应包括战略整合、文化整合、组织与人员整合三个方面。

第一，海外并购完成后，战略整合需要对海外目标企业进行企业战略方面的调整，使之与中国企业的整体战略目标相一致。战略整合可以分步骤实施，避免由此导致的剧烈企业动荡。在并购整合初始阶段，应通过增进双方企业的深入了解，增强相互信任，掌握更多信息，然后随着时间的延长，通过进一步的调整与控制，使之与中国企业的整体战略目标具有一致性。

第二，由于不同国家间文化差异较大，企业海外并购整合的一个重点是文化整合。必须正视不同国家间客观存在的宗教、种族、习惯、语言、思维方式等各方面的巨大差异，通过文化整合稳定企业和员工，发挥海外并购的协同效应。中国企业海外并购文化整合的核心是对目标国文化的尊重和包容，从中吸纳有利元素为企业生产经营服务，从而实现使中国企业与目标企业形成合力，提升企业经营业绩。

第三，组织和人力资源整合是中国企业海外并购整合的关键环节。中国企业海外并购有时会对目标企业原有工作人员造成心理冲击，导致关键管理人员或关键技术人员的流失。中国企业海外并购整合期间，应基本保持组织架构的稳定，逐步将并购企业和目标企业的技术和管理模式相融合，不仅要为优秀员工保证原有的良好物质条件，更要为他们提供有吸引力的职业发展规划，从而为企业持续稳定发展打下坚实基础。

（三）降低跨文化差异带来的负面影响

由于文化差异而带来的中国企业海外并购问题较多，因此，中国企业在并购整合阶段，应采取有效措施降低文化差异可能带来的负面影响，

面对着客观存在的文化差异，中国企业应积极面对，建立文化交流平台，加强应对文化冲突技能的培训，努力降低文化差异给并购带来的负面影响。具体可从以下两个方面实施：

第一，构建文化差异识别与风险控制系统。应当建立系统的文化差异识别与风险控制系统，提示不同国家可能面临的不同文化环境，防止由于文化差异带来的文化风险的发生，并对可能发生的文化冲突应准备相应预案。

第二，建立跨文化交流平台和跨文化管理部门。企业可以通过增设跨文化管理部门，聘用专业的跨文化管理人员，认真评估双方文化差异，提出切实可行的企业管理模式和组织架构，为目标企业并购后的经营管理服务。同时，应积极构建跨文化交流平台，加强并购双方员工的文化沟通，加强中国员工对东道国的民族风俗、宗教信仰、国家文化等文化差异的理解，也加强目标企业员工对中国文化的理解和认识，并培训员工的文化冲突处理技巧和相关风险的应急处理能力，创造一个相互信任、相互尊重的文化环境。

（四）利用金融衍生工具合理规避汇率波动风险

中国企业海外并购整合期间会持续面临汇率波动风险，汇率波动既可能导致中国企业与目标企业的关联交易价格发生重大变化，也可能导致中国企业海外收益的重大损失。因此，利用金融衍生工具可以适度规避汇率波动风险。

随着人民币国际化的推进，国内现有的外汇管理政策逐步放宽了外汇波动的管理幅度。加上离岸人民币市场的价格引导作用，人民币波动幅度将可能进一步加大，使得中国企业海外投资面临更为巨大的汇率风险。面对日益加大的汇率波动风险，中国企业在并购整合阶段应努力提高汇率风险防范意识，认真考虑汇率波动可能对企业带来的有利与不利影响，结合业务需要以及汇率走势预判，采取多种手段规避汇率风险，包括运用外汇期权、期货、互换等各种金融衍生工具进行套期保值，或者适当调整不同币种间外汇资产和外汇负债规模，从而避免汇率波动导致的损失，如果运用得当，有时甚至能通过外汇衍生工具使企业从海外并购中获取额外的收益。

第四节　本 章 小 结

经济全球化和中国加入世界贸易组织为中国企业参与全球经济活动提供了契机。尤其是 21 世纪以来，中国人民币升值、外汇储备增加以及实施“走出去”战略为企业海外并购提供了物质基础和政策保障，中国企业海外并购增长迅猛，近年来已经成为国际市场上的主要并购买家。在“一带一路”倡议指引下，中国企业海外并购会得到更为长足的发展。

但是，由于部分中国企业国际化运营经验不足，缺乏海外并购经验，导致海外并购面临较多风险和问题。尤其是中国国有企业，在海外面临更多的法制、政治、经济、文化等方面的问题，加上海外国有资产监管也相对薄弱，国有企业委托代理机制不完善的问题更为突出，甚至可能存在海外腐败的问题。中国企业海外并购的相关问题，不仅可能带来国有资产的流失，也可能给提供融资的金融机构带来损失，从而对中国经济长期稳定健康发展带来危害。

研究表明，与非国有企业相比较，国有企业海外并购交易溢价率普遍较高，海外并购后盈利能力有所下降，且海外并购后股票表现欠佳，这些因素都反映了国有企业海外并购绩效有待提高。为了找到解决上述问题的方法，同时也为了促进中国企业在海外并购时降低风险、创造价值，我们从三个方面提出相应的对策建议：一是营造健康的企业海外并购宏观环境；二是规范国有企业海外并购的监督管理机制；三是推动企业建立科学的海外并购微观决策体系，希望能够从不同侧面，为防范中国企业海外并购过程中的资产损失问题找到解决办法。

附录　G20 国家名称及其代码对照表

序号	英文名	中文名	代码
1	Argentina	阿根廷	AR
2	Australia	澳大利亚	AU
3	Brazil	巴西	BR
4	Canada	加拿大	CA
5	China	中国	CN
6	France	法国	FR
7	Germany	德国	DE
8	India	印度	IN
9	Indonesia	印度尼西亚	ID
10	Italy	意大利	IT
11	Japan	日本	JP
12	Mexico	墨西哥	MX
13	Russian Federation	俄罗斯	RU
14	Saudi Arabia	沙特阿拉伯	SA
15	South Africa	南非	ZA
16	South Korea	韩国	KR
17	Turkey	土耳其	TR
18	United Kingdom	英国	GB
19	USA	美国	US
20	Austria	奥地利	AT
21	Belgium	比利时	BE
22	Bulgaria	保加利亚	BG
23	Cyprus	塞浦路斯	CY
24	Croatia	克罗地亚	HR

续表

序号	英文名	中文名	代码
25	Czech Republic	捷克共和国	CZ
26	Denmark	丹麦	DK
27	Estonia	爱沙尼亚	EE
28	Finland	芬兰	FI
29	Greece	希腊	GR
30	Hungary	匈牙利	HU
31	Ireland	爱尔兰	IE
32	Latvia	拉脱维亚	LV
33	Lithuania	立陶宛	LT
34	Luxembourg	卢森堡	LU
35	Malta	马耳他	MT
36	Netherlands	荷兰	NL
37	Poland	波兰	PL
38	Portugal	葡萄牙	PT
39	Romania	罗马尼亚	RO
40	Slovakia	斯洛伐克	SK
41	Slovenia	斯洛文尼亚	SI
42	Spain	西班牙	ES
43	Sweden	瑞典	SE

参考文献

[1] Akhavein J. D. , Berger A. N. , David B. The Effects of Megamergers on Efficiency and Prices: Evidence from a Bank Profit Function [J]. Review of Industrial Organization. 1997, 12 (1): 95 – 139.

[2] Amel D. , Barnes C. , Panetta F. , et al. Consolidation and efficiency in the financial sector: A review of the international evidence [J]. Journal of Banking & Finance, 2004, 28 (10): 2493 – 2519.

[3] Anderson, Erin. Modes of Foreign Entry: A Transaction Cost Analysis and Propositions [J]. Journal of International Business Studies, 1986, 17 (3): 1 – 26.

[4] Andre, P. , Kooli, M. , L'Her, J. The long-run performance of mergers and acquisitions: Evidence form the Canadian stock market [J]. Financial Management, 2004, 33 (4): 27 – 43.

[5] Antras P. Firms, Contracts, and Trade Structure [J]. Quarterly Journal of Economics, 2003, 118 (4): 1375 – 1418.

[6] Bass, A. E. , Chakrabarty, S. Resource security: Competition for global resource, strategic intent, and governments as owners [J]. Journal of International Business Studies, 2014, 45 (8): 961 – 979.

[7] Bauer, F. , Matzler, K. , Wolf, S. M&A and innovation: The role of integration and cultural differences—A Central European targets perspective [J]. International Business Review, 2016, 25 (1): 76 – 86.

[8] Behr A. , Heid F. The success of bank mergers revisited: An assessment based on a matching strategy [J]. Journal of Empirical Finance, 2011, 18 (1): 117 – 135.

[9] Beladi H. , Chakrabarti A. , Marjit S. Privatization and Strategic Mergers across Borders [J]. Review of International Economics, 2013, 21 (3): 432 – 446.

[10] Berger A. N. , Humphrey D. B. Megamergers in Banking and the Use of Cost Efficiency as an Antitrust Defense [J]. The Antitrust Bulletin, 1992, 37 (3):

541 – 600.

[11] Berger A. N., Mester L. J. Explaining the dramatic changes in performance of US banks: technological change, deregulation, and dynamic changes in competition [J]. Journal of Financial Intermediation, 2003, 14 (2): 278 – 279.

[12] Bhagat, S., Malhotra, S., Zhu, P. C. Emerging country cross-border acquisition: characteristics, acquirer returns and cross-sectional determinants [J]. Emerging Markets Review, 2011, 12 (3): 250 – 271.

[13] Blonigen B. A. Firm-Specific Assets and the Link between Exchange Rates and Foreign Direct Investment [J]. American Economic Review, 1997, 87 (3): 447 – 465.

[14] Boubacar, I. Spatial Determinants of U. S. FDI and Exports in OECD Countries [J]. Economic Systems, 2016, 40 (1): 135 – 44.

[15] Boubaker, S., Hamza, T. Short-and long term wealth gains form UK takerover: The case of the financial industry [J]. Journal of Applied Business Research, 2014, 30 (4): 1253 – 1262.

[16] Buch M. Cross-border bank mergers: What lures the rare animal? [J]. Journal of Banking & Finance, 2004, 28 (09): 2077 – 2102.

[17] Buckley P. J., Casson M. The Future of the Multinational Enterprise [M]. Palgrave Macmillan, London, 1976.

[18] Burger M. J., Ianchovichina E. I. Surges and stops in greenfield and M&A FDI flows to developing countries: analysis by mode of entry [J]. Review of World Economics, 2017, 153 (2): 411 – 432.

[19] Cai, Y. E., Tian, X., Xia, H. Location, Proximity, and M&A Transactions [J]. Journal of Economics and Management Strategy, 2016, 25 (3): 688 – 719.

[20] Campa J. M. Entry by Foreign Firms in the United States Under Exchange Rate Uncertainty [J]. Review of Economics & Statistics, 1993, 75 (4): 614 – 622.

[21] Cebula, R. J. Economic Growth, Ten Forms of Economic Freedom, and Political Stability: An Empirical Study Using Panel Data, 2003—2007 [J]. The Journal of Private Enterprise, 2011, 26 (2): 61 – 81.

[22] Chari, A., Ouimet, P., Tesar, L. The value of control in emerging market [J]. Review of Financial Studies, 2010, 23 (4): 1741 – 1770.

[23] Chatterjee, R. A., Aw, M. S. B. The performance of UK firms acquiring large cross-border and domestic takeover target [J]. Applied Financial Economics, 2004, 14 (5): 337 -349.

[24] Claessens, S. Foreign Banks: Trends and Impact [J]. Journal of Money, Credit and Banking, 2014, 46 (02): 295 -326.

[25] Cole M. A., Elliott R J R, Virakul S. Firm Heterogeneity, Origin of Ownership and Export Participation [J]. World Economy, 2010, 33 (2): 264 -291.

[26] Compton, R. A., Giedeman, D. C., Hoover, G. A. Panel evidence on economic freedom and growth in the United States [J]. European Journal of Political Economy, 2011, 27 (3): 423 -435.

[27] Cuesta R. A. Mergers and technical efficiency in Spanish savings banks: A stochastic distance function approach [J]. Journal of Banking & Financem, 2002, 26 (12): 2231 -2247.

[28] Cybo-Ottone, A., Murgia, M. Mergers and shareholder wealth in European banking [J]. Journal of Banking and Finance, 2000, 24 (6): 831 -859.

[29] Delong G. L. Stockholder Gains from Focusing Versus Diversifying Bank Mergers [J]. Journal of Finance, 2002, 5 (2), 23: 221 -252.

[30] Deng Z., Yan J., van Essen M. Heterogeneity of political connections and outward foreign direct investment [J]. International Business Review, 2018, 27 (4): 893 -903

[31] Deyoung R. Bank Mergers, X-efficiency and the Market for corporate control? [J] Managerial Finance, 1997, 23 (1): 32 -47.

[32] Dunning J. H. Trade, Location of Economic Activity and the MNE: A Search for an Eclectic Approach [M]. The International Allocation of Economic Activity. Palgrave Macmillan UK, 1977: 203 -205.

[33] Dutta, S., Saadi, S., Zhu, P. Does payment method matter in cross-border acquisition? [J] International Review of Economics and Finance, 2013, 25 (1): 91 -107.

[34] Ensign, P. C., Lin, C. D., Chreim, S., Persaud, A. Proximity, knowledge transfer, and innovation in technology-based mergers and acquisitions [J]. International Journal of Technology Management, 2014, 66 (1): 1 -31.

[35] Erel, I. , Liao, R. C. , Weisbach, M. S. Determinants of Cross-Border Mergers and Acquisitions [J]. Journal of Finance, 2012, 67 (3): 1045 - 1082.

[36] Feld, L. P. , Ruf, M. , Schreiber, U. , Todtenhaupt, M. , Voget, J. Taxing away M&A: The effect of corporate capital gains taxes on acquisition activity [R]. Cesfio Working Paper, 2016, No. 5738.

[37] Focarelli D. Cross-border M&As in the financial sector: Is banking different from insurance? [J]. Journal of Banking & Finance , 2008, 32 (01): 15 - 29.

[38] Focarelli D. The patterns of cross-border bank mergers and shareholdings in OECD countries [J]. Journal of Banking & Finance, 2001, 25 (12): 2305 - 2337.

[39] Georgopoulos G. J. Cross-border mergers and acquisitions: does the exchange rate matter? Some evidence for Canada [J]. Canadian Journal of Economics, 2008, 41 (2): 450 - 474.

[40] Gerhard K. , Utz W. The internationalization of Chinese companies: Firm characteristics, industry effects and corporate governance [J]. Research in International Business and Finance, 2011, 25 (3): 357 - 372.

[41] Giannetti M. , Metzger D. Compensation and competition for talent: Evidence from the financial industry [J]. Finance Research Letters, 2015, 12 (3): 11 - 16.

[42] Goh S. K. , Wong K. N. , Tham S. Y. Does outward FDI matter in international Trade? Evidence from Malaysia. [J]. Mpra Paper, No. 39715, 2012.

[43] Gomes E. Critical success factors through the mergers and acquisitions process: revealing pre-and post-M&A connections for improved performance [J]. Thunderbird international business review, 2013, 55 (1): 13 - 35.

[44] Gulammhussen M. A. What drives cross-border M&As in commercial banking? [J]. Journal of banking and Finance, 2016, 72 (11): S6 - S18.

[45] Harford J. What drives merger waves? [J]. Journal of Financial Economics, 2005, 77 (3): 529 - 560.

[46] Head, K. , Mayer, T. Illusory Border Effects: Distance Measurement Inflates Estimates of Home Bias in Trade [R]. Working Papers, 2002.

[47] Hebous, S. , Ruf, M. , Weichenrieder, A. J. The Effects of Taxation on the Location Decision of Multinational Firms: M&A vs. Greenfield Investments [J].

National Tax Journal, 2011, 64 (3): 817 - 838.

[48] Helpman, E., Melitz, M. J., Yeaple, S. R. Export Versus FDI with Heterogeneous Firms [J]. The American Economic Review, 2004, 94 (1): 300 - 316.

[49] HoustonJ. F., James C. M., Ryngaert M. D. Where do merger gains come from? Bank mergers from the perspective of insiders and outsiders [J]. Journal of Financial Economics, 2001, 60 (2 - 3): 285 - 331.

[50] Hymer, S. The International Operations of National Firms: A Study of Foreign Direct Investment [M]. MIT Press, Cambridge, 1976.

[51] Jain N., Hausknecht, D. R. Emerging market multinationals' location choice: The role of firm resources and internationalization motivations [J]. European business review, 2013, 25 (3): 263 - 280.

[52] K. French. Stock Returns and the Weekend Effect [J]. Journal of Financial Economics, 1980, 8 (1): 55 - 69.

[53] Kang, N., Johansson, S. Cross-Border Mergers and Acquisitions: Their Role in Industrial Globalisation [R]. OECD Science, Technology and Industry Working Papers, 2000, 5 (3): 207 - 239.

[54] Kim H., Song J. Filling institutional voids in emerging economies: The impact of capital market development and business groups on M&A deal abandonment [J]. Journal of International Business Studies, 2017, 48 (3): 308 - 323.

[55] Koetter M., Graevea F. D., Kick T. Monetary policy and financial (in) stability: An integrated micro-macro approach [J]. Journal of Financial Stability, 2008, 4 (3): 205 - 231.

[56] Kogut B., Singh H. The Effect of National Culture on The Choice of Entry Mode [J]. Journal of International Business Studies, 1988, 4 (3): 11 - 32.

[57] Kojima, K. A Macroeconomic Approach to Foreign Direct Investment [J]. Hitotsubashi Journal of Economics, 1973, 14 (1): 1 - 21.

[58] Mark L. Sirower. The Synergy Trap: How Companies Lose the Acquisition Game [M]. New York: The Free Press, 1997.

[59] Masulis, R. W., Wang, C., Xie, F. Corporate governance and acquirer returns [J]. Journal of Finance, 2007, 62 (4): 1851 - 1889.

[60] Melitz M., Yeaple S., Helpman E. Export versus FDI. NBER Working Pa-

per, 2003, No. 9439.

[61] Melitz, M. J. The Impact of Trade on Intra-industry Reallocations and Aggregate Industry Productivity [J]. Econometrica, 2003, 71 (6): 1695 - 1725.

[62] Mithell, M. , Stafford, E, . Managerial decisions and long-term stock price performance [J]. Journal of Business, 2000, 73 (3): 287 - 320.

[63] Netter, J. , Stegemoller, M. Implications of data screens on merger and acquisition analysis: a large sample of merger and acquisition from 1992 to 2009 [J]. The Review of Financial. Stud. 2011, 24 (7): 2316 - 2357.

[64] Nicholson R. R. , Salaber J. The motives and performance of cross-border acquirers from emerging economies: Comparison between Chinese and Indian firms [J]. International Business Review, 2013, 22 (6): 963 - 980.

[65] Ning, L. , Kou, J. , Strange, R. , Wang, B. International investors' reactions to cross-border acquisitions by emerging market multinationals [J]. International Business Review, 2014, 23 (4): 811 - 923.

[66] Nocke, V. , Yeaple, S. Cross-border mergers and acquisitions vs. greenfield foreign direct investment: The role of firm heterogeneity [J]. Journal of International Economics, 2007, 72 (2): 336 - 365.

[67] North, D. C. Institutions, Institutional Change and Economic Performance [M]. Cambridge, UK: Cambridge University Press, 1990.

[68] Peng, M. W. Global Strategy [M]. Cincinnati, OH: Thomson South-Western, 2009.

[69] Peristiani S. Do Mergers Improve the X-Efficiency and Scale Efficiency of U. S. Banks? Evidence from the 1980s [J]. Journal of Money, Credit and Banking, 1997, 29 (3): 326 - 337.

[70] Raff H. , Ryan M. , Stahler F. Firm productivity and the foreign-market entry decision [J]. Journal of Economics & Management Strategy, 2012, 21 (3): 849 - 871.

[71] Ramasamy B. , Yeung M. , Laforet S. China's outward foreign direct investment: Location choice and firm ownership [J]. Journal of World Business, 2012, 47 (1): 17 - 25.

[72] Reddy K. Cross-border mergers and acquisitions by oil and gas multinational

enterprises: Geography-based view of energy strategy [J]. Sustainable Energy Reviews, 2017, 72: 961 -980.

[73] Resende, M. Wave Behaviour of Mergers and Acquisitions in the UK: A Sectoral Study [J]. Oxford Bulletin of Economics & Statistics, 1999, 61 (1): 85 - 94.

[74] Rhoades, S. A., The Efficiency Effects of Bank Mergers: An Overview of Case Studies of Nine Mergers [J]. Journal of Banking and Finance, 1998, 22 (3): 273 -291.

[75] Rottig, D., Reus, T. H., Tarba, S. Y. The impact of culture on mergers and acquisitions: A third of a century of research. In Advances in mergers and acquisitions [M]. Emerald Group Publishing Limited, 2014: 135 -172.

[76] Ruckman K. Technology sourcing through acquisitions: evidence from the US drug industry [J]. Journal of International Business Studies, 2005, 36 (1): 89 -103.

[77] Santos M. B. D., Errunza V. P., Miller D. P. Does corporate international diversification destroy value? Evidence from cross-border mergers and acquisitions [J]. Journal of Banking & Finance, 2008, 32 (12): 2716 -2724.

[78] Shim J., Okamuro H. Does ownership matter in mergers? A comparative study of the causes and consequences of mergers by family and non-family firms [J]. Journal of Banking & Finance, 2011, 35 (1): 193 -203.

[79] Shimizu K., Hitt M. A., Vaidyanath D., et al. Theoretical foundations of cross-border mergers and acquisitions: A review of current research and recommendations for the future [J]. Journal of International Management, 2004, 10 (3): 307 - 353.

[80] Spearot, Alan C. Firm Heterogeneity, New Investment and Acquisitions [J]. Journal of Industrial Economics, 2012, 60 (1): 1 -45.

[81] Steigenberger N. The challenge of integration: A review of the M&A integration literature [J]. International Journal of Management Reviews, 2017, 19 (4): 408 -431.

[82] Stepanok, I. Cross-border Mergers and Greenfield Foreign Direct Investment [J]. Review of International Economics, 2015, 23 (1): 111 -136.

[83] Tao, F., Liu, X., Gao, L., Xia, E, . Do cross-border mergers and ac-

quisitions increase short-term market performance? The case of Chinese firm [J]. International BusinessReview, 2017, 26 (1): 189 - 202.

[84] Uddin, M., Boateng, A. Explaining the trends in the UK cross-border mergers & acquisitions: An analysis of macro-economic factors [J]. International Business Review, 2011, 20 (5): 547 - 556.

[85] Vasconcellos, G. M., Kish, R. J. Cross-border mergers and acquisitions: the European—US experience [J]. Journal of Multinational Financial Management, 2004, 8 (4): 431 - 450.

[86] Vasileiou, E. Political Stability and Financial Crisis: What the data say for the European Union's countries [J]. International Journal of Research in Business and Social Science, 2014, 3 (1): 143 - 169.

[87] Vennet R. V. Cost and profit efficiency of financial conglomerates and universal banks in Europe [J]. Journal of Money, Credit, and Banking. 2002, 34 (1): 254 - 282.

[88] Vennet R. V. The effect of mergers and acquisitions on the efficiency and profitability of EC credit institutions [J]. Journal of Banking & Finance, 1996, 20 (9): 1531 - 1558.

[89] Vernon R. International investment and international trade in the product cycle [J]. International Executive, 1966, 8 (4): 16.

[90] Weber, Y., Tarba, S. Y., Reichel, A. A Model of the influence of Culture on Integration Approaches and International Mergers and Acquisitions Performance [J]. International Studies of Management & Organization, 2011, 41 (3): 9 - 24.

[91] White. S., McAllister. I., Munro. N. Economic Inequality and Political Stability in Russia and China [J]. Europe-Asia Studies, 2017, 69 (1): 1 - 7.

[92] Yang J. H., Wang W., Wang K. L., et al. Capital intensity, natural resources, and institutional risk preferences in Chinese Outward Foreign Direct Investment [J]. International Review of Economics and Finance, 2017, 55: 259 - 271.

[93] 包群，叶宁华，邵敏. 出口学习、异质性匹配与企业生产率的动态变化 [J]. 世界经济，2014 (4): 26 - 48.

[94] 曹和平，巴曙松，倪正东. 中国私募股权市场发展报告 (2013—2014) [M]. 北京：社会科学文献出版社，2010.

［95］陈菲琼，陈珧，李飞．技术获取型海外并购中的资源相似性、互补性与创新表现：整合程度及目标方自主性的中介作用［J］．国际贸易问题，2015（7）：137－147.

［96］陈继勇，陈大波．贸易开放度、经济自由度与经济增长——基于中国与"一带一路"沿线国家的分析［J］．武汉大学学报（哲学社会科学版），2017，70（3）：46－57.

［97］陈培如，冼国明，马骆茹．制度环境与中国对外直接投资——基于扩展边际的分析视角［J］．世界经济研究，2017（2）：50－61.

［98］陈小方．特朗普签署法案授权审查外国投资［N］．法制日报，2018－08－16（01）.

［99］曹鹏飞．人民币汇率与中国企业海外并购［D］．中南财经政法大学硕士论文，2016.

［100］戴金平，张夏．汇率水平、汇率波动与中国企业对外直接投资［J］．亚太经济，2017（4）：135－142.

［101］戴觅，余淼杰，Madhura Maitra．中国出口企业生产率之谜：加工贸易的作用［J］．经济学（季刊），2014，13（2）：675－698.

［102］邓晓虹，黄满盈．基于扩展引力模型的中国双边金融服务贸易出口潜力研究［J］．财经研究，2014，40（6）：48－59.

［103］邓秀媛，傅超，傅代国．企业社会责任对海外并购影响的实证研究［J］．中国软科学，2018（1）.

［104］邓明．制度距离、示范效应与中国 OFDI 的区位分布［J］．国际贸易问题，2012（2）：123－135.

［105］志杰，赵家悦．人民币加入 SDR 的意义［J］．中国外资，2015（24）：44－45.

［106］杜群阳，项丹．资源获取型海外并购绩效及其影响因素的实证研究［J］．国际贸易问题，2013（10）：159－166.

［107］窦义粟，于丽英，刘磊．中国企业跨国并购绩效影响因素的实证研究［J］．经济论坛，2007（17）：60－62.

［108］高厚宾，吴先明．新兴市场企业跨国并购、政治关联与创新绩效——基于并购异质性视角的解释［J］．国际贸易问题，2018（2）.

［109］高建，杨丹，董秀成．金融危机背景下中国石油企业海外并购战略

研究［J］. 经济与管理研究，2009（09）：52－56.

［110］顾露露，Robert，Reed. 中国企业海外并购失败了吗？［J］. 经济研究，2011（7）：116－129.

［111］顾露露，雷悦，蔡良. 中国企业海外并购绩效的制度环境解释——基于倾向配比评分的全现金支付方式分析［J］. 国际贸易问题，2017（12）：36－46.

［112］郭建鸾，郝帅. 跨国并购目标企业文化整合的影响因素与耦合机制研究［J］. 中央财经大学学报，2015（1）：106－112.

［113］郭健全，袁园. 东道国制度因素对中国企业跨国并购区位选择影响研究？［J］. 重庆工商大学学报（社会科学版），2015（5）：29－35.

［114］郭妍. 我国银行海外并购绩效及其影响因素的实证分析［J］. 财贸经济，2010（11）：27－33.

［115］郭克莎. 中国经济发展进入新常态的理论根据——中国特色社会主义政治经济学的分析视角［J］. 经济研究，2016（9）：4－16.

［116］郭凌威，卢进勇，郭思文. 改革开放四十年中国对外直接投资回顾与展望［J］. 亚太经济，2018（4）：111－121＋152.

［117］韩德宗. 中国A股市场分割因素与消除路径［J］. 经济理论与经济管理，2004，V（7）：36－40.

［118］韩可卫，杨波. 美国企业并购的发展历程、特点及启示［J］. 管理科学，1997（6）：38－40.

［119］韩燕，钱春海. FDI对我国工业部门经济增长影响的差异性——基于要素密集度的行业分类研究［J］. 南开经济研究，2008（5）：143－152.

［120］何帆. 中国对外投资的特征与风险［J］. 国际经济评论，2013（1）：34－50＋4－5.

［121］何蓉，连增，李超，等. 汇率因素在中国对东盟直接投资中的作用——理论与实证研究［J］. 经济经纬，2017（4）：74－80.

［122］贺娅萍，徐康宁. “一带一路”沿线国家的经济制度对中国OFDI的影响研究［J］. 国际贸易问题，2018（1）：92－100.

［123］洪联英，陈思. 中国能源资源行业境外投资的组织方式选择——一个微观生产组织控制视角的分析［J］. 财贸经济，2013，34（10）：89－99.

［124］胡杰武，韩丽. 东道国国家风险对我国上市公司跨国并购绩效的影响［J］. 外国经济与管理，2017，39（9）：113－128.

［125］胡杰武，韩丽．我国上市公司跨国并购的财富效应及影响因素［J］．国际商务（对外经济贸易大学学报），2016（1）：150－160.

［126］冀相豹．制度差异、累积优势效应与中国 OFDI 的区位分布［J］．世界经济研究，2014（1）：73－80.

［127］贾镜渝，李文，郭斌．经验是如何影响中国企业跨国并购成败的——基于地理距离与政府角色的视角［J］．国际贸易问题，2015（10）：87－97.

［128］贾镜渝，李文．经验与中国企业跨国并购成败——基于非相关经验与政府因素的调节作用［J］．世界经济研究，2015（8）：48－58.

［129］蒋冠宏，蒋殿春．绿地投资还是跨国并购：中国企业对外直接投资方式的选择［J］．世界经济，2017（7）：126－146.

［130］蒋冠宏．我国企业跨国并购真的失败了吗？——基于企业效率的再讨论［J］．金融研究，2017（4）：46－60.

［131］蒋冠宏．企业异质性和对外直接投资——基于中国企业的检验证据［J］．金融研究，2015（12）：81－96.

［132］金占明，段鸿．企业国际化战略［M］．北京：高等教育出版社，2011.

［133］孔德议．知识转移与跨国并购绩效——基于文化和留任的调节效应［J］．亚太经济，2017（2）：121－127.

［134］李鸿阶，张元钊．中国企业跨国并购区位选择影响因素分析［J］．亚太经济，2012（5）：70－75.

［135］李平，初晓，于国才．中国 OFDI 汇率风险研究：基于预期风险与实际波动风险的视角［J］．世界经济研究，2017（12）：68－80.

［136］李善民，李昶．跨国并购还是绿地投资？——FDI 进入模式选择的影响因素研究［J］．经济研究，2013（12）：134－147.

［137］李诗，黄世忠，吴超鹏．中国企业并购敏感性海外资产的经验研究［J］．世界经济，2017，40（3）：99－121.

［138］李新春，肖宵．制度逃离还是创新驱动？——制度约束与民营企业的对外直接投资［J］．管理世界，2017（10）：99－112.

［139］李友田，李润国，翟玉胜．中国能源型企业海外投资的非经济风险问题研究［J］．管理世界，2013（5）：1－11.

［140］李巍．美国投资审查限制：中美经贸摩擦新领域［N］．中国经济时

报，2018-09-27（01）.

[141] 梁慧贤，简俭敏，江淮安等．中国大型商业银行跨国并购及其效率影响［J］．金融论坛，2011（12）：29-36.

[142] 林季红，张璐．中国企业海外并购的股权策略选择［J］．财贸经济，2013，34（9）：76-84.

[143] 林巧月．浅析中国制造企业跨国并购区位选择的合理性——基于微笑曲线视角［J］．市场周刊（理论研究），2011（1）：13-14.

[144] 刘爱兰，王智烜，黄梅波．中国对非援助是“新殖民主义”吗——来自中国和欧盟对非援助贸易效应对比的经验证据［J］．国际贸易问题，2018（3）：163-174.

[145] 刘明坤．中国商业银行海外并购的动因、机遇与战略［J］．金融论坛，2011（5）：37-42.

[146] 刘青，陶攀，洪俊杰．中国海外并购的动因研究——基于广延边际与集约边际的视角［J］．经济研究，2017（1）.

[147] 刘淑莲，张广宝，施继坤．中海油与BP石油公司的短暂联姻［J］．财务与会计（理财版），2012（3）：40-42.

[148] 刘晓丹，衣长军．中国对外直接投资微观绩效研究——基于PSM的实证分析［J］．世界经济研究，2017（3）：68-77.

[149] 刘艳春，赵一，胡微娜，等．基于超效率数据包络分析模型的海外并购绩效——金融危机后的行业数据检验［J］．经济与管理研究，2013（3）：61-66.

[150] 卢汉林，廖慧．中国不同所有制企业OFDI影响因素的比较分析——基于跨国并购的角度［J］．海南大学学报（人文社会科学版），2015，33（5）：30-37.

[151] 马君潞，陈科，吕剑，等．基于SFA方法的亚洲新兴市场经济体银行并购效率研究［J］．财经理论与实践，2008，29（2）：12-16.

[152] 倪中新，花静云，武凯文．我国企业的“走出去”战略成功吗？——中国企业跨国并购绩效的测度及其影响因素的实证研究［J］．国际贸易问题，2014（8）.

[153] 皮建才，李童，陈旭阳．中国民营企业如何“走出去”：逆向并购还是绿地投资［J］．国际贸易问题，2016（5）：142-152.

[154] 钱学锋．企业异质性、贸易成本与中国出口增长的二元边际［J］.

管理世界，2008（9）：48－56.

［155］邱斌，刘修岩，赵伟．出口学习抑或自选择：基于中国制造业微观企业的倍差匹配检验［J］．世界经济，2012（4）：23－40.

［156］邱斌，闫志俊．异质性出口固定成本、生产率与企业出口决策［J］．经济研究，2015（9）：142－155.

［157］邵慰，李杰义．我国先进装备制造业海外并购与技术进步实证研究［J］．科技进步与对策，2012，29（15）：52－56.

［158］邵新建，巫和懋，肖立晟，等．中国企业跨国并购的战略目标与经营绩效：基于A股市场的评价［J］．世界经济，2012（5）：81－105.

［159］沈国兵．汇率制度的选择：兼论对人民币汇率制度的启示［M］．北京：经济科学出版社，2003.

［160］宋维佳，乔治．我国资源型企业跨国并购绩效研究——基于短期和中长期视角［J］．财经问题研究，2014（7）：98－105.

［161］石广生．中国对外经济贸易改革与发展史［M］．北京：人民出版社，2013：118.

［162］史剑道，沈仲凯．中国的对外投资：增长而非飙升［J］．国际经济评论，2015（5）：155－157.

［163］田海峰，黄祎，孙广生．影响企业跨国并购绩效的制度因素分析——基于2000～2012年中国上市企业数据的研究［J］．世界经济研究，2015（6）：111－118.

［164］田巍，余淼杰．汇率变化、贸易服务与中国企业对外直接投资［J］．世界经济，2017，40（11）：23－46.

［165］王济川，郭志刚．Logistic回归模型：方法与应用［M］．北京：高等教育出版社，2001.

［166］王兰军．股票市场功能演进与经济结构调整研究［M］．北京：中国金融出版社，2003.

［167］王中美．从中长期目标失败谈中国海外并购战略的优化升级［J］．世界经济研究，2012（10）：68－74.

［168］王忠诚，薛新红，张建民．东道国资本管制与中国对外直接投资：来自上市企业跨国并购的微观证据［J］．世界经济研究，2018（2）：113－123.

［169］王跃生，陶涛．再论FDI的后发大国模式：基础、优势与条件［J］．

国际经济评论，2010（6）：55－69＋4.

［170］王孜弘．体制认定与经贸纠纷——美国对华贸易战的原因分析［J］．美国研究，2018（5）：49－65＋6.

［171］韦军亮，陈漓高．政治风险对中国对外直接投资的影响——基于动态面板模型的实证研究［J］．经济评论，2009（4）：106－113.

［172］吴道子．东道国制度环境对海外并购的影响研究——基于中国企业数据的实证分析［D］．中南财经政法大学硕士论文，2016.

［173］吴飞飞，邱斌．金融成长、外商投资与出口结构优化——基于我国省级面板数据的实证分析［J］．经济经纬，2015（5）：49－54.

［174］吴小鹏．中海油并购案的国际政治经济学分析［J］．国际安全研究，2006（2）：28－33.

［175］夏良科．汇率、汇率制度与对外直接投资——基于广义脉冲响应函数法的国际比较［J］．上海经济研究，2012（10）：25－36.

［176］项代有．中国企业海外并购财务风险管控因素研究［M］．上海：立信会计出版社，2015.

［177］谢洪明，邵乐乐，李哲麟．中国企业跨国并购创新绩效影响因素及模式——基于清晰集的定性比较分析［J］．科技进步与对策，2018（5）.

［178］徐萍萍，孙江永等．外商直接投资对青岛市本土企业技术创新能力影响的实证分析［J］．山东科技大学学报（社会科学版），2015，17（6）：65－71.

［179］徐晓慧．金融危机影响中国企业跨国并购的实证研究［J］．国际贸易问题，2017（8）：142－152.

［180］徐运保，陈辉民，等．基于扩展引力模型的FDI跨国并购影响因素分析——1991—2007年七经济体的面板数据［J］．湘潭大学学报（哲学社会科学版），2011，35（1）：36－41.

［181］薛安伟．跨国并购对企业管理效率的影响研究——基于倾向得分匹配方法的实证分析［J］．国际贸易问题，2018（3）.

［182］薛安伟．跨国并购提高企业绩效了吗——基于中国上市公司的实证分析［J］．经济学家，2017，6（6）：88－95.

［183］阎大颖．制度距离、国际经验与中国企业海外并购的成败问题研究［J］．南开经济研究，2011（5）：75－97.

［184］杨波，柯佳明．新中国70年对外投资发展历程回顾与展望［J］．世

界经济研究，2019（9）：3-15.

［185］杨波，魏馨．中国企业海外并购的困境与对策［J］．宏观经济研究，2013（6）：98-103.

［186］杨波．谨防海外并购过程中的国有资产流失［J］．宏观经济研究，2014（10）：3-7.

［187］杨波，张佳琦，吴晨．企业所有制能否影响中国企业海外并购的成败［J］．国际贸易问题，2016（7）：97-108.

［188］杨波，张佳琦．中国企业海外并购决定因素的实证［J］．统计与决策，2016（16）：173-177.

［189］杨波，张佳琦．海外并购与绿地投资选择研究：基于企业异质性视角［J］．国际贸易问题，2017（12）：117-127.

［190］杨波，朱洪飞．政治稳定性、经济自由度与跨国并购区位选择——基于美国企业的实证研究［J］．亚太经济，2018（04）：47-55+150.

［191］杨丹辉，渠慎宁．私募基金参与跨国并购：核心动机、特定优势及其影响［J］．中国工业经济，2009（3）：120-129.

［192］杨珑．中国资本市场对跨国并购影响机制研究［D］．中南财经政法大学硕士论文，2014.

［193］杨兴锐，吴先明．跨国并购与企业价值——基于动态能力视角的研究［J］．国际商务（对外经济贸易大学学报），2017（4）：149-160.

［194］姚树洁，王攀，宋林．中国经济增长和对外直接投资战略［M］．北京：社会科学文献出版社，2015.

［195］姚水洪．企业并购后的管理整合系统性分析［J］．科学技术哲学研究，2002，19（5）：74-77.

［196］易明阳，易振华．中资商业银行跨国并购现状、动因与效率影响——基于DEA测算及TOBIT模型的实证研究［J］．浙江金融，2011（6）：33-39.

［197］于津平．汇率变化如何影响外商直接投资［J］．世界经济，2007（4）：54-65.

［198］张弛，余鹏翼．制度距离对中国企业跨国并购绩效影响的差异性——基于水平与垂直并购的比较［J］．国际经贸探索，2017（2）：44-58.

［199］张德，潘文君．企业文化：Corporate culture［M］．北京：清华大学出版社，2013.

[200] 张凤. 上市公司现金持有动机与投融资行为研究 [M]. 成都: 四川大学出版社, 2010.

[201] 张合金, 武帅峰. 中国工商银行海外并购的经济绩效研究——以收购南非标准银行和阿根廷标准银行为例 [J]. 经济与管理研究, 2013 (9): 76 - 85.

[202] 张建红, 周朝鸿. 中国企业走出去的制度障碍研究——以海外收购为例 [J]. 经济研究, 2010 (6): 80 - 91.

[203] 张娟, 李培馨, 陈晔婷. 地理距离对企业跨国并购行为是否失去了影响? [J]. 世界经济研究, 2017 (5): 51 - 61.

[204] 张娟. 政府在中国企业跨国并购中的作用分析: 基于"一带一路"的视角 [J]. 国际贸易, 2017 (2): 49 - 52.

[205] 张礼卿. 汇率制度变革: 国际经验与中国选择 [M]. 北京: 中国金融出版社, 2005.

[206] 张为付. 影响我国企业对外直接投资因素研究 [J]. 北京: 中国工业经济, 2008 (11): 130 - 140.

[207] 赵启正, 雷蔚真. 中国公共外交发展报告 (2015) [M]. 北京: 社会科学文献出版社, 2015.

[208] 赵先进, 彭瑞栋. 战略性新兴产业中新能源企业的跨国并购 [J]. 企业经济, 2015 (6): 27 - 31.

[209] 赵毅, 乔朋华. 企业海外收购动因会影响股权选择吗? ——兼谈企业盈利能力的调节效应 [J]. 外国经济与管理, 2018 (2).

[210] 赵宇华. 我国上市公司海外并购股东财富效应研究——基于2004—2010年数据的实证分析 [J]. 国际商务 (对外经济贸易大学学报), 2012 (6): 68 - 74.

[211] 周恩静, 刘小差, 向文礼. 中外银行并购绩效之动因模式的比较研究 [J]. 新金融, 2013 (1): 53 - 57.

[212] 周经, 刘厚俊. 制度环境、公司战略导向与中国 OFDI 模式选择——基于中国微观企业数据的研究 [J]. 世界经济与政治论坛, 2017 (6): 22 - 37.

[213] 周海燕. 跨国并购中反垄断风险的规制: 国际经验与中国的对策 [J]. 亚太经济, 2011 (1): 106 - 110.

[214] 周孟亮, 李明贤. 货币政策传导过程中的金融体系研究 [J]. 中央财经大学学报, 2007 (3): 45 - 49.

[215] 朱华. 国有制身份对中国企业海外竞购交易成败的影响研究 [J]. 世界经济研究, 2017 (3): 42-55.

[216] 朱洪飞. 国家异质性与跨国并购区位选择——基于 G20 国家组的实证研究 [D]. 中南财经政法大学硕士论文, 2018.

[217] 朱勤, 刘垚. 我国上市公司跨国并购财务绩效的影响因素分析 [J]. 国际贸易问题, 2013 (8): 151-160.

[218] 朱荃, 张天华. 中国企业对外直接投资存在"生产率悖论"吗——基于上市工业企业的实证研究 [J]. 财贸经济, 2015, 36 (12): 103-117.

后　记

在"走出去"战略和"一带一路"倡议背景下，中国对外直接投资快速发展，自2013年起中国对外直接投资连年突破1000亿美元，成为世界最重要的投资大国之一。海外并购作为中国企业对外投资的重要方式之一，可以通过在全球配置资源实现规模经济，并有效提升中国企业的国际竞争力。但是，部分企业由于自身定位不准及海外并购战略不当，最终导致并购交易失败，甚至给企业带来较为严重的损失。那么为什么有些企业可以通过海外并购实现价值创造，而有些却产生价值损失？因此，本书通过研究中国企业海外并购相关问题，试图为中国企业海外并购发展提供建议和借鉴。

本书是在作者主持的国家社科基金项目《海外并购过程中的国有资产流失规模、路径与对策研究》（批准号：13BJL046）最终成果基础上修订而成，在历时五年艰辛研究过程中，可以发现海外并购对中国经济发展和中国企业参与国际竞争的重要性，同时也发现中国企业海外并购仍存在一些亟须解决的问题。然而，限于现有的资料数据和作者的研究水平，本书只能起到抛砖引玉的作用，希望本书能引起更多学界同仁关注中国企业海外并购相关问题，并提出更具操作性的对策建议。

在该课题研究过程中，作者指导的十多位博士、硕士研究生共同参与了该项目研究，其中包括张佳琦、朱洪飞、杨珑、曹鹏飞、孔萌萌等同学；此外，叶君、万筱雯参与了全书的校对和整理，对于以上所有同学在研究和本书出版过程中付出的辛勤汗水和不懈努力，在此一并表示感谢。

这是笔者出版的第三部学术专著，在本书即将付梓之际，十分感谢笔者在教学科研过程中的老师、同学和同事，尤其是我的博士导师、华中科技大学刘海云教授，在我毕业多年以来依然给我大力支持和后续指导，他"学高为师、身正为范"的精神值得我终身学习。

杨　波

2019年10月于武昌南湖湖畔